中公新書 2660

清水唯一朗著

原　敬

「平民宰相」の虚像と実像

中央公論新社刊

はじめに

明治維新から一五〇年余りが過ぎた。明治、大正、昭和、平成、令和と続く近代日本に生きた人々は、どのような夢を抱いていたのだろうか。そう考えるようになったのは、ある一文に惹《ひ》きつけられてのことであった。

「すべての人々が志を遂げ、希望を失うことのない世にする（原文書き下し／官武一途庶民に至る迄各其志を遂げ人心をして倦《う》まざらしめんことを要す）」。近代日本の独立宣言ともいうべき五ヵ条の誓文に記された一文である。

同時代を生きたイギリスの著述家、サミュエル・スマイルズの『自助論』とも通じるこの文は、近代国家を支えるために唱えられた立身出世のススメと理解されてきた。事実、多くの青年たちがこれを体現するかのように、身を立て名を挙げようと努力を重ね、苦しみ、もがきながら近代国家としての日本を創りあげていった。かくして明治国家を建設する過程は、幕末維新の志士たちと明治国家を支えた青年たちの立身出世の物語として捉えられる。

この物語は、明治時代の青年たちと若き国家の成長を重ね合わせることで、清新な明治国家のイメージを描き出した。曇りもなければ衒《てら》いもない、美化された「明治」の像がそこにはある。

　明治という時代は日露戦争の勝利をもってゴールを迎えた。西南戦争を始めとする絶え間ない内部対立と、日清・日露戦争という熾烈《しれつ》な対外戦争を通じて、国家の独立を維持し、明治憲法を軸とする政治制度が整備され、東洋の大国として国際社会における日本の地位は安定した。同時に、これによって立身出世への個人の努力が国家の成功をもたらすという物語は終焉を迎えた。

　独立維持のため、国家建設のためという強い束縛から解き放たれた人々は、直線的な立身出世にとどまらず多様な夢を実現するために歩み始める。五ヵ条の誓文が謳《うた》いあげた、すべての人々が夢を持って生きていく社会がようやく到来したのである。それにともなってこれまでとは異なる、すべての人々を相手とする政治が始まる。それがいまから一〇〇年前の、大正という時代であった。

　この新しい政治空間をまとめ上げるのは容易ではない。その複雑な舵取《かじと》りを担ったのが本書の主人公・原敬《はらたかし》（一八五六～一九二一）である。

　大久保利通、西郷隆盛、木戸孝允、伊藤博文、山県有朋、井上馨といった幕末維新の激動期を担ってきた政治家たちは、国家の自立という唯一無二の目標を持つことができた。しかし、その目標が達成され、それぞれの人がそれぞれの夢を持ったとき、政治空間はきわめて広いものとなり、政治に求められる調整は困難を極める。原に求められたのは、そうした多元的で複雑になった日本社会の舵取りであった。

　では、原はなにを成し遂げたのだろうか。

　教科書に見える原の実績は、一九一八（大正七）年に「初の本格的政党内閣」を樹立したこと、憲政史上初めて爵位を持たない「平民宰相」として総理大臣の地位に就いたこと、この二点であろう。動乱期をくぐり抜けた大久保や西郷、伊藤や山県ら先達はいうまでもなく、男子普通選挙を導入した加藤高明やロンドン海軍軍縮条約を批准した浜口雄幸といった後進と比べても、原の功績はわかりにくい。

　もちろん、これまで数多くの研究者が原の業績を論じてきた。しかし、それらの多くも明治国家を建設する物語の延長線上に原を位置づけ、藩閥勢力と対峙して政党政治を実現した人物として描いてきた。原が遺した膨大な日記を初めて本格的に用いたテツオ・ナジタ（シカゴ大学名誉教授）が、自著のタイトルを『原敬―政治技術の巨匠』（一九七四年）としたことは象徴的である。

　もちろん、原の政治手法を論じる意義は大きい。それなくして明治以後の政治史を論

原敬（1856～1921）

じることはできないからだ。しかし、この時代をポスト国家建設の時代と捉えた場合、それではいささか視野が狭すぎるのではないか。大正デモクラシーということばが持つ広がりを想起し、原が描いた夢を、原が託された夢を浮かび上がらせる必要があるだろう。

原自身は、明治国家の建設期に育った立身出世の青年そのものである。戊辰戦争に敗れた南部藩に生まれ、各地を放浪しながら学び、専門性をもって藩閥政府のなかを生き抜いてきた。そして、まだどうなるものとも知れない政党に飛び込み、仲間が次々と離れていくなかでもこだわり、ついには政党政治を実現した。立志伝中の人物と言ってよい。

しかし、その過程で彼が発揮した政治手腕は、時に強引であり、狡猾《こうかつ》に映り、「独裁的」「権威的」「非立憲的」とあまたの批判にさらされた。そのためであろう、初の本格的政党内閣を樹立した平民宰相という栄誉とは裏腹に、当時の原は驚くほど不人気だった。

政治家の人気とは何なのだろうか。西郷隆盛、大隈重信、犬養毅、尾崎行雄、浜口雄幸と、戦前に人気を博した政治家の名前を挙げてみると、政治上の実績を残した者が少ないことに驚かされる。このなかで具体的な実績を挙げられるのは浜口だけだろう。

その浜口は原をきわめて高く評価した。浜口は、原が国民の政治に対する関心を喚起《かんき》し、国民が参加する政治の道を拓いてきたとして、自らの政権は原が創った基盤の上に立脚していると述べている。それは責任ある政治家としての評価といえよう。

浜口と原のあいだに共有される思想を捉えると、立憲政治を具体的に発展させてきた政治家の系譜が浮かんでくる。大久保に始まり、伊藤、陸奥宗光、西園寺公望、桂太郎から原に至り、浜口を経て戦後に受け継がれていく、大衆迎合とは一線を画する現実主義的な為政者、政党政治家の系譜である。

原の現実主義は、彼らのなかでもとりわけストイックだった。原は努力をする者にはさまざまな機会を与えた。進歩的な考えを持つ者は積極的に用いる一方で、安易に政府に頼ろうとする者は味方であっても冷徹な態度で突き放した。

自らを助くる者を助く。立身出世の申し子だった原は、自助論の精神をもって人々と向き合った。国民には、厳しく冷たい為政者と映ったことだろう。原の不人気は、国民からの評判に無頓着だった不器用さの現れであると同時に、人々の甘えそのものでもあったのだ。

本書では、原の思考と行動を丹念に追うだけでなく、彼に対する同時代の評価と照らし合わせながら、原敬という人物を論じていく。原を論じることは、明治という時代のゴールにたどり着いたあとの日本社会に溢《あふ》れた夢と現実の相克を論じることにほかならない。

このことは、きわめて現代的な意味も孕《はら》んでいる。この国は、政治家との向き合い方をめぐって、実に二〇年以上迷走を続けてきた。大衆迎合的な政治家が生まれ、それを歓迎する甘えを拭《ぬぐ》い去れずにいる。本書を通じて、民主主義の時代に生きる私たちが政治を捉え、政治家と向き合っていくための視座を見出していきたい。

目次

原　敬——「平民宰相」の虚像と実像

凡例

・年表記は、西暦を基本として、各節の初出時に和暦を補った。
・月日表記は、太陽暦の採用以前は旧暦で、採用後は太陽暦で示した。
・引用史料は、旧漢字は新漢字へ、歴史的かなづかいは現代的かなづかいへ、カタカナはひらがなへ改めた。また、読み下しを行い、難読漢字はひらがなにし、さらに濁点を補い、適宜句読点を加えている。
・引用文中の〔 〕は筆者による補足である。
・引用史料中、現在の価値観から見て不適切と考えられる表現があるが、歴史用語としてそのまま引用した。
・雑誌記事の巻号は煩雑を避けるため省略した。
・俸給額など当時の金額について、おおよそのイメージを摑めるよう、消費者物価指数を基に現代の貨幣価値に換算した金額を参考として記した。
・年齢は満年齢を基本とした。

第1章　明治維新後の新時代——激変のなかを生きる

1　賊軍藩、家老格の次男——盛岡から上京、洗礼

近代日本の体現者

マシュー・ペリー率いる四隻の黒船が江戸の泰平を大きく揺るがしてから三年後の一八五六（安政三）年二月九日、陸奥盛岡南部藩にあった士族の家に男児が生まれた。幼名を健次郎という。のちの平民宰相・原敬である。

幕府は元号を安政と変えて難局を乗り越えようとしていた。しかし、世界の秩序変化は急であった。隣国の清ではイギリスとのあいだでアロー戦争が起こり、ヨーロッパでは列強を巻き込んだクリミア戦争が繰り広げられていた。そうしたなか、アメリカから駐日総領事としてタウンゼント・ハリスが着任すると、厳しい門戸開放の要求が突き付けられる。日本は本格的に世界の荒波に飲み込まれていく。

変化が激しく、先の見通しのつかない時代のなかで生まれ育ったことは、一見すると不幸なようにも思えるがどうだろうか。

明治維新を牽引した人物は、年号でいえば文政から天保年間（一八一八～四四）に生まれた。西郷隆盛、大久保利通、岩倉具視、勝海舟は文政年間、木戸孝允、伊藤博文、山県有朋、板垣退助、大隈重信は天保年間の生まれである。彼らは自らが動乱の渦中にあって江戸から明治への転換を成し遂げた。

これに続く弘化、嘉永、安政年間（一八四四～六〇）生まれの人物は、平穏な江戸時代が終わり、めまぐるしい明治時代がやってくるなかで生まれた。幕藩体制から立憲政治へ、門閥主義から実力主義へ、漢学教育から洋学教育へと、あらゆる秩序が転換する革命のなかで育った。明治維新の勝者であるか敗者であるかにかかわらず、すべての日本人がこの渦に巻き込まれる。

変化する時代のなかで自分の道を見つけた彼らは、強い意欲と新しい知識をもって明治日本の統治を作り上げた。桂太郎、東郷平八郎、西園寺公望、乃木希典、明治天皇、高橋是清は弘化、嘉永年間に生まれ、犬養毅、小村寿太郎、原、加藤高明は安政年間に生をうけた。

原は、これらの人物のなかでも、最も迷い、学び、新聞人、官僚、経営者、政党人とさまざまなキャリアを経て首相となり、初の本格的政党内閣を樹立した。敗者から出発し、紆余曲折を経て辿《たど》り着いた原の生涯は、勝者だけの歴史ではない日本の近代の歩みを教えてくれる。

幼年期――戊辰戦争と南部藩

原家は近江浅井家の流れを汲《く》み、江戸時代に入ってから南部家に仕えた新参であった。三代目が主家の騒動に巻き込まれて家禄と城下の屋敷を失ったが、その後、歴代の当主が用水や新田の開発に力を尽くし、祖父・直紀の代には家老格となる。盛岡城下から北上川を越えた本宮村にある屋敷は、二五〇〇坪ほどの主屋に、二〇〇〇坪ほどの広い敷地を持つ立派なものであった（「平民宰相を生んだ本宮村」）。

一八五六年、原は父・直治が四二歳、母・リツが三三歳と、ともに数えで厄年のときに生まれた。厄年生まれの子を忌み嫌い捨てる風習もあったが、父は迷信に捉われず健やかに育ってほしいと願い、健次郎と名付けた（『原敬と新渡戸稲造』）。五歳から奉公人に背負われて寺子屋に通い、町人と机を並べて学んだ。威張らず真摯に学ぶ姿は模範とされ、尊敬を集めた。

一八六五（慶應元）年、原が九歳のとき、父が五〇歳で死去すると風向きが変わり始める。家督を継いでいた兄・平太郎はまだ一二歳であり、母が家を切り盛りすることとなる。そこへ戊辰戦争がやってくる。

奥羽越列藩同盟の中核を担った南部藩は新政府軍に敗れた。藩は白石への転減封を申し渡され、衆望を集めていた家老は責任を負って切腹となった。藩主から藩士まで総出で家財を処分して献上金七〇万両を納めることで盛岡への復帰が叶ったが、奮闘もそこまでであった。一八七〇（明治三）年、藩主自らが他藩に先駆けて県制施行を新政府に願い出て、これを許される。ここに南部藩は消滅し、盛岡県が置かれた。

藩を失う。南部士族にとって耐えがたい屈辱だった。「南部の鼻曲がり」と言われるほど頑固で鳴らす者たちである。盛岡復帰に奔走した大人たちは疲弊しきっていたが、若者たちは雪辱の想いに溢れていた。

彼らは盛岡にある旧藩校・作人館修文所に入り、臥薪嘗胆の思いで学んだ。この年、原もこれに加わる。同所には漢学を学ぶ南寮と洋学を学ぶ北寮があり、原は南寮に入った。寮は六畳の六人部屋で三食おかゆという慎ましさであったが、せまい部屋で仲間たちと意気軒昂に世事を論じた（「花の安政三年組」）。

学問は順調に進み、友人も増えた。一四歳で特待生になると、母は原の学友たちを家に招き、原家特製のとろろを振舞って祝ったという。普段、粗食に耐えていた寮生たちはさぞ喜んだことだろう。腹が減ると仲間でお金を出し合って盛岡名産のお茶餅を買い込み、じゃんけんで勝ったものから食べていたという微笑ましいエピソードも残っている。

東京遊学への思い

地元で愉快に学業を続けていると、ふと時代に取り残されている不安に駆られる。この年には新政府から全国諸藩に対し、英語に堪能で有望な少年を東京の大学南校に送り出すよう指示が出されていた。旧南部藩からも二歳年長の菊池武夫（のち法学者、中央大学初代学長）が、隣の一関藩からは高平小五郎（のち外交官、駐米公使）が派遣された。菊池はのちに小村寿太郎らとともに文部省第一回留学生として渡米する。

どれだけ盛岡で秀才と言われても、勉強の中心は漢学であり、英語は変則と言われる英単語の暗記にとどまる。これでは新しい時代に取り残される。焦る少年たちは競って東京遊学へと旅立っていく。

原家では兄・平太郎が藩主の弟・南部英麿のお伴として上京し、著名な儒学者である林鶴《かく》梁《りょう》のもとで学んでいた。その後、英麿のアメリカ留学にも随行を求められるが、平太郎は母と弟たちがいることを理由に断っていた（「原敬追想（四）」）。

長男の将来を塞いでしまったことへの後悔もあったのだろう。母は健次郎の希望を容れ、厳しい家計のなかから学費を用立てた。家屋敷はかつての五分の一に、家禄は二二六石という大身から二二石二斗と一〇分の一に減らされていた（「恭と敬」）。しかし、母の思いは強かった。

こうして原は、慣れ親しんだ故郷を離れ、新しい人生を切り開くため東京に向かった。一八七一年一二月一〇日のことである。この年の七月には全国で廃藩置県が断行され、一一月には岩倉遣外使節団が横浜を出航していた。時代は動き出していた。友人との二人旅に出る原は使節団に負けず、多くの学友に見送られて旅立った。

改　名――健次郎から敬へ

一五歳の二人旅は、意気揚々としたものだった。盛岡を出た二人は花巻、水沢、古川と南下し、仙台で知人を訪ねた。彼は作人館時代の友人で官吏になっているという。交遊費が嵩《かさ》むので金を貸してほしいとせがまれた原たちは、一度は断ったものの、東京行きの船を半額にできるよう便宜を図るからと言われて、貸してしまった。

その金が返ってくるはずもない。船でもそんな官吏は知らないといわれる。船長の好意で上京できたのが不幸中の幸いであった。厳しくしつけられたとはいえ、温かい家庭で大切に育てられた子弟である。田舎から出てきた世間知らずの少年への厳しい洗礼であった。

憧れの東京に辿り着いた原たちは、南部藩の儒学者であった那珂梧楼《なかごろう》のもとに転がり込んだ。那珂は旧姓を江幡《えばた》といい、各地に学んで吉田松陰の東北旅行に同行するなど名の知れた知識人であった。その後は帰藩して作人館で教鞭《きょうべん》を執っていたが、戊辰戦争の際に捕縛されて東京に幽閉されていた。

ようやく赦免されて深川で私塾を開いたところ、多くの旧南部藩士が押し寄せた。もっとも那珂にとって、明治に入ってから作人館に入った原たちは直弟子ではなく、若く厄介な存在であった。原たちは子守や飯炊きを押し付けられ、勉強はさせてもらえなかった。

上京したころの原敬

明けて一八七二年、原は京橋新富町に新設された共慣義塾に入学する。旧主である南部家が運営する家塾だが、同郷の新渡戸稲造のほか岡山出身の犬養毅も学ぶなど開かれた塾であった（「共慣義塾の研究」）。福沢諭吉が『学問のすゝめ』を刊行し、多くの若者が勉学に励みだしたころである。立身出世への意欲は全国で高まっていた。

しかし、原はここを早々に退学してしまう。ついで旧会津藩士の岸俊雄が数学を教授していた八丁堀の苟新塾《こうしんじゅく》に移るが、ここも長く続かなかった。実家に強盗が入り仕送りが難しくなったためだという。母自ら菓子を売るほど生活は苦しく、林塾で学問を続けていた兄もほどなく退塾、帰郷している。

学費のこともあったが、学問も振るわなかったようだ。郷里で漢学の俊才として自負を持っていた原は、英学や数学といった新しい学問の世界に飛び込んだものの、馴染《なじ》めなかった。各藩から大学南校に集められた若者たちのなかにも、精神に不調を来して行方不明になるものが多くあった（『貢進生』）。価値観の異なる新しい学問に向き合うことには、かつての秀才であるほど大きな壁があった。

苦しかったのだろう。七月に入り原は一度盛岡に戻った。そこで兄の平太郎、弟の橋五郎、六四郎と揃って名前を改める（『恭と敬』）。字はそれぞれ自分で決めたといい、兄は恭《ゆたか》、弟は勉《つとむ》と誠《まこと》、そして健次郎は敬《たかし》を選んだ。

この改名は、若き原の志を知るうえで大きな意味がある。「敬」は朱子学の入門書である『近思録』から採ったという。同書によれば、敬は中心にあってしっかりと心を支えるものであり、それによって仁、義、礼、智、信を整えて道理に叶った生き方を導く。激しく変化する時代のなかで、たしかな軸をもって生きていく。再度の旅立ちにあたって、原は自らの決心を名前に込めた。兄・恭も長弟の背中を押した。

放浪と洗礼

再び上京した原は九月に海軍兵学寮を受験する。海軍であれば学費の心配はいらない。しかし、結果は不合格であった。才気溢れる平民宰相が、かつて海軍を志願して不合格となっていた事実は、のちに好奇の対象となり、評論家は賊軍の子弟だったからだろうと論じた。そうだろうか。この時期、海軍は旧南部藩を含め、多くの旧賊軍藩から子弟を入寮させている。会津藩の出羽重遠、水沢藩の斎藤実、南部藩からも本宿宅命《もとしゅくたくめい》や栃内曽次郎《とちないそうじろう》など枚挙に暇がない。この時期の海軍は拡張期にあり、一年目に不合格であった者でも一九歳未満であれば翌年も呼び出して受験させるほどであった（『海軍兵学校沿革』一）。

原自身は、後年、郷里の後輩である海軍士官に対して、自分はあまりに試験を馬鹿にしていたため落第したと回顧している（「原さん最期の日」）。試験科目は身体検査に作文、漢籍の素読であり、原に不足があったとは思えない。気が向いていなかったのだろう。

こうして原の放浪が始まる。冬に入り、原はパリ外国宣教会のフランス人宣教師、ジャン・マリ・マランが運営する麹町のラテン学校に寄寓した。原とともに学んだ旧幕臣によれば、同校の漢学部は宿泊費と食費が無料であったという（「カトリック伝道士・細渕重教とその時代」）。この学校には旧南部藩士も多くいた。進退窮まった原が、飢えと寒さをしのぐために伝手《つて》を頼って辿り着いたのが教会であった。

翌一八七三年二月、キリスト教を禁教とする高札が取り下げられた。四月一二日、原は復活祭を祝うラテン学校の聖堂でカトリックの洗礼を受けてダビデと名乗り、ほどなくして横浜で活動していたフェリクス・エヴラール神父のもとに居を移す。エヴラールは一九一九年に没するまで布教に努め、フランス公使館の通訳を務めたことから在日外国人のあいだでも知識人として知られる（「ジョルジュ・ビゴーと明治中期のカトリック教会」）。

すでに日本で七年過ごし、日本語も堪能であったエヴラールは原より一二歳年長であったが、原が漢書を講じ、エヴラールがキリスト教を教えるなど、二人の関係は神父と学僕というより互いに学び合う仲間であった。

明けて一八七四年春、二人は新潟へ布教に向かう。原は一八歳になっていた。この多感な時期に新潟で過ごしたことは、原にとって大きな経験となる。このころ新潟県は全国一位の人口を誇り、日本海に向けた開港地としてさまざまな情報が集積していた。

エヴラールは以前から新潟を拠点にして布教活動を展開しており、新潟の発展に尽力した県令・楠本正隆とも交友があるなど、同地に基盤を築いていた（「原敬と天主教」）。その基盤のうえに、原は中心部の古町にある本明寺の境内に仮寓して、税関吏や銀行員とともにフランス語を、旧幕臣の藤井介石に漢学を学んで過ごした（「原敬追想（十四）」）。

この年には民撰議院設立の建白書が政府に提出され、台湾出兵が行われている。国際情勢に通じたエヴラールに加え、行政や通商に携わる人々と交流を続けたことで、原は急速に変化する日本を体感し、国際関係や経済への関心を高め、就学熱を取り戻していった。

新潟で一年過ごしたあと、一八七五年五月、原はエヴラールをともなって盛岡に帰省した。母や兄と、再度の就学について相談するためである。エヴラールとの時間は充実していたが、もとより原は宣教師となるつもりはなかった。六日間の滞在のあと、エヴラールは原を残して、さらに北へと旅立っていった。

平民となることを選ぶ

このころ、原家には若干のゆとりが生まれていた。秩禄奉還によって、原家は旧禄を奉還するかわりに一定の資金を得ていた。先に帰郷した兄は、これを元手に養蚕を始め、妻子を持っていた。立身出世によって家名を立て直すという兄の夢は弟に託される。原は再び東京で学ぶことを許され、学資を得て送り出された。二度の失敗を乗り越えた決心は固く、自らを鼓舞するようにこのときから日記を付け始めた。

坂本龍馬や吉田松陰がそうであったように、原は武家の次男であった。幕末維新期の次男たちは生死を分ける世界に身を投じたが、戊辰戦争が終わるとそうした世界は次第に遠ざかり、学問で身を立てる時代がこれに変わった。それこそが近代国家の新しい秩序であり、国家の成長とともに育つこの世代の幸福であった。

郷里の友人たちと，1875年頃　前列左端が原敬

原は、旅立ちにあたって自らの人生にとって大きな決断をした。実家の戸籍を離れ、自らの戸籍を作る際に平民となることを選んだのである。

原の嗣子・貢《みつぎ》は、分家の目的は養子縁組を断るためと推測している。しかし、それならば士族として分家すればよく、平民になる必要はない。翌年に二〇歳となり、徴兵年限を迎えることから、戸主となることで徴兵を逃れようとしたとも言われる。それならば養子縁組をすればよい。では、いったいなぜ平民を選んだのだろうか。

原はこのころの手記に「分家帰商」と書き、士族を辞めてあえて平民となる強い意志を示している。

地方に出張すると宿帳に「岩手県平民」と書いて得意げであったという（『ふだん着の原敬』）。

そこにはエヴラールから学んだキリスト教の平等思想の影響や、当時広く読まれていた福沢諭吉の一身独立論への共鳴があった。偉ぶりながら落ちぶれていく士族ではなく、文明のなかで自立していく平民こそが新しい社会を創造していく。この思いが原にとって生涯を通じた大きなテーマとなる。

原は生家の裏紋であった三ツ割桜を自らの家紋とした。それは盛岡城下に咲く樹齢四〇〇年の石割桜から採ったものと言われる（『本懐・宰相原敬』）。巨石を打ち割って育つ逞《たくま》しい桜の姿に、古い秩序を打ち破って伸びていく新しい日本と、これからの自分を重ねたようにも思われる。いつも羽織袴で過ごした原は、この家紋を背に新しい人生を歩みだした。

2　司法省法学校への入学と放校

官立学校に入学を果たす

夏を盛岡で過ごしたのち、思いも新たに上京した原は、日本橋浜町にあった箕作秋坪《みつくりしゅうへい》の英学塾・三叉学舎で学問を再開した。箕作は緒方洪庵の適塾で蘭学を学んだのち英学に転じ、二年前には福沢諭吉らと明六社を結成した、時代を代表する英学者である。

塾生には東郷平八郎や大槻文彦（のちの国語学者）、平沼淑郎《ひらぬまよしろう》（のちの経済学者、平沼騏一郎の兄）、のちに大蔵大臣として同僚となる阪谷芳郎などがおり、旧南部藩からも先達があった（「三叉学舎」）。塾生は多く、個別指導であったため順番待ちの時間が長かったというが、それだけに塾生は自由闊達《かったつ》な議論を楽しんだ。

翌一八七六年四月、研鑽《けんさん》を積んだ原は念願の官立学校に願書を出す。志願先は司法官を養成する司法省法学校であった。同校は一八七二年に明法寮として発足し、この年、一期生二五名が卒業している（『明治法学教育史の研究』）。学生のほぼ半数がフランスに留学し、司法官となる道も確約されていた。条約改正交渉にあわせて国内の法整備が急がれるさなかである。制度の構築、海外留学は意欲に溢れる若者を惹きつける。

より高度な教育を受けた司法人材を大量に養成するため、フランス語で行う正則科の志願年齢は一八歳から二〇歳まで、定員は一〇〇名に拡大された。予科の四年間で言語を学び、本科の四年間で法学を学ぶ、八年にわたる充実したカリキュラムが組まれた。学費はもちろん官費であり、学生の負担はない。これなら兄に迷惑をかけずに済む。

フランス語とフランス法を学ぶ学校であったが、試験科目は原が得意とする漢文読解と儒教経典だという。明法寮は一期生が卒業するまで二期生を募集しなかったから、次は四年後だろう。迷う余地はない。原は三月に募集要項が公示されるとすぐに帰省して願書を整え、四月末に東京で出願した（「司法省法学校入学関係［書類］明治九年」）。

原は二〇〇〇人近くの志願者があったとするが、記録によれば四二〇名である。それでも四倍の難関である。書類審査を通過した三〇五名が新築されたばかりの教場で七月三日(月)から七日(金)までの五日に分かれて試験に臨んだ(『東京大学百年史』通史一)。試験問題は『資治通鑑《しじつがん》』と『論語』の「子産有君子之道四焉章」であったという。

『資治通鑑』は、出願に当たって原が提出を求められた読書リストに挙げた、慣れ親しんだ古典である。『論語』のこの章には「君子の道四つあり。その己を行なうや恭、その上に事《つか》うるや敬、その民を養うや恵、その民を使うや義」と「恭」「敬」の字がある。問題用紙を開いたときの原の笑顔が思い浮かぶ。

結果は合格、順位は二位という好成績で入学を許される。ついに道が開けた。この試験で不合格となった者のなかには、のちの法制局長官が三名、帝国大学法科大学教授が一名ある(「新生徒試験書類」)。熾烈な競争だったと言ってよいだろう。不合格通知を受けたのちに自費通学を希望した者さえいた。若者たちの意欲はすさまじかった。

厳しくも楽しい司法省法学校生活

司法省法学校の生活はどのようなものだったのだろうか。校地は呉服橋見附内というから、いまの東京駅の位置にあった。旧松本藩邸を改修した全寮制で、成績順に割り振られた四人部屋で寝起きしていたという。

起床は朝五時半と早い。朝六時から夜九時半までが課業時間とされ、平日は四時限で朝八時半から午後三時まで、土曜は二時限で一一時半まで講義が詰め込まれている（「法学生徒規則」）。学期末の試験で成績が不良であれば退学を迫られ、実際、入学後半年で三名が脱落した（『明治法学教育史の研究』）。官費による養成学校であるにしても、なんとも厳しい。

外出が許されるのは日曜日だけで、門限は夏は七時、冬は六時と定められた。帰省は夏季休暇か親の看病、服喪しか許されない。これが八年続くと考えるだけで気が狂いそうだ。

規則が厳しければ、学生は助け合って生きていくしかない。原はこの学校で初めて郷里以外の学友を得た。入学試験で一位となった古原三郎は当初同室で親しく、のちに原が初めて内務大臣（以下、内相。以下、各大臣も同様に略す）になると次官として支える。警保局長、拓殖務局長として原に重用される古賀廉造も同校での友人である。いずれも薩長藩閥外の出身であった。

食事はなかなか面白い。教育の意味もあったのだろう、朝食はパンにスープと卵、昼も洋食、夜は和食であった。寮生には衣服と靴が年に二回支給されたほか、毎月一円五〇銭（八〇〇〇円相当）の給与が支払われた。衣服と靴は上等なものであったから、当然、質に入った。

日曜日の朝になると皆が小銭を出し合い、くじ引きをして焼き芋を買いに行かせる遊びが流行った。同時代の大学南校でも見られたものだ。冬のある日、くじを引き当ててしまった原は、寒空のなか呉服橋外まで買いに出て、風呂敷に大量の焼き芋を入れて持ち帰り、これを見た若手教員に苦笑されたという。

ある日には、勉強の気晴らしに同じく東北出身の国分《こくぶ》青厓《せいがい》と蒲田まで梅を見に出かけて存分に飲み食いしたところ、帰りの汽車賃がなくなった。二人はおよそ一四キロを歩いて帰る羽目になった。芝増上寺の門前まで来たところで残り時間はあとわずか。小銭で買えた大福餅で空腹を埋めて走り出し、なんとか門限直前で寄宿舎に駆け込んだ逸話が残る。司法省法学校は、原にとって公私にわたる仲間を得られた場所であった。

肝心の学業も、当初は順調であった。フランス語の経験がない吉原などはずいぶん苦労したようだが、原は第一学年の二学期に八位、第二学年の二学期も一二位と上位を維持している（「法学生徒初年第二期考科表」）。

しかし、ほどなく成績は下降し、三年目に入ると六五人中四〇位と落ちこぼれる（「法学予科第三年前期生徒試験点数表」）。その原因は厳格なカリキュラムにあった。原が所属した正則予科の講義はフランス語で行われたものの、内容は文法や発音といった基礎的なフランス語の学習と、数学、歴史、地理などの一般教養であり、原が関心を持つ法学や外交は本科に進むまで学べない。成績管理は厳しく、すでに三五名が退学していた。これが四年続く。

原が基礎学習に臨むあいだ、国内では不平士族の反乱が相次いでいた。作人館で学んだ友人には、西南戦争に飛び込んで落命した者もあった。時代は動いていた。

もっとも原は、不平士族の反乱を国家の発展に必要なものと見ていた。明治維新の変革により身分に守られた士族は没落し、努力する者が伸びていく。自分はそのために学んでいることはわかっていた。それにしても八年のカリキュラムは窮屈である。東京にいながら基礎学習に忙しく政治を論ずる余裕もないことに、忸怩《じくじ》たる思いを募らせていた。

賄征伐と放校処分

入学から二年半が過ぎた一八七九（明治一二）年二月六日、原は二三歳になる直前で司法省法学校を放校処分となった。きっかけはこのころ流行していた賄《まかない》征伐、学生寮での「飯をよこせ」騒動であった。当事者である福本日南（のち『九州日報』主筆）と同級生の古賀、そして原自身の記録から事件の概略を見てみよう。

ある日曜日の夜、原が夕食を食べようと食堂に降りていくと、もう飯がないと皆が憤慨して戻ってきた。日曜日は外出する者が多く、食事は少な目に用意されていた。ところがこの日は多くの寮生が早く帰宿したため、すぐに白米と副菜がなくなってしまった。

空腹に耐えかねた学生二〇名は夜中に食堂に押し入って勝手に食物を漁《あさ》る。これが職員に見つかり、彼らは規則に照らして禁足処分となった。処分に不服を唱えた学生は、寄宿舎を放逐のうえ保証人預かりとされた。それは加藤恒忠（のち外交官）、陸実《くがみのる》（羯南《かつなん》、のちに新聞『日本』主宰）、そして福本などであったという（『日南集』）。原は入っていない。

この処分を契機に、日頃の厳しい寮生活や基礎ばかりの学習への不満が噴出する。原は成績トップの河村譲三郎らと交渉委員に選ばれ、管理者であった大木喬任《おおきたかとう》司法卿への直談判に及んだ。大木は学生たちの要望を容れたという説もあるが、原自身は大いに叱られたと書き残している。処分を翻すことはできず、原を含めた一六名が放校処分となった。

処分を免れた古賀によれば、司法卿への直談判によって面目を失った校長が、原たちまでも放校処分に追い込んだという（『吉原三郎追懐録』）。この校長と食事係が薩摩人であったため、原は戊辰戦争以来あたためていた薩長藩閥への敵愾《てきがい》心を強めたとされる。

しかし、校長にあたる学務課長は福井県、副課長は広島県、原がまず談判したと書き残す司法省少書記官は石川県の出身である。佐賀県出身の大木司法卿を含めて薩長の人物はいない。放校された学生のなかには薩摩出身者も長州出身者も含まれる。原が敵愾心を持ったとすれば、それは藩閥ではなく、権力を振りかざす下級官吏のありように対してだろう。

成績が良好であった河村が処分されなかったことから、成績不振が理由であったという説もある。だが、原より成績が悪かった二五名のうち一〇名は在学を続けている。原によれば退学の理由はさまざまであったというから、賄征伐を機に問題のある学生を一掃したということだろう。

放廃社の人々

放校、廃学（退学）の憂き目にあった彼らは、すでに退学していた者を合わせて「放廃社」

というグループを作った。当時は、官立学校を退学させられると官途に就けないルールがあった。法学エリートとなる道から脱落した彼らは、日々、酒と怠惰に溺れていた（『原敬と陸羯南』）。

それは再起をかけた集まりでもあった。酒に浸るなかでも夢を語り、励まし合うことを忘れなかった。陸、国分、福本はジャーナリストとなり言論から立憲政治を後押しした。フランス語を活かして教育の道を進んだ者も、なんとか官途に就いた者もあった。彼らは長く支え合っていく友となる。

彼らが司法省法学校に残っていたらどうなっていただろうか。さらに五年かけてフランス法学を学び、司法官となって一五年の奉職義務を果たす。あまり面白くはなさそうだ。実際、なるべく早く奉職義務から逃れたいというのが法学校生の本心であったという（『秋月左都夫』）。

司法省法学校から帝国大学法科大学教授となった寺尾亨は、「原が学校を出されたのは、本人にとって幸福であった。あのまま大人しくしていれば、せいぜい出世しても司法大臣がオチでしたろう」と笑った（『美談日本史』）。

成績優秀の河村は司法次官、薩摩藩有力者の女婿となる秋月左都夫《あきづきさつお》もオーストリア公使まででで、原以外に同期生の大臣はいない。約束された将来のために青春をカンヅメに捧げることをやめ、彼らは一身の独立を目指し、自分の力で人生を歩み始めた。

3　民権記者から御用新聞記者へ――地方視察の経験

民権派の言論人として

もはや官途は望みがたい。他方で、前年の一八七八（明治一一）年には愛国社の再興大会が開かれ、全国に自由民権運動が広がりを見せていた。原たちは政治に活躍の場を求めて、新聞社への就職活動を始めた。

同時に原は仲間とともに中江兆民の仏学塾に通う。この塾は五番町二番地、現在のイギリス大使館のあたりにあり、当時、福沢諭吉の慶應義塾（英学）、中村敬宇の同人社（漢学）と並ぶ東京の三大塾として知られていた。規模も教員四名に生徒六〇名とほどよい大きさである（『中江兆民全集』一七）。

塾頭の中江は三二歳と若く、原たちが入塾する直前に官職を辞して野に下ったばかりであり、親近感を持てる存在だった。加えて中江は、知識だけでなく徳性を備えるべきとの考えから漢学も重視し、自らも漢学塾に通い学び直す熱心さであった。塾生とも対等に接していたという（『中江兆民評伝』）。この向学心に溢れる青年学者がルソーやモンテスキューを講じ、塾には自由民権運動の中軸を担う人材が集まっていた（『理学者兆民』）。

原たちの入塾は、仏学修業の継続という目的に加えて就職活動の側面を持っていた。実際、原が初めて執筆の機会を得たのは『峡中新報《こうちゅうしんぽう》』という山梨県の民権紙である。原はこの年、一八七九年八月から二年二ヵ月にわたって月に三本のペースで同紙に寄稿する。ペンネームは鷲山《じゅさん》樵夫《しょうふ》。郷里にそびえる岩手山は、春になると残雪が翼を広げた鷲に見えることから岩鷲山《がんじゅさん》と呼ばれる。明治という春を迎えた日本で仕事に励む自らを樵《きこり》になぞらえたのだろう。

現在確認されるだけで、原が同紙に執筆した記事は四六本に上る。投書として掲載されているが実際には依頼原稿であり、原稿料は一本一円（五五〇〇円相当）だったという（『新聞記者腕競べ』）。浪人の身にとってはありがたい収入である。

翌一八八〇年、原は山梨県の御用新聞である『甲府日日新聞』との論戦に挑む。争点はこの年の春に公布された集会条例の運用であった。

集会条例は警察が民権派の政談演説会を中止させる根拠となった悪法として知られるが、民権運動を管理、抑制する一方で文明開化を推進する必要もあったことから、なにをもって「政治」とするかの線引きはあいまいにされていた。

『峡中新報』が刊行されていた山梨県では、県による官製の啓蒙活動として新聞を読み聞かせる事業が行われていた。民権派はこれを利用して、政談演説会ではなく新聞を解説する会として活動を展開していた。『甲府日日新聞』はこれを脱法行為として糾弾する（『明治政治史の基礎過程』）。

原は集会条例の条文に「政治」の明確な定義がなく、そのため、立ち会いの警察官、ひいては県庁が違法か適法かの判断を下していると問題を指摘し、民権運動を弾圧する姿勢を改めて社会を啓蒙することが必要であると説いた。『甲府日日新聞』はこれを批判し、論戦となった。これは原の民権派としての実績となる。

郵便報知新聞に定職を得る

一八七九年一一月、原は郵便報知新聞社への入社を果たす。司法省法学校を放校されてから九ヵ月を経て、二三歳にして初めて新聞記者として定職に就くことができた。同紙は前島密らが創刊し、同じく旧幕臣の栗本鋤雲《くりもとじょうん》が主筆を務める著名な論説新聞であった。栗本は幕末に外国奉行としてフランスとの交渉にあたり、徳川昭武の渡仏に随行してヨーロッパを見聞していた。帰国後は新政府に仕えることを拒み、ジャーナリストとして健筆を振るっていた。

フランス通の栗本がいたことは原にとって幸運であった。原は横浜などで発行されている外字紙の記事を翻訳・転載する外報欄を任される。月給は当初七円、のちに一五円（八万五〇〇〇円相当）であった。同社があった両国薬研堀《やげんぼり》町は屈指の繁華街であったが、原はここにある三味線屋の二階に下宿して職住近接の生活を始めた。

同紙には藤田茂吉や波多野承五郎など、栗本が招き入れた慶應義塾出身者が跋扈《ばっこ》しており、福沢流の民権論が展開されていた。原が入社する前に同紙に掲載された「国会論」は藤田らの名前で書かれているが、実際には福沢の筆によることが知られている。

明治前期のジャーナリズムに重きをなしていたのは、栗本ら西洋経験のある旧幕臣と慶應義塾出身者であった。いずれの派閥にも属さない原であったが、波多野に依頼して三田演説会で弁士としてのデビューを果たすなど、その環境を楽しんでいた（『古渓遺稿』）。

そうした努力もあって、翌一八八〇年八月からは月に三本ほどのペースで論説も書けるようになった。原の主張は情と理を重視した官民調和論、急進的な民権論者を批判する漸進論であった。原は急進的な民権論者が立憲政治を題目のように唱えながら具体的な知見を深めていないことに強い不信感と不安を示しているが、いずれも福沢流の民権論の範疇《はんちゅう》であった。

原のオリジナリティは地方経営論で発揮された。中央政府が矢継ぎ早に新政策を打ち出すことに対して、地域ごとの実情に合わせて政策を行う必要を説く。地域によって風土が異なる日本では、それぞれにあった経営や産業の育成が自発的に行われるべきという持論のもと、そのために地方議会に十分な権利を与えるよう主張した。明確な地方分権論である。

原自身が地方出身であることに加えて、『峡中新報』を通じて地方政治への理解を深めたことが議論の幅を広げていた（「原敬と『峡中新報』」）。実は記者が筆名を用いることは新聞紙条例で禁止されており、条例違反で獄につながれた者は二〇〇名を超えていた（『新聞経歴談』）。そうした危険があっても、『郵便報知新聞』で中央政治を、『峡中新報』で地方政治を描くことは原にとって大きな財産であり、ジャーナリストとして身を立てる両輪だった。

地方の実情に学ぶ

原も、郷里を離れてすでに一〇年が過ぎている。維新の後、地方の変化が著しいと言われるなか、伝聞と憶測で地方政治を書くには不安があった。そんな折、ある人物が地方巡遊に出ると聞いた原は同行を熱望して許される。

その人物は渡辺洪基《わたなべひろもと》という。越前武生藩の生まれで福沢に英学を学んで岩倉遣外使節に随行し、統計協会などの立ち上げに尽力した知識人官僚であった。

渡辺はこの直前、政府の官吏として先述した集会条例の起草に関わり、慶應義塾出身者でありながら藩閥政府の軍門に下った裏切り者として民権派の怨嗟《えんさ》の的となっていた。しかし、彼の真意は、政治運動と学問を切り離すことで学生を享楽的な政談に深入りさせず科学と実業に向かわせることにあった（『渡邉洪基』）。原はこの現実主義で経験豊富な先達から大きな影響を受けていく。

一八八一年五月、原は渡辺と東北、北海道に向けて旅立った。ほどなく東京外国語学校の教員だった花房直三郎も加わった。こののち、三人は一〇月二日に宇都宮で別れるまでの一三三日間、千葉、茨城、福島、山形、秋田、青森、北海道、岩手、宮城、栃木と行脚した。原は見聞をつぶさに日記に残すとともに、記事として『郵便報知新聞』に連載した。

地方の状況は原の期待を裏切るものだった。いくつかの例外はあるものの、どこも進取の気風に欠け、他力本願であり、地方から国家が変わるとは考えられなくなった。その原因は地方官による圧政、とりわけ中央政府の縁故によって送られた小吏の悪弊にあると考え、彼らを批判した。

「行脚僧ひたちの最期屁」　地方視察先の水戸で地元民権派と議論になった渡辺洪基（狂基天）と従者の風刺画．従者は筆を持つ新聞記者であり，原敬だろう（『団団珍聞』217号，1881年6月15日）

それ以上に原を失望させたのは、言うも嘆かわしい地方政治家の体たらくであった。議会は欠席者が多いため期日の半分も開かれず、真剣さのかけらもない。議会と地方官が一致して、互いに意欲を持って臨むべきと記した筆にも虚しさが残る。

地方都市の衰退と産業の低迷も目を覆うほどであった。政府からの補助金に依存する地方開発の状況を見て、原は官製の開発よりも規制緩和による民間による開発を奨励し、政府は鉄道を始めとする交通の整備や地方分権に取り組むべきと語気を強める。経世家として、人々が自発的に生きることを重んじ、産業の育成に関心を持つ原の素地が見られる。

決して明るくなかった地方視察のなか、原が未来への可能性を見出したものが二つある。

一つは函館で見た人々の自立だった。緩やかな統治のもと、それぞれが自分の仕事を持ち、誰もが抑圧されずに自分の道を生きている。こうした活気に溢れる人々が政治に当たれば、頼もしい政治家が生まれると期待した。人々の自立をどう促して政治を行うかは、原の生涯を通じたテーマとなる。

もう一つは組織のあり方である。地方で見聞した会社のなかで、原は会津若松の物産会社を称賛する。この会社は伝統の木綿産業を士族の生業とするため、有志の商人が共同出資して原料の仕入れと販売を担っていた。

原はここで、まず会社を立てるのではなく、目的を明確にし、それを共有し、自ら動いていく人材があって初めて事業が成功することを学んだ。名分よりも実質を重んじて人材を育てながら動かしていくことは、原の組織論の根幹となる。

明治十四年の政変と原の動揺

一方、中央政界は風雲急を告げていた。自由民権運動の広がりを見た政府は、国会開設に対する意見書の提出を参議に求めていた。この年、一八八一（明治一四）年三月、最後まで提出のなかった大隈重信の意見書に早期国会開設とイギリス流の政党内閣制への移行が記されていたことが知れ渡り、筆頭参議の急速な改革論に動揺が広がった（『大隈重信』）。

そうしたなか、七月二一日に薩摩出身者による開拓使官有物払い下げの提案に大隈らが反対し、政府内で激しい政治闘争が始まる。ほどなく『東京横浜毎日新聞』と『郵便報知新聞』がこの問題を取り上げ、対立は世間の知るところとなった。

八月一日に払い下げが認可されると世論は紛糾する。政府を批判した新聞は立て続けに発行停止処分を受け、ついには一〇月一二日、世論を煽動《せんどう》した嫌疑により大隈とその一派が政府から追放された。払い下げは取り消され、一八九〇年を期して国会を開設する勅諭を発布することで混乱の収拾が図られる。いわゆる明治十四年の政変である。

渡辺との旅から帰ったばかりの原は、まず『峡中新報』でこの問題を論じた。世論の力によって払い下げが撤回されたことを高く評価する一方で、国会開設が宣言されながらその速やかな開設を求めた大隈が追放されることとの奇異を強調した。大隈を支持する福沢系記者らしい議論である。

他方で、『郵便報知新聞』での原の論説は趣が異なる。大隈追放後の制度変更、とりわけ参議と省卿、今日的にいえば国務大臣と行政長官の兼任に復したことを評価した。参議と省卿の分離は大隈が強く主張したものであり、この復旧は政府が大隈体制を脱することを示したものであった。それを評価することは大隈批判となる。

そうかと思うと、今度は、真の勤王は自由民権によって成り立つと民権派擁護の論陣を張り、この記事では政府要人を批判した廉《かど》で罰金刑に処された。

原は明らかに動揺していた。渡辺との地方視察を通じて、これまで熱心に論じてきた地方分権論への自信は失われた。議会があの惨状であり、民情も政治への意欲に乏しい。地方から国を興すことは途方もなく長い道のりに感じられた。

大隈らが下野したことで、福沢らが唱えてきた官民調和論が瓦解したことのショックも大きかった。参議の筆頭であった大隈、そのブレーンである福沢、彼らの機関紙としての『郵便報知新聞』にあってこそ原の未来は開ける。政変によって、官民調和による強い立憲政治もまた遠いものになってしまった。

議論の定まらない原にさらなる変化が襲う。大隈とともに下野した矢野文雄、犬養毅、尾崎行雄といった論客が『郵便報知新聞』に流れ込み、年末には矢野が同社を買収する。原を評価していた栗本は退社し、編集部は刷新された（『明治新聞綺談』）。

五歳年長の矢野、一歳上の犬養、三歳下の尾崎と、明治政府の改革派エリートとして鳴らした著名人が健筆を振るえば、原の居場所は狭まる。渡辺と地方視察に出ていたことから、敵と通じていると疑う者もあった。ちょうど地方視察記の連載も終わり、無理をして残る必要もない。矢野による会社買収を機に原は出社しなくなり、翌一八八二年一月二六日、同紙上で退社を宣言した。

政府系新聞に入る

いささか疲れたのだろう。退社後の原は政論から距離を取り、自学自習の時間を過ごそうとした。ところが、すぐに意外なところから声がかかった。外務卿の井上馨である。紹介者は井上毅《いのうえこわし》（のち法制局長官）と小松原英太郎（のち農商務大臣）だという。井上毅は渡辺洪基の同僚であり、小松原は花房直三郎と同郷である。前年の地方視察の縁が生きた採用であった。原はここから彼らによる政府与党・立憲帝政党の創設に加わる。時を同じくして福沢系の交詢社を退き、井上らの独逸学協会に入った（山室信一『法制官僚の時代』）。大きな転換であった。

もちろん、原に期待されたのはジャーナリストとしての手腕である。政府には以前から官報新聞を発行する構想があった。国民に法令を周知する官報と政府の考えを説明する社説を合わせたものである（『官報百年のあゆみ』）。当初、この役割は福沢が担うはずであったが、政変によって福沢らは反政府の立場に転じた。

福沢を失った政府は、東京では福地源一郎を主筆とする『東京日日新聞』と丸山《まるやま》作楽《さくら》らの『明治日報』を支援して主権在君の論陣を張り（「『官報』の創刊と人民の法令理解」）、大阪でも羽田《はだ》恭輔《きょうすけ》を社長とする『大東日報』を創刊して関西財界を味方につける戦略を取った。いわゆる御用新聞である。

『東京日日新聞』には福地に加えて関直彦と穂積八束、『明治日報』には三崎亀之助など東京大学出身の俊秀が配された。一方、『大東日報』には原のほか、草野《くさの》宜隆《よしたか》（旧熊本藩士。司法省属官）、山脇巍《やまわきたかし》（元『大坂日報』）と民権派から転じたジャーナリストを配した。

『大東日報』の布陣は他紙にとって脅威と映った。彼ら三名が政府の支援を受けて筆を執れば、利に聡い大阪の世論は政府寄りに動く。大阪府書籍館（府立図書館に相当）では御用新聞の三紙しか閲覧できなくなるなど、政府の対応も露骨であった。同紙は在阪の民権紙『日本立憲政党新聞』と論戦を繰り広げていく。

原は月給八〇円（三七万円相当）、交際費三〇円を給され、一躍、高給取りとなった。生活に余裕が生まれ、作人館時代の旧友でアメリカに留学していた農学者の佐藤昌介（のち北海道帝国大学初代総長）を援助するため海外通信の仕事を回すなど、友人の夢も支えられるようになったが（『佐藤昌介とその時代　増補』）、政府系の新聞で働くことには迷いもあった。

福地や井上外務卿、山県有朋参事院議長、西郷従道農商務卿、松方正義大蔵卿ら錚々たる政府要人と打ち合わせをしたのち、原は草野とともに一八八二年三月一四日に横浜に入り、翌日、大阪に旅立った。郵便報知新聞を辞めてからわずか二ヵ月後のことである。原たちが横浜入りしたその日、伊藤博文が欧州への憲政調査に出発している。

『大東日報』と立憲帝政党

大阪では関西財界の中心人物である五代友厚が待っていた。彼は世論操縦を巧みにすることで知られていたが、開拓使官有物払い下げ事件では自ら出資する新聞の記者に反対演説会を行われ痛手を負っていた。その記者は慶應義塾出身の民権派であった。原は「入社の辞」で手堅い漸進主義論を展開し、五代の評価を得た（『五代友厚秘史』）。

『大東日報』は心斎橋（博労町四丁目）に社屋を構え、一八八二年四月四日に発刊した。この直前には立憲帝政党が発足し、原も入党した。立憲帝政党の綱領は主権在君と漸進的立憲主義を掲げ、原の主張と近い。原は陸羯南に依頼して、当時仙台で記者をしていた国分青厓を同社に招き入れている（『品川弥二郎関係文書』三）。

『大東日報』の社説は、原が従来論じてきた漸進的立憲主義と保守的な議論が並存しているという（伊藤『原敬』上）。同党の支持者は士族・神官・官吏などの保守勢力に偏っており、党勢拡大が喫緊の課題であった。近畿立憲帝政党の規約には入党や遊説に関する記述が溢れ、党勢拡大への強い意欲が見られる。原も勧誘したのだろう。小見源蔵《おみげんぞう》ら司法省法学校放校組の名前が名簿に見える。彼らはここで官僚でも民権派でもない新しい道を探っていた。

党勢拡大のカギは、政府が立憲帝政党を与党とすることにある。同党は、自らを現政府の与党であると強調したが、政府は慎重であり、不偏不党を掲げて彼らを間接的に利用するばかりであった。一〇月一三日から京都・知恩院で開催された大会には全国から四〇〇人ほどが集まったが、政府は超然主義を理由に関与を拒んだ。それどころか同党に解散を求め、党を維持する場合は関係を断つと迫った（『懐往事談』）。

その直後、原は『大東日報』幹部と対立して出社を拒み、草野、国分らと揃って辞表を提出した。わずか七ヵ月の在職であった。立憲帝政党は政党維持か解散かで紛糾しており、今後の方針をめぐって意見を異にしたのであろう。この年、『大東日報』の年間発行部数は二四万部であった。四月からの九ヵ月間とはいえ、ライバル紙の『日本立憲政党新聞』の四分の一にとどまる（『明治十五年大阪府統計書』）。伸び悩みは明らかであった。

一一月一一日、東京に戻った原は、陸ら旧友と神田で憂さを晴らす宴を催している（『陸羯南』）。彼らの再起の目論見は潰えたかに見えた。

ところが、帰京した彼を待っていたのは、意外にもかつて目指していた官途であった。福地らが没落の一途を辿るのとは対照的に（『〈噓〉の政治史』）、原は新たな活躍の場を切り拓いていく。

第2章　興隆期の官界中枢へ——建設と発展のために

1　外交官としての期待——天津領事から仏臨時代理公使へ

東アジア情勢の動揺

官立学校を退学処分となったことで、原敬は官僚となる道を閉ざされたはずであった。それがなぜ開いたのか。そこには近代初期特有の自由度の高い人事システムがあった。

一八八二（明治一五）年三月に『大東日報』の主筆として大阪に下り、吏党と呼ばれた立憲帝政党の拡大に奔走していた原の人生を大きく変えたのは、この年の夏に起こった朝鮮情勢の流動化であった。

当時、朝鮮は日本の支援を受けて近代化を進めていたが、日本人教官による近代的軍隊の創設に反対する軍人たちが反乱を起こした。反乱は清国軍が鎮圧し、日本は済物浦《さいもっぽ》条約によって賠償金と軍隊駐留権を得たものの、影響力低下を余儀なくされる。壬午事変である。

政府内では内閣顧問の黒田清隆らが強硬論を主張したが、井上馨外務卿が和戦両様の構えで臨むとして交渉を引き受け、自ら下関まで出向いて対応にあたった。このとき、原は取材のため神戸から下関までの往復を井上に同行する。原は『大東日報』で朝鮮情勢をめぐる論説を多数執筆していたが、その内容は井上の路線に近いものであった（伊藤『原敬』上）。

原はよく朝鮮情勢を理解していた。朝鮮との接点は意外にも前年の地方視察にある。旅の主である渡辺洪基はかつて外務省で竹島問題を扱っており、駐朝鮮公使の花房義質《はなぶさよしもと》は親友であった。原と渡辺の視察に同行した花房直三郎は彼の弟である。

彼らの地方視察は全国をめぐる予定であったが、北海道・東北のみで切り上げられた。その理由も、壬午事変の勃発を受けて渡辺が急遽花房に呼び戻されたためであった（『渡辺洪基』）。視察のあいだ、原は彼らから朝鮮問題について多くの知見を得ていた。

外務省入省

こうした人間関係が原の人生を開いていく。一八八二年一〇月末、動揺する立憲帝政党と『大東日報』に見切りをつけて帰京した原は、わずか三週間後に官職を得る。外務省御用掛、公信局勤務、准奏任官待遇とされ、月俸は『大東日報』と同じく八〇円であった。奏任官に準ずるということは、外務省でいえば領事と副領事のあいだという位置づけである。

このとき司法省法学校の同期生たちは八年制カリキュラムの六年目にいた。彼らは二年後に卒業して奏任判事となるから、原は退学によって失った地位をほぼ取り戻したことになる。外務省庁舎は前年に霞が関に移転しており、原は赤坂溜池に借りた一軒家から通った。

原を推薦したのは、渡辺と同郷の外交官・斎藤修一郎であった。斎藤は越前武生藩の貢進生（推薦学生）として大学南校に、その後、文部省の第一回留学生としてボストン大学に学んだ俊才である。当時、外務卿専属の書記官として井上に重用されており、下関にも同行していた。原とは渡辺に私淑した同門として以前から親しく、再会を喜んだという（『懐旧談』）。

井上の側にも理由があった。彼は外務省にフランス語話者が少ないことを問題視していた。大学南校で育てられた人材は、斎藤を始めとしていずれも英語話者である。外務省は国際政治の公用語であるフランス語話者を確保する必要に迫られていた。そこで井上はフランス語教育に力を入れていた司法省法学校生に目を付ける（『秋月左都夫』）。原は偶然から学び始めたフランス語に助けられることになった。

フランスそのものも日本にとって重要であった。幕府が支援を受けた縁から、日本は明治以後もフランスから軍学や法学、土木工学など多くを学んでいた。

外交におけるフランスの重要性も増している。条約改正の相手国であったことはもちろん、第三共和政となったフランスは植民地拡大を掲げて阮《グエン》朝ベトナムに進出し、その宗主国である清と対立を深めていた。フランスがさらに東アジアに進出すれば、日本にとっても安全保障上の脅威となる。フランス語を通じた情報収集の強化は政府にとって欠かせないものとなっていた。
原が着任した公信局は、外交と通商に関する一切の事務を処理する、外務省の最重要部局である（『外務省の百年』）。着任と同時に翻訳部が新設されており、原もここで文書や情報の翻訳に当たった。

外務省御用掛のころの原敬

御用掛はいわば遊軍であり、それ以外にも多くの仕事をこなした。原が残した当時の文書には、清と朝鮮間の条約や、一八六四年に長州藩が起こした馬関戦争の賠償金に関する調査報告書などがある。翻訳を軸に幅広く調査業務にもあたっていたことがわかる。

『官報』編集と改革意見

一八八三年七月、原は太政官御用掛に異動し、文書局勤務（外務省文書局との兼務）となる。同じころ、『大東日報』の同僚であった草野宣隆や、司法省法学校の放校組である陸羯南も同局勤務となった。

彼らが集められた目的は『官報』の創設にある。政府は当初『太政官日誌』によってその活動を周知していたが、所期の目的を達したとして一八七七年に廃刊していた。その後、近代国家の建設により法令が煩雑になったことに加え、自由民権運動の高揚にともなって民間から政論紙が次々と創刊された。政府としても情報を整理し、自らの主張を伝える媒体が必要となっていた。

もっとも、こうした世論工作には注意が必要である。原が招かれた『大東日報』はまさにこの役割を期待されたが、御用新聞を作ることへの批判をおそれた政府が同紙と距離を取ったことはすでに述べた。

その反省を踏まえ、政府は世論誘導の目的は抑えつつ、政府の施策を周知する媒体として『官報』の発行に踏み切る。この役割を担ったのが太政官文書局であった。発議者である山県有朋を担当参議に、その知恵袋である平田東助が局長、原を井上に紹介した小松原英太郎が幹事となった（『官報百年のあゆみ』）。

論説はなく、事実報道主体のメディアである。そのため文書局に集められた論客たちは不満を持つ。そうした制約のなかで、比較的自由にできたのは外国新聞の抄訳であった。政府も重点を置いており、その充実ぶりは民権紙を凌駕《りょうが》する（「太政官日誌と官報」）。彼らは翻訳記事を使って政治的主張をすることに活路を見出していった。

だが、原は違った。海外情勢が多数報じられることを評価しながら、いたずらに外国新聞の記事を掲載し続けることを無定見と批判した。軍事では清国の情勢を注視すべきであり、経済ではアジアとの通商をさかんにするために国産品の輸出奨励策を充実させるべきと主張する。語学に長じた若者が気炎を上げるためではなく、政府として国民に伝えるべきことを明らかにし、周知する『官報』の目的に叶う本質論である。
原は語学が得意な書生ではなく、確固とした国家像を持った若手官僚に成長していた。

調査と分析の人——地方調査から天津へ

政府の見解を広く国民に伝えるためには、地方の実情を知り、全国各地のニーズにあった情報を発信することが欠かせない。原は、地方視察の経験から、地方官庁は中央政府の意図を理解せず有益な情報を見落とし、地方の人々は民権紙による政府批判を鵜呑みにしていると憂いていた。

このため、原は地方巡回員の派遣を進言して容れられる。一八八三年一〇月八日、草野が東海道、原が中国・西海道、ほかの一名が畿内・南海道に派遣される(「御用掛草野宜隆外二名地方巡回被命ノ件」)。

派遣の目的は『官報』に関わる調査とされたが、実際は民情視察であることを原自身が記している。原個人にとっては、中途で終わっていた自らの地方視察の再開であり、まだ見ぬ西日本を知るための旅だった。

今回の地方巡回は太政官の公務である。各地で県令、郡長、警部など現場を知る地方官から状況を聴き取ることができた。原の関心はやはり交通と産業にあり、瀬戸内海の製塩業や岡山の畳業などを熱心に調べている。

政情視察にも怠りがない。各地の政党勢力を調査し、中心人物の氏名や閲歴に至るまで詳しく記録した。巡回の途中、司法省法学校を放校された仲間とも旧交を温めているが、政治に関心の深い彼らからは各地の政治状況をより詳しく聞くことができた。

当初、原は岡山から入り、広島、山口を経て福岡から九州全県を回る予定だった。しかし、出発から一ヵ月経った一一月一三日、広島にいた原に速やかに帰京するよう命令が下る。

東京で原を待っていたのは、中国・天津領事への赴任命令だった。念願の外交官、海外勤務である。慌ただしい人事の背景にはフランスと清の関係悪化があった。

植民地拡大を掲げるフランスがベトナムに進出してきたことはすでに述べた。それを阻んできた阮朝の嗣徳《しとく》帝は、ちょうど原が太政官に着任したころに崩御していた。彼には実子がなく、三人の養子のあいだで権力闘争が起き、ベトナム情勢は一挙に緊迫化する（『近代ヴェトナム政治社会史』）。フランスはこれに付け入り、宗主国である清との対立が決定的となっていた。

外交に関心を持ち、漢籍の素養があり、フランス語の会話ができる。天津は首都北京に通じる海の窓口であり、多くの情報が集まる。原はそれらを集め、分析する役割を託された。天津領事兼判事、七等官、年俸二八〇〇円（二五〇〇万円相当）という好待遇である。ついに原は奏任官、現在でいうキャリア官僚となった。

人生の転機——結婚、参内

人生の転機が一度に訪れるのはいつの時代も同じだろうか。キャリア官僚となり、初の海外赴任が決まると原に縁談が持ち上がった。相手は工部省大書記官である中井弘《なかいひろむ》の娘・貞子《さだこ》である。一八六九年生まれの一四歳で、華族の子女が多く通う跡見女学校の生徒であった（『跡見学園』）。

中井は幕末に薩摩藩を脱してイギリスに密航し、帰国後、外務官僚として随行していたイギリス公使のハリー・パークスを攘夷派の浪士から守るなど、志士たちのなかでもとりわけ型破りな人物として知られていた。外務卿の井上馨とはとりわけ親しくしていた。

原が地方巡回の途にあった一八八三年一一月には鹿鳴館が開館し、欧化外交が始まっていた。井上は、外交の現場に出るには妻を帯同するのがよいとして、この縁談を勧める。藩閥の有力者である井上と関係が深まるのであれば悪くない。井上から見ても若く優秀な原を自らのもとに深く組み込むことができる。

薩摩や長州といった藩閥の根拠地だけで国家建設に必要な人材を賄うことはできない。藩閥政治家たちは新政府内で勢力を伸ばすために、熱心に藩閥外の優秀な若者を抱え込んだ。井上は同郷の桂太郎のほか、若手外交官であった都筑馨六《つづきけいろく》（高崎藩）に養女を嫁がせている。同様に平田東助（米沢藩）は山県有朋の姪を、後藤新平（水沢藩）は安場保和《やすばやすかず》（熊本藩）の娘を、斎藤実（水沢藩）は仁礼景範《にれかげのり》（薩摩藩、海軍中将）の娘を妻に迎えている。

原の結婚は、藩閥政府に有用な人材として認められ、彼らのサークルに迎えられたことを明示するものであった。これを機に、原は従来から縁のあった女性との関係に終止符を打っている（伊藤『原敬』上）。

原家にとっても朗報であった。他家に養了に出ていた弟・勉が前年七月に没したことが原家に暗い影を落としていたが、同年の初めには兄のもとに次男の達《とおる》が生まれていた。加えて敬の栄達と結婚である。夫を早くに亡くした後、兄弟を必死に育ててきた母はさぞ安堵したことだろう。

一二月三日、原は初めて宮中に参内し、明治天皇に拝謁する。賢所にも参拝し、休所で酒《しゅ》饌《せん》も賜った。戊辰戦争で賊軍とされた原にとって感慨深い一日であった。翌四日に貞子と結婚すると、五日には若妻と従者、女中を連れて天津に向けて出発した。司法省法学校の放校組も、加藤恒忠が渡仏、陸羯南は妻帯と、それぞれの道を歩み始めた。

井上 馨（1836〜1915）

天津への旅路――真冬の新婚旅行

原夫妻にとって実質的な新婚旅行である。横浜港から上海行きの広島丸に乗り込み、最初の停泊地の神戸では温泉で疲れを癒し、楠正成を祭る湊川神社に参拝した。神戸、長崎を経て上海に至るまで順調な航海であった。長崎では見送りに来た岳父の中井と酒を酌み交わした。

上海では心強い出会いがあった。南部藩の家老であった東政図《ひがしまさみち》が芝罘《チーフー》（現、煙台市）領事館に領事代理として赴任するため、原を待っていた。東は井上馨の一年年長であったから、原とは二一歳差である。藩主一門の出で廃藩後に盛岡県大参事を務めた。その後、台湾出兵の際に自費で清国に渡航し、天津を中心に活動していた中国通である（「外務省へ東次郎外二名自費ヲ以渡清願ニ付免状渡方云々往東」）。

原と東を送り込んだ井上には、ある目論見があった。条約改正に本腰を入れ始めた井上は駐清公使の榎本武揚《えのもとたけあき》を外務大輔（次官）として呼び戻そうとしていた（『榎本武揚未公開書簡集』）。榎本の妻・多津子は美貌と知性で知られ、井上夫人も多津子がいれば心強いと帰任を切望していた。

清仏情勢が緊迫化するなかである。榎本に帰国を承知させるのは容易ではない。このため、井上は、榎本が外交官の語学力を重視していたことに目をつけ、北京周辺の要地である天津と芝罘にフランス語に長じる原と中国通の東を置き、榎本を動かそうとした。しかし、井上以外の閣僚たちが榎本の離任に不安を示したため、この人事は棚上げとなる。結果、榎本は留任し、駐清日本外交官の陣容は厚くなった。

年も押し迫った一二月三〇日、原夫妻は芝罘を発ち、陸路、天津に向かう。前日には好物のところを食べて「日本出発以来の美味」と喜んでいたが、翌日からの行程は悪夢の連続であった。

芝罘から天津まではおよそ六〇〇キロ。天津から渤海湾《ぼっかいわん》に至る白河はすでに結氷している。一行は四両の馬車で風雪が吹き付ける海沿いの平野を進んだ。狭い馬車のなかで布団に包まり、「夫妻まるで生きた荷物」という状況である。従者の車は転倒し、喉の渇きを癒そうと梨を食べた若妻は車酔いもあって嘔吐《おうと》した。

東北生まれの原でさえ辛い冬の旅である。東京で大切に育てられた令嬢を連れての旅路の困難は想像を絶するが、雪でぬかるんだ道で貞子を背負って歩くなど、夫妻は蜜月ぶりを見せている。

一八八四年一月一四日、一行はようやく天津に辿り着いた。天津領事館は市内を流れる海河沿いのイギリス人居留地の端にあった（「中国天津における原英租界の開発」）。現在、解放北路と泰安道の交差点にある公園（解放北園）がその故地である。いまでこそ隣にリッツカールトンホテルが建つ天津でも抜群の立地であるが、当時は開発の遅れた湿地帯であった。領事館の建物も二重窓ではあったがトイレがないなど、ひどい安普請だった。

天津は北洋軍閥を率いる李鴻章《りこうしょう》の根拠地である。鍵となるのは李と良好な関係を築くことであったが、幸いにも原の着任直前に榎本公使と李が会談し、意気投合していた（『榎本武揚未公開書簡集』）。原も李に気に入られ、頻繁に面会する関係となる。フランス領事代理のイポリット・フランダンからは犬をプレゼントされるなど、外交デビューは順調であった。

夏に入ると情勢は緊迫し、八月二六日に清がフランスに宣戦布告する。原は清仏両側との良好な関係から、天津で行われる会談情報はもとより、両国軍の編成や武器の買い入れまでも探知し、本国につぶさに報じた。着任からの一年間で送られた機密電報は、確認される控だけで九九本に上る。原の探知能力の高さを裏付ける。

伊藤博文との出会い

冬に入ると、今度は日本が混乱の当事者となる。一二月一一日、本省から朝鮮での紛擾《ふんじょう》について事実確認を求める連絡が天津の原に届いた。日本側の支援を受けた金玉均《きんぎょくきん》、朴泳孝《ぼくえいこう》ら改革派によるクーデター、いわゆる甲申政変の勃発である。フランスとの対立の間隙《かんげき》を突いて、清の影響力を排除することが目的であった。しかし、彼らを支援する日本兵は少なく、清の駐留兵に鎮圧され、クーデターはすでに失敗していた。

事後処理は困難が予想された。日本側は井上外務卿を朝鮮に送り出して翌一八八五年一月に漢城条約を結び、日朝間の交渉はひとまず妥結した。問題は朝鮮をめぐって日本と対立した清との交渉である。井上に加えて、筆頭参議である伊藤博文を大使として清との交渉にあたることとなった。清側は李鴻章が責任者となり、交渉は天津で行われることとなる。

李は日本との関係を維持したいと考えていたが、外務省に放った密偵の報告から、フランスが日本と結託しているのではないかと疑っていた。長崎を出た伊藤がなかなか天津に到着しないことも李の不信感を高めた。

そのため、李は伊藤が到着しても自ら出迎えず、歓迎の宴会も開かなかった。やむを得ず、最初の会食は榎本を主人として日本領事館で行われた。原は外交儀礼を無視した清の非常識を強く批判するが、それだけ李は態度を硬化させていた。

この状況を変えたのは伊藤その人であった。フランスとの対立に付け込んで交渉を有利に進めようとしているのかと詰め寄る李に対して、伊藤はフランスとの対立で余裕がなければ、適当な時期まで待つと答えた（「李鴻章と伊藤博文との個人関係の成立」）。伊藤の誠実な姿勢に李の不信感は払拭されていく。

安堵した李は、伊藤が進める内政改革の実績に魅惑されていき、ついにはアジアの自立には日中の協力が不可欠とする伊藤に強く共鳴する。「東洋のビスマルク」と称された二人であるが、還暦を過ぎた李が精力溢れる四〇代の伊藤が描く理想のアジア像に心を動かされていったことがわかる。甲申政変による混乱を収める天津条約は無事に調印され、四月一九日、伊藤は一九発の礼砲を持って送られた。

二〇代を終えようとする原にとって、一ヵ月にわたって伊藤の外交技術を間近で見たことは大きな糧《かて》となった。伊藤も原の情報収集力と分析の的確さを高く評価する。李が清仏、日清の両面対応を迫られるなかで猜疑《さいぎ》心に駆られている様子は、原から榎本を経て伊藤に伝えられていた。伊藤の対応は原の情報収集あってのものだった。

パリ赴任——原への期待

伊藤が東京に帰着してほどなく、原も帰国を命じられる。外務書記官としてパリ公使館に赴任するためである。官等もひとつ上がり、奏任官四等（旧官等の六等官）、年俸は六〇〇ポンド（二〇〇〇万円相当）となった（「領事原敬書記官ニ任シ仏国在勤被命ノ件」）。

東京では、天津条約の締結をバネに、井上が条約改正交渉にさらに一歩踏み出していた。パリ赴任には天津で有能さを見せた原にヨーロッパで経験を積ませ、一流の外交官として育てようという井上の意図が感じられる。七月二五日、李らに別れを告げ、一年半を過ごした天津を離れた。

神戸に上陸した原は、滋賀県知事となっていた岳父中井のもとで過ごしたのち、天皇の行幸に同行する伊藤を神戸に訪ね、夜、そして朝と二日にわたって話し込んだ。暑い盆前の旅館で、中国のことも、李鴻章のことも、伊藤が見たヨーロッパのことも話したことだろう。福沢諭吉が「脱亜論」を発表したのもこの年である。アジアから一歩抜け出そうとする世論を前に、原は伊藤流の日清親善の見方を身につけていた。

東京に戻った原は、天津条約締結の功績として勲六等、手当金七〇〇円（四〇〇万円相当）を下賜された。これをもって、原は京橋区三十間堀一丁目（現、銀座四丁目。王子ホールのあたり）にあった二棟続きのレンガ造り住宅の一棟を手に入れた。

海外赴任を前にして自宅を購入したのは、当面、貞子が日本に残るためである。貞子は慣れない国外での生活に領事夫人としての役目もあり、いささか疲れていた。帰途、長崎では貞子の学友のもとに寄るなど、原も気遣いを見せている。

出発を祝う会食には、井上、伊藤のほか、西郷従道《さいごうつぐみち》、松方正義、山県有朋と参議級が顔を揃えた。原は名実ともに明治政府を担う一員となっていた。赴任の挨拶に訪れたフランス公使館では、かつて新潟でともに過ごしたエヴラール神父とも再会を果たしている。立派に成長した原の姿を、さぞ嬉しく見つめたことだろう。

出航前夜、井上は横浜港を一望できる富貴楼に原を招いた。初めての欧州行きとなる原に、井上はイギリス、ロシア、フランス、ドイツが入り乱れる欧州政治の複雑さを丹念に説いて聞かせた。井上の期待は大きかった。一八八五年一〇月一四日、原は東京府知事となっていた旧知の渡辺洪基や外務省の仲間たちに見送られ、横浜からパリへと旅立った。

外交官の刷新

横浜から神戸、香港、シンガポール、コロンボを経て、スエズまでは船旅であった。船には夫の赴任地に向かう岩倉具経《ともつね》（具視の三男。ロシア書記官）の妻・梭子《おさ》、イギリスに留学する香川志保子、駐日ドイツ公使の姪などが同乗し、原はそのアテンドを引き受けていた。志保子は香川敬三宮内少輔の娘で、のちに昭憲皇后の通訳として活躍する。なんともきらびやかな一行である。

スエズからは鉄路で北上し、アレクサンドリアに出る。地中海を渡り、ヴェネツィアからは陸路を進み、一八八六年一月三日にパリに到着した。花の都、世界の社交の中心地である。公使館は凱旋門から五分とかからないマルソー通り七五番にあり、駐仏公使も旧徳島藩主の侯爵・蜂須賀《はちすか》茂韶《もちあき》であった。華やかさはこのうえない。

原の思いは違った。伊藤や井上にはその交渉の才を評価されていたが、本人は天津での実務を経て、語学力と国際法の理解が足りていないことを実感していた。誰しもが出たがる社交の場はできる限り避けて、まず一年は勉強に専念したいと蜂須賀公使に申し出て了承されている（『評伝原敬』上）。

しかし、落ち着いて勉強する余裕はなかった。蜂須賀公使はオックスフォード大学を卒業した俊才であったが、フランスに加え、スペイン、ポルトガル、スイス、ベルギーと四ヵ国の公使を兼任したため出張が多く、パリを不在にしがちであった。事務に加え、公使の代理として社交の負担が原に重くのしかかる。

パリ公使館の激務を悟った原は、空席であった交際官試補のポストに司法省法学校放校組の加藤恒忠を推薦し、その助けを得る。さらに、原たちより遅れて退学した田島彦四郎も同じく交際官試補としてパリ公使館在勤となった。

この背景には、有用な外交官を育てて外交の人材を刷新しようという井上の構想があった。これまでの日本外交は旧藩主や公家といった華族層を外交官に任じることで賄われていた。資産があり、留学経験によって語学ができ、社交に必要な財産を持っていたためだ。しかし、殿様気質のため下僚と衝突を起こすことも多く、外交停滞の原因となっていた。

原が着任した直後の二月、司法省法学校を修了した秋月左都夫らフランス語話者五名が、井上の指示によって外交の実地訓練を受けるべくパリを経てベルギーに派遣された。原を筆頭に、加藤、田島も井上による育成プログラムに入っていたわけだ。

パリ公使館には、日本人外交官向けの入門書である『Diplomatic Guide』の編集に参画したイギリス人顧問フレデリック・マーシャルがいた（『明治外交官物語』）。原たちは彼から多くを学ぶ。同時に原は、もし日本が他国に征服されるならフランスにと軽口の演説を行った書記官を辞職させ、綱紀粛正にも注意した。加藤、秋月らは専門性を持った外交官として実地養成され、日露戦争前後には公使として外交の表舞台を担うことになる。

多忙な臨時代理公使

スタッフは揃ったが、そこはパリである。今日もそうであるが、欧米主要都市の在外公館は本国からの来訪者の対応に追われる。原も例外ではない。前年末に内閣制度が制定されて伊藤博文内閣が発足すると閣僚の外遊が相次ぐ。谷干城《たにたてき》農商務相の産業視察をセットし、西郷従道海相がベルギーから叙勲されるよう手配し、余暇を過ごす黒田清隆内閣顧問の相手をするなど、涙ぐましい。

そうしたなか、駐オーストリア公使の西園寺公望と友好を深め、特許局長であった高橋是清の調査を助け、歩兵中佐として留学していた伏見宮貞愛《さだなる》親王には自宅の訪問を受けるまでの関係を築くなど、その後の原にとって信頼できる人間関係も生まれた。パリ日本人会の会長にも推され、三井物産の岩下清周《いわしたきよちか》や美術商の林忠正らとも親交を深めている。

一八八六年七月、原は着任から半年あまりで臨時代理公使となった。蜂須賀が任を解かれたためである。それはフランスだけでなくスペインなど四ヵ国の代理公使を務めることを意味する。

加えてこの時期のフランスは共和派内の対立などから政権が不安定であり、原の在任した三年三ヵ月のあいだに大統領が二人、首相が六人交代する慌ただしさであった。日仏間の外交事案は、条約改正交渉における外国人法律家の任用問題くらいであったが、原は日常業務に忙殺された。原のパリ滞在中の日記は面白みがないこととおびただしいと言われるが（『パリの日本人』）、これだけ多忙であれば仕方もない。

それでも、原は仕事の合間を縫って公使館に出入りしていたフランス人通訳から仏語を学んだ。夜は原書を読んで勉強を重ね、オーギュスト・コントの実証哲学に傾倒したという。

貞子とのパリ生活

一八八七年一〇月に蜂須賀の後任として田中不二麿が着任すると、原の多忙さも一息つく。田中は文部大輔として学制改革を推し進めた能吏で事務能力が高く、兼任先もスペインとポルトガルに絞られた。負担が軽くなった原は、念願であった国際公法の科目履修生としてパリ政治学院に通い始め、大統領選挙の見学にも行くなど旺盛な活動を始める。

この年の二月には妻の貞子を呼び寄せていた。原はかいがいしくマルセイユまで出迎えている。この年の夏季休暇には夫婦で保養地として知られるエクス＝レ＝バンの温泉で疲れを癒し、翌年はノルマンディー地方への小旅行を楽しんだ。

貞子の美貌はパリでも評判であったという（『巨人握手』）。原も身長一六八センチと当時の日本人としては背が高く、目立つ存在であった。スーツやシャツ、ネクタイにもこだわる。二人は日本人離れした美男美女の、ひときわ目立つカップルであった。

自宅もシャンゼリゼ通りから一ブロックだけ入ったガリレー通り六三番地に引っ越した。大使館から東に一ブロックの至便さにあり、現在はアラマンテ・シャンゼリゼという四つ星ホテルになっている中心地だ。セーヌ川の対岸にあるシャン・ド・マルスではエッフェル塔の建築が始まっていた。

原には気にしていることがあった。三〇代になったばかりというのに、前髪が白くなり始めていたのである。ところが、ある招宴で出会ったフランスの陸相から「あなたの前頭部の

原敬・貞子夫妻，パリで

白髪は、将来あなたが多勢の頭となり、異常なご出世をなさるということを予言しておりますぞ」と言われる。原は、骨相学を特技とするという彼の言葉に大いに喜んだという（『原敬伝』上）。原の本心を伝えるエピソードだろう。

　フランスでの仕事にも慣れてきた。原は翌年のフランス革命一〇〇年を記念するパリ万国博覧会を見たいという希望を持ち始めた。しかし、本国の政情が変わる。

　条約改正のために提案した外国人法律家の判事登用案が政府内外で激しく批判されたことから、井上外相は辞職を余儀なくされた。原の親友である斎藤修一郎も国内の反対派から狙われ、パリにいる原のもとに逃れてきた。

　後任の外相はひとまず伊藤首相が兼任していたが、一八八八年二月に大隈重信が就いた。四月、伊藤が憲法制定に専念するため枢密院議長となり、フランスから戻ったばかりの黒田清隆が組閣した。大隈外相は留任して条約改正交渉を継続する。

七月になると、ほとぼりの冷めた井上が農商務相として復活を果たす。斎藤も帰国して秘書官となった。一一月一九日、原のもとにも帰国命令が届く（「従五位原敬外務省通商局長ニ任叙ノ件」）。年が明けて一八八九年、地方制度の視察に訪れた山県前内相のアテンドが原のパリでの最後の仕事となった。

二月初めに貞子を連れてロンドンに向かった原は、ハイドパーク、アルバートホール、ロンドン動物園、ウエストミンスター宮殿（イギリス議会議事堂）、大英博物館などを見て回り、当時珍しかった地下鉄にも乗った。パリ公使館で憲法発布の祝宴に出席したのち、西園寺の招きに応じてベルリンにも遊んだ。ようやくヨーロッパを満喫する機会を得た原は、二月二三日、マルセイユを発して三年ぶりに帰国の途に就いた。エッフェル塔が完成したのは原が帰国した一ヵ月後のことだった。

2　陸奥宗光との出会い――農商務省から再び外務省へ

農商務省での行き悩み

一八八九（明治二二）年四月六日、原は春を迎えつつある神戸に帰着した。岳父・中井弘を訪ね、京都に遊び、開通して間もない東海道線で帰京した。盛岡から鉄道で送られた鹿肉を味わうなど、三年半ぶりの帰国は日本の発展を感じさせるとともに、原の心を落ち着かせた。

同月、原が着任したのは外務省ではなく、農商務省参事官（奏任官三等、年俸一四〇〇円、八〇〇万円相当）であった。黒田清隆内閣で外相となった大隈重信が原を快く思っておらず、井上馨が引き取ったのである。原のパリ在勤中、フランス政府が大隈の雉子橋《きじばし》邸（現、千代田区役所のあたり）を購入する交渉が難航していた。そうした私的な行き掛りが影響したのかもしれない。

華やかな外交の舞台を離れたとはいえ、経済産業と農林水産を司る同省での政策立案を担う花形ポストである。原は渡辺洪基との地方視察以来、産業育成に対する見識と抱負を持っていた。

しかし、農商務省の状況がそれを許さなかった。いまでこそ各省の大臣は頻繁に交代するが、内閣制度創設期の閣僚は長期にわたって在任し、政策の継続性を担保していた。ところが、農商務大臣は例外であり、井上までの二年半で臨時、兼任を含め実に七代と頻繁に交代している。平均任期は半年に満たない。

なぜか。それは大久保利通以来の殖産興業政策が、明治政府の財政との兼ね合いで大きく揺らいでいたからである。

この時期の産業政策といえば同省の前田正名《まえだまさな》らによる『興業意見』がよく知られている。日本初のエビデンスベースドの政策立案とも称されるこの意見書で、前田は海外由来の大農場経営ではなく、伝統的な地方産業の振興を訴えた（『農林水産省百年史』上）。しかし、その政策が保護主義的であったこと、財源として特殊銀行の創設を目論んだことから大蔵省と激しく対立し、前田は罷免されていた（『前田正名』）。

大臣となった井上はこの動揺を拡大させてしまう。帝国議会の開設に向けて、井上は政府与党の創設を進めていた。農商務省が所管する官有林野を払い下げ、その利益を原資として地方自治を進め、人心を掌握する。いわゆる自治党構想である（『明治国家をつくる』）。

こうした井上の積極策は、ほかの藩閥政治家たち、なかでも黒田首相の警戒するところとなった。二月には前田が農商務省に復帰し、同じ薩摩出身の松方正義蔵相と提携して興業銀行の創設に踏み出し、省内を把握していく。省内の主導権を失い、自治党構想も行き悩んだ井上は、一切を放り出して転地療養に入ってしまった。

これまで井上に付き従ってきた原もさすがに不安を覚えた。岳父の中井も原の将来を案じたようで、その斡旋によって伊藤博文枢密院議長の秘書官となる内談が進められた。伊東巳《いとうみ》代治《よじ》、金子堅太郎らと並ぶ、伊藤系官僚の道が開けようとしていた。

これには原自身が逡巡《しゅんじゅん》する。憲法に始まり国制樹立に貢献した伊藤たちの仕事はすでにピークを超えているように思えた。一方で、井上がフィールドとする外交では、条約改正などの懸案が多く残っている。伊藤のもとには人材も多い。井上のもとに残る方が活躍の余地があると踏んだのだろう。

一〇月、大隈外相の遭難を機に黒田内閣は総辞職となり、井上も農商務相の椅子を降りた。続く第一次山県有朋内閣では次官の岩村通俊が農商務相に昇任し、前田が次官の座を射止めた。前田ら政策通による官僚主導は揺るがず、岩村は持病を悪化させる。

原は政策立案を担う参事官から大臣秘書官に異動となった。前田による井上派外しであり、原が政策に口を挟もうとすると、前田は越権行為としてこれを遮《さえぎ》った。調査に基づく政策立案を重視する前田からすれば、原の産業政策は書生論と映ったのだろう。

陸奥との出会いと農商務省改革

道が開けたのは、議会政治によるものだった。一八九〇年五月、病状の回復しない岩村に代わって農商務省に新しい大臣が着任する。陸奥宗光である。幕末の志士として知られる陸奥は新政府で要職に就いたものの傍流にとどまり、自由党土佐派の政府転覆計画に関与した疑いから収監されていた。四年ののちに恩赦され、駐米公使として活躍していた。

陸奥がアメリカから呼び戻されたのは議会対策のためである。七月には最初の衆議院議員選挙が行われ、年末には初めての帝国議会が開かれる。民権派とつながりの深い陸奥を入閣させ、政党との交渉に当たらせる。井上らの提案を山県が容れたものであった（『明治国家をつくる』）。

そのため、ポストはどこでも構わなかった。岩村は土佐出身で民権派に近く、その後任として陸奥を入れることは目的にも叶う。タイミングが合った。

政治への意欲に燃える陸奥は、議会対策の中心に立つだけでなく、省内の主導権も握りにいく。松方蔵相と結託した前田一派の勢力を弱めなければ、省内の統一は図りがたい。これは原の利害と一致する。

野心溢れる新大臣に呼び出されて、原は手ごたえを覚えたようだ。両者はパリで会ったことはあるが、初対面に近い。だが、論理的で、議論を厭《いと》わないところはよく似ていた。

陸奥の支持のもと、原は大臣秘書官と参事官を兼ねて辣腕《らつわん》を振るう。まず実施したのは、井上大臣のころから練り上げていた組織改革である。大臣官房を秘書官二名、書記官五名と増員して、官房主導の組織へと再編した。これにともなって前田派は一掃される。もうひとりの秘書官には、陸奥が駐米公使館から連れ帰った内《うち》田《だ》康哉《やすや》が就いた。内田はのちに原内閣で外相を務めるなど、生涯を通じた仲間となる。

新進の起用にも努め、前年は一名にとどまった帝国大学法科大学生の新卒採用を五名に拡大した。前田系を排して新進に入れ替える意味があったことは言うまでもない。

政策にも深く関与していく。米価が高騰すると東京と大阪の米商会所に外米の購入を要請して安定に努めたほか、富岡製糸所の払い下げにも関わった。興味深いところでは、動物の乱獲が進み絶滅する種が出ていることに鑑み、狩猟規則を制定している。動物愛護というよりは資源保護の観点が強いものであったが、先見性のある施策だった。

官僚・原敬と政治家・陸奥宗光

一八九〇年一一月二五日、いよいよ第一回帝国議会（第一議会）が開会する。政府と民党の激しい論戦が続くなか、原は議会の予算改正権をめぐる憲法六七条問題や民党からの政府委員罷免要求に対する答弁を作成して陸奥の支援に努めていた。しかし、年明けからインフルエンザに罹《かか》り、静養を余儀なくされる。内大臣の三条実美《さんじょうさねとみ》が死去するなど、この冬の流行は大規模であった。

原は無事に回復したが、今度は腸チフスを患《わずら》い、四〇度の高熱にうなされた。このため会期後半の二ヵ月を病床で過ごす。ようやく回復したのは第一議会も終わった一八九一年四月三〇日のことであった。ほどなく山県内閣は総辞職し、第一次松方正義内閣が誕生する。

第一議会は、長年にわたって各省を指導してきた大臣があり、陸奥による自由党土佐派への工作が功を奏して乗り切ることができた。しかし、松方に首相が代わると元老級の閣僚がほとんど退いてしまった。わずかに残った西郷従道内相、山田顕義《やまだあきよし》法相も、ロシア皇太子に警察官が斬りつけた大津事件の責任を取り辞任する。閣僚は軽量級となり、内閣は調整能力を失っていた。

このため松方は、予算編成を始める八月に議会対策を担う内閣政務部を設置し、陸奥を部長とする。その背景には伊藤博文の意向があった（『陸奥宗光』）。政務部の設置自体が、松方が首相としての統治能力に欠けることを示していた。

原も陸奥の内命を受けて政務部の事務に当たる（『品川弥二郎関係文書』七）。しかし、藩閥出身の閣僚からすれば、藩閥外の陸奥が各省の政策に介入してくることは許し難く、自己の影響力の拡大を図る陸奥の策略と映った。無理を悟った陸奥はわずか一ヵ月で政務部から手を引いた。

不安は的中し、年末に第二議会が開かれると、新任の大臣たちの答弁は不安定を極めた。一二月二五日、窮地に立った政府は衆議院の解散に踏み切る。

陸奥宗光とその家族　左から妻・亮子，宗光，長男・広吉

原は解散に反対だった。かつて地方視察をした際、原は民党議員たちの意欲が低く、政策の理解が浅いことにショックを受けた。その後、政府与党を標榜した立憲帝政党に参加したのも、政府側にあれば政策に関わることができるからであった。

しかし、議会が開かれると、民党の議員は能力こそまだ十分ではないものの意欲的に取り組んでいた。それに対して政府側は意欲が低く、大臣の能力も概して低かった。議論を避けて解散に逃げても政治は前進しない。官僚として、政府は正面からの議論に耐えうる陣容を整えるべきと考えていた。

陸奥も解散には反対だったが、原とは視点が異なる。陸奥は政治家として、政府と民党のあいだに立つことができる自分の価値をよく理解していた。自らが成功するには立憲政治の進展が必要である。そのためには、立憲政治の生みの親である伊藤博文の支持が欠かせない。伊藤の意向を受けて伊東巳代治が説得に訪れると、陸奥は解散を了承する。

民党の躍進をおそれた政府は徹底的な選挙干渉を行い、事態はさらに混乱した。政治家陸奥の動きは素早く、干渉に強く抗議して大臣を辞職する。松方内閣に見切りをつけただけではない。干渉に反対した憲政の擁護者として、自らの将来を開くものであった。

政治に邁進《まいしん》する政治家・陸奥に対して、原はまだ官僚として事務的な秘書官にとどまっていた。せいぜい、陸奥の政治動静を報じる新聞各紙に訂正を求めるまでが原の仕事であった。

陸奥と歩む道を選ぶ

一八九二年三月、原は大臣を辞職する陸奥に対し、進退をともにする決意を伝える。これは陸奥にとって意外だったようだ。自分の属僚ではなく、井上馨から借りている事務官という認識だったのだろう。しかし、原はここで井上を見限り、陸奥とともに立憲政治を充実させる道を選ぶ。原の決意を知り、旧友の斎藤修一郎も今回は引き止めなかった。外務省からは駐朝鮮公使に、農商務省からは局長として残る話があったが、いずれも断った。
もうひとつ、伊藤博文が政党を組織する動きを始めたことが原の関心を惹きつけていた。反対一辺倒の議会を刷新したいという明治天皇の意向もあり、伊藤は政府支持の穏健な与党の創設を提案していた。

さすがにこの提案は時期尚早の感があり、何より藩閥政府の筆頭である伊藤が政党に出ることは政府に不安を引き起こすおそれがある。これは天皇によって止められた。しかし、時勢は政党政治にある。伊藤が政党を樹立するときに中軸を担うのは井上ではなく、陸奥である。原はそう見抜いて心を決めた。

陸奥は原より一二歳年長であり、これまで原が出会った人物でいえばエヴラール神父と同年である。陸奥の後妻の亮子は原と同年、すなわち一二歳年下の若妻であり、駐米公使時代にはワシントン社交界の華として知られた。原の妻・貞子も一三歳年下でパリでも評判の美貌である。年の離れた美男美女の夫婦は何かと気が合ったのかもしれない。両者は私的にも親しく交わるようになり、大磯や伊香保などでしばしば時をともにした。

陸奥の外務省——原の調査と条約改正の実現

二人が政界に復帰する機会はほどなくやってきた。一八九二年七月、松方内閣は議会との関係をめぐる閣内対立から総辞職する。後継には、天皇の御沙汰を受けて伊藤博文を首班とする元勲総出の内閣が組織された。第二次伊藤内閣が成立する。

元勲だけでは議会との関係は立ち行かない。前内閣で民党との融和に努めた河野敏鎌《こうのとがま》と後藤象二郎を文相、農商務相として残し、自由党と関係の深い陸奥が外相に迎えられた。行政の経験と議会との関係を両立させる現実的な内閣である。陸奥が待ちかねた活躍の舞台が整った。

外相となった以上、最大の懸案は条約改正である。陸奥はこれまでとは異なるかたちで条約改正の実現を目指す。列強と対等の条約改正である。イギリス留学経験がある林董《はやしただす》次官とハーバード大学出身の栗野慎一郎政務局長を留任させ、陸奥側近の内田康哉が庶務課長として官房を押さえた。在外公館では、イギリスに河瀬真孝《かわせまさたか》、ドイツに青木周蔵、フランスに加藤恒忠、ロシアに西徳二郎、清には小村寿太郎と陣容が整えられた。

原にとっても、念願の外務省への復帰となった。原はこの新体制で通商局長(奏任官二等、年俸二五〇〇円、一五〇〇万円相当)に就いた。通商局は貿易、領事、万国博覧会に関する事務を所管し、外務省では政務局に次ぐ位置にある。三六歳での局長就任は抜擢と言ってよい。

原は同局で綿密な調査を行って、陸奥の条約改正交渉を支える。この段階で条約改正交渉の争点となっていたのは領事裁判権の撤廃であった。

原は、すでにパリ在勤中にエジプトにおける領事裁判権について研究を進め、日本では不十分とはいえ信教の自由や法令の整備が実現していることから、対等な撤廃が可能だと考えていた。各国も日本の法整備を評価するようになっている。原は陸奥にこの研究成果を伝え、一気に撤廃を目指す。伊藤の理解を得て閣議でも了解された（『陸奥宗光』）。

重要なのは国内世論の形成である。井上や大隈が進めた外国人法律家の判事任用案は世論形成が十分ではなく、国内から強い異論に遭った。国内で異論が強ければ、対外交渉はうまくいかない。原は研究の成果である『埃及《エジプト》混合裁判』や『現行条約論』を一般に向けて出版したほか、『外交時報』などに寄稿して世論の醸成に努めた。

一八九三年末の議会では陸奥に近い星亨《ほしとおる》衆議院議長と、改進党を中心とする対外強硬派が対立する。星の辣腕を警戒する対外強硬派は、収賄疑惑によって星の不信任決議案を可決し、ついには星を議会から追放する。

勢いに乗った彼らは、領事裁判権だけでなく、関税自主権の回復を含めた完全なかたちでの条約改正しか認めないとする建議案を採決し徹底抗戦する。これを見た陸奥の主張によって、伊藤首相は衆議院の解散に踏み切る。翌一八九四年三月の総選挙では自由党が一二〇議席を獲得して第一党となるが、対外強硬派の動きも強く、政局は硬直状態と見えた。

しかし、陸奥は秘密裏に枢密院で条約案審議を進め、各国との交渉に臨んだ。ロシアとの対抗関係から日本に好意的となっていたイギリスが七月に同意・調印すると、それを突破口として各国とも改正が進んでいく。後述するように、同月に日清戦争が実質的に始まったこともあり、全面改正とならなかったことへの批判は限定的であった。

移民事業の管理と移民保護政策

原は通商局長就任と同時に大臣官房移民課長を命じられていた。担当の領事事務と関わるためであるが、移民政策が重要問題となっていたことも見逃せない。

日本人の本格的な海外移民は一八八五（明治一八）年に始まる。ハワイの砂糖農場の労働力として短期契約の移民が送り出されていた（『越境者の政治史』）。前外相の榎本が移民課を創設するなど熱心に進め、移民の数は一〇年間で二万九〇〇〇人に上った。榎本はメキシコへの殖民調査も命じ、外相退任後には日本殖民協会を立ち上げて、会頭として移民事業を展開していた。

もっとも、国外に出ていく移民は、政府にも国民にも大きな関心事ではなかった。一八九三年一月にハワイ王国で親米派による暫定政府が樹立され政情が不安定となり、邦人保護の必要が生じたことで、ようやく注目が集まるようになる。政策としての論点は、送り出しに関わる悪徳業者の追放であった。

原は移民渡航を許可制としたうえで、労働契約を結ぶには外務省の認可を必要とすることで、許認可制度によって管理することを考案した。原が起案した移民保護規則は、枢密院の審議を経て一八九四年四月に公布される。

閣議では農商務相に就いていた榎本が猛反対したが、原は弱者である移民を保護する必要を繰り返し強調してこれを押し切った。同規則は二年後には移民保護法として規制と保護を強化された。

統治機構改革への参加

条約改正以上に原が心血を注いだのは、外務省改革である。一八九三年二月、軍艦建造費などをめぐって政府と議会の対立が決定的になると、天皇が内廷費を支出することで調停を行った。この際、伊藤内閣は行政改革をもって支出の削減を議会に約束していた。

その実現のため、伊藤は自らを委員長とする臨時行政事務取調委員会を組織して、半年にわたって審議を進めた。委員会の名称は「事務」と控えめだが、伊藤はこの組織によって民党の要求する支出削減に応じつつ、内閣主導を実現するための統治機構改革を企図していた（『明治立憲制と内閣』）。

このため、スタッフには各省の精鋭が選ばれた。大蔵省は田尻稲次郎次官、陸軍省は児玉源太郎次官、人員削減要求の高い司法省は清浦奎吾《きようらけいご》次官、文部省は生え抜きの木場貞長《こばさだたけ》大臣秘書官など、いずれも識見と実行力に優れた各省のエースである。ここに外務省からは改革志向が強く、ガバナンスの構築に意欲を持つ原が選ばれた。

この会議は実に二三回にわたって、時に日付をまたぐほど熱心に行われた。会議に向かう前の準備は想像に難くない。退庁時間が午後五時と定められたことを「何の理由か知らず」

と無視するほどワーカホリックの原にとって、この委員会は心行くまで働ける痛快な場であった。何より、統治機構改革の経験を得て、内閣制度や統帥権に関する知見を深めたことは、原の立憲政治への理解を大きく進めるものとなった。

選び抜かれた精鋭が伊藤のリーダーシップのもとで検討を重ねた。一八九三年一〇月、政府は大規模な部局の合理化と人員の整理を発表する。議会との約束は果たされた。この改正によって局長はすべて勅任と改められ、原はついに勅任官（高等官二等）となった。

より重要であるのは統治機構改革、なかでも人材登用の制度化である。従来、官僚のリクルートに統一されたルールはなかった。そのため藩閥政府の有力者が地縁や血縁によって採用する情実任用が横行していた。能力の低い人材を用いることは、政府の正当性を損なう問題となる。

このため、一八八六年に帝国大学法科大学が創設され、専門知識を持つ官僚の養成が始まった。一八八七年には同校の卒業生を試補に採用する最初の資格制度が導入されていた。委員会はこれをもとに文官任用令を定め、私立の法律学校卒業生にも開かれた競争的な試験制度を導入し、官界の門戸を開いた（『近代日本の官僚』）。

外務省の人材登用改革――立憲制度のデザイナーへの第一歩

原のイニシアティブのもと、外務省は外交の専門性に鑑みて、他省の行政官とは異なる独自の採用体系を導入する。文官任用令と同時に公布された外交官及領事官試験制度である。出願は、人材の多様性を考慮して学校卒業を前提とせず、履歴書と論文を英語、仏語、独語のいずれかに翻訳したものを求めた。論文で選んだ言語による一次試験を通過すると国際公法・国際私法などの必修選択科目と外交史を含む選択科目、そして面接による二次試験が行われる。志願者の専門性、とりわけ外国語の能力を重視していることがわかる。外務省留学生についても、中国語、朝鮮語、ロシア語、スペイン語を対象に試験制度を整備した。

独自の改革を行った背景には、これまで原が見てきた外交官の質への疑問があった。語学を鼻にかけ安易な失言を現地新聞に漏らす書記官、天津領事時代に遭遇した功を焦ってクーデターに加担する公使、家名と財力で職位につきながら現地の言語ができない華族の外交官たち。こうした旧時代の人物を廃して、自覚と能力のある人材に置き換えなければ、国家の安全は守れない（『外交官領事官制度』）。

公開試験の導入は世界的に見ても早く、年齢、学齢、資産の制限がない点では欧米よりも先進的であった（『旧外交の形成』）。伊藤と陸奥のリーダーシップ、原の改革への強い意欲、そして国民世論からの支持が成し遂げた一大改革であった。

翌一八九四年の秋には第一回の試験合格者として船越光之丞《ふなこしみつのじょう》ら四名が、九五年には陸奥の長男・広吉ら五名が採用され、試験制度が定着していく。

のちになるが一八九八年に合格した本多熊太郎（のち中国大使）は、自分たちが何の因縁や情実によらずに堂々と試験に合格して一人前の外交官になれたのは原のおかげであると述べている（『先人を語る』）。外交官の採用を別建てとするこの制度は、二〇〇一年に廃止されるまで一〇〇年以上にわたって続いた。

この間、通商局の所管では大阪商船の朝鮮航路開通など重要事案が多く実現しているが、原の日記にこれらの記事はない。本多は、原は外交問題にはあまり興味を持たず、それが内政問題になると初めてその才能を注ぎ込む習性があったと評する（『先人を語る』）。官僚制度に始まる統治機構の設計に原は面白さを見出した。この経験は、原が外務官僚から立憲政治のデザイナーへと変化する大きな一歩となった。

3　日清戦争後の外務次官――外地経営と朝鮮公使

日清戦争への批判

日本外交も大きな転機を迎える。朝鮮半島をめぐる清との緊張関係が、ついに戦争へと拡大した。日清戦争である。これにより日本は一躍、東アジアの中心に躍り出る。

一八九四（明治二七）年六月、朝鮮は拡大する農民反乱（甲午農民戦争）を抑えることができず、清に救援を求めた。清は天津条約に基づいて日本に通知のうえ出兵する。

陸奥はこれを好機と見た。休暇で東京にいた大鳥圭介駐朝鮮公使に海軍陸戦隊を付けて朝鮮に急派し、大島は武力を背景に朝鮮国王に内政改革を迫った。同時撤兵を主張する清との対立は決定的となり、七月二五日に清との戦端が開かれる（『日清戦争への道』）。原は本省にあって後方支援に尽力した。

戦争は陸海軍の奮戦によって日本側の勝利で終わり、帰国した大島は国民から英雄として歓迎された。しかし、原は大島の対応を「上出来にはあらず」と不満を示した。原は天津条約の経験から、朝鮮をあいだに置いて日清関係を安定させることができると考えており、日清戦争にも反対であった。

この二年前、原は朝鮮の首都・漢城にあった。一八八九年に朝鮮半島は凶作に見舞われ、朝鮮政府が穀物の輸出を禁止した。これにより日本の貿易商が損害を受けたため、原は担当局長として自ら赴いて賠償請求に臨んでいた。しかし、得るところなく帰国して、民党から手ぬるいと批判された（「原敬氏」『自由党党報』一八九二年一一月）。

その後、弁理公使に任じられた衆議院議員の大石正巳《おおいしまさみ》が交渉に臨む。大石は朝鮮政府を威圧して当初要求額の七割を超える賠償金を獲得して喝采を得た。

面目を失った格好の原は、冷静に見ていた。この成功は、事態が日清間の衝突につながることを危惧した李鴻章が、朝鮮政府に妥協を勧めて実現したものであった。清と日本が協力して東アジアの安定を創出するという伊藤博文と李の路線に基づく調停である。

しかし、日本が圧力をかければ、朝鮮政府は清を頼り、バランスは崩れる。大石は功を焦って日本の東アジア外交を毀損《きそん》したというのが原の見解であった。

清は協力すべきパートナーであり、価値観も共有している。やみくもに武力で決着をつけるのではなく、交渉によって解決できる相手であった。なにより、清が敗北すれば、欧州の列強が付け込んでくる。東アジアの情勢は欧州とつながっている。東アジアの安定を保つためには清と可能な限り協力する。この方針はその後の原外交の基軸となっていく。

外務次官――事実上の大臣の苦悩

一八九五年四月に下関で講和条約が結ばれると、林董次官が駐清公使として送り出され、親善方針が定着する。原は林の後を受けて次官となった。ついに勅任官一等に到達した（年俸四〇〇〇円、一七〇〇万円相当）。陸奥は日清戦争後半から激務のため体調を崩しており、文相の西園寺が臨時外相となっていた。次官の原は外交の重要事項がかかる閣議に出席するなど、事実上の外相となった。

しかし、それはまだ重荷であった。次官を務めた一年間に原は四度も高熱を発して寝込んでいる。それぞれの思惑を持つ大臣たちを前に中国問題も停滞する。

世論は、同じく兼任外相のもとで辣腕を振るうイギリスのジョージ・カーズン外務政務次官と比較して、両者の働きは局長と玄関番ほど違うと、原を無能と難じた（「カルゾンと原敬」『太陽』一八九六年五月）。議院内閣制のもとで議席を持つ政務次官と、官僚内閣の事務次官を比較するのはさすがに無理があるが、原が存分に腕を振るえなかったのは事実であった。

苦境のなかで原が力を注いだのは台湾統治である。下関条約により台湾の領有が決まると、伊藤首相は自らを総裁とする台湾事務局を設置し、統治方針の構築に着手した。

委員は田尻稲次郎大蔵次官、末松謙澄《すえまつけんちょう》法制局長官、伊東巳代治内閣書記官長、田健治郎逓信省通信局長、陸軍から川上操六参謀次長、海軍から山本権兵衛軍務局長、外務省は原という錚々たる顔ぶれである。ここでは北海道も含めた拓殖事務のあり方が本格的に議論された（『帝国日本の属領統治をめぐる実態と論理』）。

中国事情に通じフランスで勤務した原はヨーロッパ型の植民地統治には批判的であり、当初から同化を目指す内地延長主義を唱え、伊藤もその意向を持っていた。内地延長を実現するために、軍政ではなく本国政府の影響下で文官総督が民政を行うことを主張した。

しかし、現地の情勢はそれを許さなかった。台北こそ無血開城されたものの、台湾全土で日本の統治に反対するゲリラ活動が続いており、当面は軍人総督による統治が現実的であった。総督は陸海軍の中将・大将から任命され、立法権も総督に委任される。文官総督制が導入されるのは、原自身が政権の座に就く二四年後のこととなる。

駐朝鮮公使としての挫折

下関条約の調印からわずか半年後、東アジア情勢は再び緊迫した。一八九五年一〇月、駐朝鮮公使として赴任していた三浦梧楼《みうらごろう》らが朝鮮王宮に乱入し、国王・高宗の妃である閔妃《びんひ》を殺害する大事件が勃発する。日清戦争後、朝鮮ではロシアの支援を受けた閔妃が政権に返り咲いており、これを排除するために新任間もない三浦がクーデターに踏み切ったものであった。突然の変事を質す外国公使に、原は知らないふりをするしかなかった（『アーネスト・サトウ公使日記』I）。

三浦は政府の方針がはっきりしなかったため臨機応変に徹したと開き直るが（『観樹将軍回顧録』）、竹越、大鳥に続く駐朝鮮公使の暴挙である。各国の批判にさらされた日本政府は真相究明を迫られ、小村寿太郎政務局長が自ら朝鮮に渡って調査に当たることとなった。三浦は更迭され、小村はそのまま後任として事後対応に当たる。

一八九六年二月、高宗はロシア公使館に遷座してその庇護を受け、日本が支援してきた開化派と称された閣僚たちは民衆に撲殺された（『高宗・閔妃』）。原の懸念は、清からロシアに相手を変えて現実のものとなった。

日本は朝鮮の独立のために多くの犠牲を払っているのになぜ嫌われるのか。ある知識人に問われた伊藤首相は、その国の人を軽蔑し、その土地を蹂躙《じゅうりん》して、その民を苦しめ、王妃を殺害し、王宮に乱入してなぜ恩を感じるだろうかと悲嘆した（『学海日録』一〇）。原も同じ思いだっただろう。東アジアの安定は再び遠ざかった。

五月、病状の回復しない陸奥の辞職がついに許される。翌六月、ロシアとのあいだには山県・ロバノフ協定が結ばれ、朝鮮問題はひとまず安定を見た。これを機に小村が帰国して次官となり、原は交代して駐朝鮮特命全権公使となった。四年前に拒んだポストであるが、以前のように軍人を充てることはあまりに危険であった。他方、外務省でも原のほかに受けられる者はまだいなかった。

原は釜山領事の秋月左都夫、京城領事の加藤増雄を公使館書記官に異動させて陣容を固め、探偵費を大幅に増額して情報収集に努めた。懸案となっていたのは京城―釜山間の鉄道敷設であったが、朝鮮政府は緩慢に原の要求をやり過ごした（『帝国日本の外交』）。秋に入って伊藤内閣が総辞職の気配を見せると原は帰国を望むようになる。一〇月に後継内閣の首相が松方正義であり、外相が大隈重信となることを知ると、辞意を固めて帰国した。

駐朝鮮公使時代

大隈に原の慎重論を聴く気はなく、朝鮮政策は強硬方針を執ると宣告される。とはいえこの難しいポストを引き受ける者はなく、後任人事は停滞した。ようやく翌一八九七年二月二三日になって公使館書記官の加藤を弁理公使に昇任させることで、原は正式に公使の座を降りることができた。

官僚から政治家へ

一八八二年に官途に就いてから一五年。気がつけば原は四〇歳になっていた。准奏任の御用掛から始まり、勅任官である外務次官、さらには特命全権公使となった。いずれも高等官一等の地位であり、原は官界の階段を登りつめた。

この間、政府系新聞の記者や政府の調査部員として藩閥政府に入り込んだ原は、司法省法学校で学んだフランス語と新聞記者時代に磨いた調査能力によって実力を認められ、天津、パリでそれを発揮する機会を得た。榎本や蜂須賀は理想の上司とはいかなかったが、彼らのもとで原は比較的自由に活動することができた。

井上に物足りないものを感じているうちに、原は陸奥と出会った。藩閥勢力のなかで独自の地位を築く先達との邂逅《かいこう》は原の人生を変え、政党政治への関心を強めていく。陸奥を通じて伊藤による統治機構改革にも参画した。二人との出会いを通じて、原は立憲政治の将来を見据え始める。官僚から政治家へ、大きく道が開け始めた。

暮らし向きも大きく変わった。駆け出しの御用掛から官僚の頂点に辿り着いたことで、俸給は月俸八〇円から年俸四〇〇〇円と四倍になった。パリ時代、とりわけ臨時代理公使であったときは交際費がなく、生活は苦しかった。帰国後に銀座の一等地にあった初めての持ち家を売らざるを得ないほどであったが、その割には、無心に訪れる旧友や海外に雄飛しようという青年に惜しみなく金を渡している。かつての自分を思い出すところがあったのだろう。

銀座の家を手放してからは、麻布市兵衛町の借家、富士見町の大臣秘書官官舎、京橋区南鍋町の借家と転々とした。芝公園の家に落ち着いたのは外務省通商局長となった直後のことである。向かいには自由党総理の板垣退助の家があった。自由党本部から歩いてわずか三分の場所に家を求めたのは偶然だろうか。

この家が原の終《つい》の棲家《すみか》となるが、土地は東京府が所有する借地であった。慎ましやかな暮らしは、原がさらなる成長を遂げるほどに好対照として取り上げられる。原が政治家として成長するにつれ、芝公園周辺は政友会のコロニーとなっていく（『近代日本の統治と空間』）。

いまに盛岡から大臣が出る

変化は家庭にも現れていた。若く美しい妻・貞子は浪費が激しく、その兄弟も放蕩《ほうとう》が目立った。子どもにも恵まれなかった。そうしたなかでも原は妻のために保険に入り、結婚満一〇年の晩餐に親戚知人を招くなど、多忙のなかで向き合った。

岳父の中井弘が日清戦争のさかなに病没すると、中井家の世話が原に重くのしかかる。そうしたなかで貞子の不貞が発覚し、朝鮮から戻った一八九六年一一月に別居に至る。それと入れ替わるように、母・リツと姪の栄が上京し、のちに後妻となる菅野浅が原家に入った。

浅は同じ岩手県の出身で、原とも母とも馬が合った。栄は原に可愛がられて、芝公園の家から学校に通い、教養を深めた（伊藤『原敬』上）。

長らく遠ざかってきた郷里・盛岡との関係も改善される。一五歳で上京して以来、原はほとんど郷里に戻らず、渡辺洪基との地方視察で立ち寄ったときも民権派の跋扈を苦々しく記すなど、距離があった。

関係をつないだのは旧友たちであった。パリから帰国すると、作人館以来の先輩である阿部浩（当時、鉄道事務官）、菊地武夫（同、司法大臣秘書官）らと旧主南部家の在京諮問員となり、郷里との関係が修復されていく。もっとも彼らは郷里の人々を軽んじているとも見られており（『大隈重信関係文書』六）、具体的な改善が必要であった。

通商局長となったころから、原の名前は旧南部藩の出世頭として挙がるようになる。外務次官となると「いまに盛岡から大臣が出る」と言われた（「原敬氏とその郷里（二）」『東京朝日新聞』一九一八年九月三〇日）。原はいつしか郷里の期待の星となっていた。

一八九六年六月、朝鮮赴任を前に原は実に一五年ぶりに盛岡に帰り、祖父母と父の法要を行った。この夜、市内の料亭で行われた歓迎会で、原は「私は今日の地位で満足するものではありません」と飛躍を誓ったという。未来の平民宰相を支える地盤も生まれつつあった。

第3章　政界再編、政治への参画——立憲政治の始動

1　『大阪毎日新聞』編集総理から社長へ

大阪の言論界からの招き

駐朝鮮公使を正式に退いた原敬は、待命となり悠々自適に過ごす時間を得た。それから六ヵ月後の一八九七（明治三〇）年八月、原に新たなポストが舞い込む。大阪毎日新聞社編集総理（編集長）への勧誘である。

官途ではなく新聞、東京ではなく大阪での仕事に原は逡巡したが、幕末から大阪に縁のある陸奥宗光が背中を押した。首相は松方正義、与党は大隈重信率いる進歩党である。原に政権入りの目はない。陸奥の病状も思わしくなく、当面は伊藤博文による組閣を待つ雌伏のときだった。

大阪は一五年前、『大東日報』の記者として過ごした土地である。よい思い出は多くはな

かっただろうが、土地勘はある。

当時、大阪は「天下の台所」といわれたかつての存在感を失いつつあった。国際貿易港として脚光を浴びる神戸に人や物が移り、日清戦争後の経済発展から取り残されていた。危機感を抱いた関西財界は政府に支援を働きかけ、大阪に新しい港を築き、創設されたばかりの日本勧業銀行の資金を用いて活性化しようと動き出していた。

関西財界は外資導入による開発も熱望していた。しかし、いまだに排外主義は根強い。とりわけ大阪では進歩党系の『大阪朝日新聞』が対外強硬論を展開して人気を博し、年三六二一万部と国内最多の発行部数を誇っていた。これに対し、財界が経営する『大阪毎日新聞』(以下、『大阪毎日』)は年二一四三万部と大きく水をあけられていた(『大日本帝国内務省第十三回統計報告』)。

この状況を変えるには、国際経済に通じる人物を大阪のメディアに迎え、世論を変えていかなければならない。新聞人としての経験があり、清、朝鮮、欧州事情に通じ、通商局長を務めた原は打ってつけである。大阪の北浜銀行には、原とともにパリ日本人会を運営した岩下清周がおり、原の人物もよくわかっていた。藤田組の支配人・本山彦一ら関西財界の首脳部が自ら原に就任を依頼する。

原は、編集に関する権限の一切を与えること、退社する際は妨げないこと、そして大臣と同額の年俸六〇〇〇円(二六〇〇万円相当)を条件とした。経営サイドの意向に左右されずに論陣を張り、政治に復帰する道を確保し、大臣級の格付けを得る。見事なキャリアプランである。

三年契約、退任の場合は三ヵ月前に通知、年俸はひとまず五〇〇〇円で契約が結ばれた。大川町（現、住友ビルディングのあたり）に洋館三階建ての新社屋も完成し、同年一〇月、原による新体制の『大阪毎日』がスタートした。原は当初は造幣局にほど近い天満橋筋二丁目の借家に入り、半年後には天満橋を南に渡った谷町一丁目の屋敷から通った。

新聞経営に辣腕を振るう

一五年ぶりの言論界で、原は局長、次官として培ったガバナンス能力を発揮して、官僚時代と変わらぬ精勤ぶりを見せた。懐には常に論説の原稿を準備し、一食一五銭の牛肉弁当をかきこんで遅くまで働く姿に、若い記者から「ウシバン」と綽名が付けられた（『日本新聞人群像』『世界第六位の新聞』）。

原がとりわけ力を入れたのは外報である。アメリカ、ヨーロッパ、ロシアはもちろん、南アフリカ、南米、オーストラリアにも通信員と社友を置き、情報の充実と確実性を高めた。貿易相手である東アジアにはとくに力を入れ、清と韓国各地に七名、ウラジオストクにも一名の特派員を置いていることを紙面に誇らしく掲げた。

北米特派員の児玉亮太郎は、陸奥派の衆議院議員の長男だった。当時、ミシガン大学に留学していた児玉は週に一通の割合で送稿し、一八九八年にフィリピン周辺で起きた米西戦争の報道で注目を集めた（『原宰相を助けたる児玉亮太郎』）。

速報性より正確さを重視した原の外報編集は、当初は不評であったが、着実に信頼を獲得していく（『回顧七十年』）。翌年には年三〇六〇万部と急成長し、ライバル紙の『大阪朝日新聞』に迫った。東京―大阪間で電話が開通すると、東京支局の記者が電話で送稿することで速報性の向上に努めた。受け手は電話速記者と呼ばれ、女性も積極的に採用した（『二十一大先覚記者伝』）。

紙面では旧知の梅謙次郎、富井政章《とみいまさあきら》、岡野敬次郎ら学識者を客員に迎えて、外国人の内地雑居、商法と刑法の改正、保険事業などをわかりやすく解説した。女性記者による家庭欄を設けたほか、ひらがなを多用する紙面構成として読者層の拡大に務めた（『日本新聞人群像』）。

一八九八年九月には、原は同社の社長となる。経営に加わると、部数拡大のためメディアイベントにも踏み切っていく。

義太夫や俳優の人気投票を行い、表彰式を企画したほか、坪内逍遥らを選者に懸賞小説も行った。皇太子（のちの大正天皇）の成婚に際しては道頓堀川に浮かべた船から餅撒きを行って注目を集めた。こうした奇抜なアイディアは経営補佐として雇い入れた桐原捨三の提案だった（『桐原捨三翁追懐録』）。軽薄だとする批判が社内外からあったが、原は許した。

その目的は部数拡大だけではない。正確な情報がわかりやすく広く読まれることで、国民が社会をよりよく理解することを目指した。原は同紙の論説で、国民こそが皇室の藩屏《はんぺい》であり、国家の基礎であると論じている。新聞は公器であるという理念を基礎とした経営であった。

陸奥との別れ

もちろん、中央政界への復帰を諦めたわけではない。原は入社から三年のあいだに二五回、つまりほぼ毎月上京し、政界関係者との情報交換に努めていた。

原の人生を大きく変えた陸奥はもういない。彼は原の入社とときを同じくして五三年の生涯を終えていた。原は陸奥が没する八日前、最後に話した日のことを、切々と日記に記している。一部をここに引いておきたい。

> 伯〔陸奥〕、これより食事すと云うに付き、平日ならば食事中なおさら面白き談話もなしたることとなれども、余〔原〕は心中においては最後の談話なりと思うに付き久しく平然として仮面を装うに堪えず、また伯の非常に疲労し苦痛を忍んで努めて余と談話するの体を見るに忍びず。
>
> 而《しこう》して余は、数年来公事においても私事においてもほとんど相諮《あいはか》らざる事なきに付き、

伯の意見はこの機に及んで新〔ママ〕めて聞かざるも、余はこれを熟知せり。故に無益に長談して伯の疲労を増し、また互いに悲傷の情を加えるに忍びざるにより、いずれ来月初めに出発する事なれば、その前にはしばしば参上御見舞い致すべしとの一語を遺して別れを告げ、室外に出たり。〔中略〕
蓋《けだ》し伯はなお余に語らんと欲するものの如く、余と別れることをすこぶる厭《いと》うの情は容貌に現る。余もまたこれを欲せざるには非ざるも、暗涙を催して殆ど座に堪えず。且《か》つ家人はかくの場合において徒《いたずら》に情に迫り、丈夫の交わり如何を解せざるもまたほとんど当然の事なれば、余の長談は家人も欲せざるべしと思うに付き、忍んで別れを告げたり。
(『原敬日記』一八九七年八月二四日条)

陸奥の墓は父・伊達宗広が眠る大阪の夕陽丘に建てられた。原はその一切を取り仕切り、陸奥の供養をした。その後も折に触れてこの墓を訪ね、没後一〇年には「内務大臣原敬」の名で同地に顕彰碑を、外務省に銅像を建てて陸奥の功績を讃えた。
原には陸奥の後継者として、立憲政治を進め、政党政治を実現する責任が生まれていた。途中、松方から駐独公使に、山県から駐清公使に誘われたこともあったが、もはや外交官に戻るときではない。原は新聞経営に専心してときを待った。

2　立憲政友会への参加――第四次伊藤内閣での初入閣

初の「本格的ではない」政党内閣

一九世紀末の日清戦争は、近代日本が経験した初めての国家間戦争であった。明治維新以来、夢を実現できる社会の構築を掲げ、全国から人材を集めて国家の近代化と自立に努めてきた日本にとって、それは飛躍の契機となった。

経済は拡大し、言論は興隆した。民衆は従軍や献金、増税を通じてこの戦争に参加し、国家を体感した。この経験を通じて、彼らは国家に参与する国民となった（『客分と国民のあいだ』）。政治参加を求める声は大きくなり、政府も、国民の声を政治に反映させる方法を真剣に考えざるを得なくなった。

俄然《がぜん》、民党は勢いづく。第三次伊藤博文内閣は歳入拡大のための地租増徴を目論んで自由党、進歩党双方の支持を取り付けようとしたが、かえって増税反対を結束点に両党が合同し、新党・憲政党の結成を招いた。

巨大野党の登場に対して、伊藤は奇策に打って出る。憲政党を率いる大隈重信、板垣退助の両名を首班として天皇に奏請し、政党内閣の組織を促したのである。一八九八（明治三一）年六月、憲政史上初の政党内閣となる第一次大隈内閣、いわゆる隈板《わいはん》内閣の誕生である。

議会開設からわずか八年で政権を手にした民党は沸き上がり、山県有朋は明治政府の「落城」と肩を落とした。大臣はもちろん、次官、局長から知事に至るまで五〇名を超える政党人が官職に就き、藩閥官僚が追い落とされた（『政党と官僚の近代』）。

もっとも、この政権は長続きするはずがなかった。伊藤はすでに衆議院を解散しており、八月には総選挙がある。与党は合同したばかりであり、公認争いは避けられない。議会が近づけば革新的な旧進歩党と穏健な旧自由党系は政策対立を深める。その混乱を乗り切ることができれば政党政治の端緒が開け、瓦解すれば旧自由党系は伊藤を頼る。伊藤一流の奇策であった。

原はといえば、一八九八年六月、伊藤内閣の総辞職を聞いて急ぎ上京して、まず山県有朋に、ついで松方正義に事情を聴いている。彼らの言動から、憲政党の誕生に慌てた伊藤が政党内閣の樹立に向けた手順を誤り、一足飛びの軽挙に出たと誤解した。組閣時に声をかけられなかったこともあり、伊藤への不信が募った。

その後、大磯に購入していた別荘に寄り、同地で保養する伊藤と面会して、ようやく伊藤の真意を理解する。陸奥の死後、原と伊藤は疎遠になっていた。原が朝鮮からの帰国報告に訪ねたのち、三年近くほとんど話す機会がなかった。両者を結んでいた岳父・中井弘が没したこともあり、伊藤にとって原は過去の人になっていたのである。

中央政界への復帰

一八九八年八月の総選挙で候補者調整に失敗した隈板内閣は、政策路線の違いから閣内対立を深め、通常議会を迎えることなくわずか四ヵ月で瓦解した。初の政党内閣は「本格的」にならずに終わった。憲政党は、旧自由党系の憲政党と旧進歩党系の憲政本党に分裂する。以後、憲政本党は藩閥政治家のみならず明治天皇からも危険視され、政権から遠ざかる。

他方、穏健であった旧自由党系は引き続き政権に関わることを望み、新たに発足した第二次山県内閣を支援する。憲政党の事実上の指導者となった星亨に対して、政権に協力して信用を得るべきという伊藤の助言があったという。山県内閣は地租増徴、府県制・郡制の改正、大選挙区の導入など、衆議院との協力によって政策を実現する道を見出した（『全国政治の始動』）。

伊藤博文（1841～1909）

満を持して伊藤が動き出す。山県内閣の発足から半年を経た一八九九年四月一〇日、伊藤は長野市の城山館で政党内閣樹立を目指す演説を行い、これを皮切りに全国行脚を始める。しかし、原はまだ相談には与《あずか》っていない。

原をふたたび政治に引き出した人物は二人いる。一人目は縁の深い元勲、井上馨である。井上は伊藤が政党内閣を組織する場合には、旧自由党を基盤としつつもその影響力を相対的に抑えるため、政界、官界、財界を横断する新政党とする考えを持っていた。陸奥亡きいま、その遺志を継ごうとし、官界と財界にパイプを持つ原は役に立つ。

原も、井上が自ら組閣し、そのあいだに伊藤に新政党組織を進めさせ、準備が整ったところで伊藤による政党内閣に移行するよう進言している。実際にはこの段階ではむしろ山県のもとに足繁く通っていた。原はいくつかの選択肢を模索していた。

決定的となったのは、二人目の人物、西園寺公望である。西園寺はパリを愛し、原の在勤当時も駐澳、ついで駐独公使でありながら長くパリに滞在していた。司法省法学校放校組の加藤恒忠が西園寺と意気投合したことから、加藤を介して親しくなっていた。

また、伊藤、西園寺、原の別荘はいずれも大磯にあった。原の場合、大磯で病気療養を続ける陸奥と連絡を保つために持ったが、伊藤も陸奥との関係で大磯に別荘を構えていた(『近代日本の統治と空間』)。陸奥の遺産が原を活かした。

伊藤の側にも事情があった。自由党とのパイプ役であった伊東巳代治が自立性を強め、伊藤との関係が悪化していた。憲政党との交渉を担い、政官財を横断できる人材は限られる。一九〇〇年七月二七日、伊藤と西園寺は大磯に原を招き、新党組織のため原の協力が必要であると口説いた。八月一六日には新党の組織に関する事務一切を任せることを伝えた。

原は伊藤の口ぶりから内閣成立の暁には閣僚ポストを得られると見込んだ。七月三〇日には伊東を訪ねて原の入党を希望するとの言質《げんち》を得て、彼の嫉妬を回避する手も打った。とはいえ、こののち、両者のもつれは原が没するまで続くこととなる。

立憲政友会創設の準備と『大阪毎日』後任問題

原は新党の創設に向けて精力的に動き出す。憲政党幹事の改野耕三、実業系議員を取りまとめる片岡直温と新党の綱領を書き上げ、設立趣意書の発表会の案内状も原と改野の名前で送られた（「新政党彙聞」『読売新聞』一九〇〇年八月二〇日）。

新党の名称は政界、官界、財界から政見をともにする同志が会するという意味を込めて立憲政友会（以下、政友会）とした（『伊藤博文』）。この日に発表された創立委員に名前はないものの翌日の第一回創立委員会に出席し、新聞にも伊藤系創立委員として名前が挙がっている（前掲、「新政党彙聞」）。原は新党組織の中核にあった。

原の名前がなかったのは、まだ政治的中立を標榜する『大阪毎日』の社長という立場にあるためだった。ちょうど九月で三年の任期が満了するため、原は経営陣に辞意を伝え、了承された。無事に辞職が済めば正式に創立委員となる手筈であった。

ところが後任に原自身が異議を唱え、辞職が遅れる。共同経営者の本山彦一が原の後任としたのは大隈の側近・矢野文雄だった。原がかつて『郵便報知新聞』を退職する理由となった、あの人物である。原は猛烈に反対し、すでに内定しており変更できないと聞くと、社長への居座りを決めた。

帝国ホテルで行われた立憲政友会創立式，1900年9月15日

本山は慶應義塾の出身で、元来は大隈に近い。『大阪毎日』の前身は、かつて『大東日報』時代の原が敵対した改進党系の『日本立憲政党新聞』であった。矢野が後任となれば、『大阪毎日』は再び大隈系となり、原が三倍の部数にまで育てた新聞を敵方に持って行かれることになる。九月八日、ようやく事態を収めて上京した原に、伊藤は当面『大阪毎日』に従事するよう勧めた。

不偏不党を掲げた新聞社にある以上、九月一五日に帝国ホテルで挙行された政友会の創立式に原は参加せず、午後の園遊会、夜の慰労会への出席にとどめた。この日は原の大阪毎日社長の任期満了日であった。準備に当たっていた原が合わせたのだろう。しかし、その計算は狂った。

後任の社長に旧知の小松原英太郎が決まり、ようやく退職となったのは一一月二四日のことだった。

第四次伊藤内閣の成立と原の挫折

政友会の創設を見た山県は一九〇〇年九月二六日に辞表を提出し、党の基礎が固まっていないと固辞する伊藤を説得して組閣を承諾させる。もっとも、これは政友会の創立以前から予想されていたことであった（『元勲・近代諸家書簡集成』）。

組閣の報を受け、旧憲政党の領袖から強烈な入閣運動が起こる。それを見越していた原は、組閣と党幹部の指名を同時に行うべきと伊藤に進言していた（『西園寺公望関係文書』）。官僚出身者を大臣とし、政党出身者（以下、党人）は党務に当たる役割分担である。もちろんそれは自らの入閣を確実にするためのものでもあった。

一〇月一九日、政友会を与党とする第四次伊藤内閣が発足する。しかし、閣僚に原の名前はなかった。原が狙っていたと見られる外相には加藤高明前駐英公使が入った。原が排除しようとした党人からも、松田正久《まつだまさひさ》が文相、林有造が農商務相、そして星亨が逓相に就任した。原の目論見に反して彼らは総務委員と兼任したまま閣僚となった。

この結果を、原は伊藤の意思薄弱となじる。どうだろうか。加藤は原より四年年少であったが、二年早く特命全権公使となっており、任地はイギリスであった。岩崎弥太郎の長女を妻としており、財界との関係を考えても順当である。

隈板内閣での猟官運動に危機感を覚えた山県は文官任用令を改正し、党人が就けるポストは大臣と官房長だけとなっていた。党人の領袖を大臣に用いなければ、党員をまとめることは難しい。派閥均衡の観点からポストは複数必要となる。「政党」内閣を作り上げるうえではやむを得ない。理想論を描く原に対して、伊藤は現実に向き合う必要があった。

原自身にも大きな問題があった。伊藤から期待された関西財界からの支持をまとめることができなかった。これは政官財を横断するという伊藤の新党構想の一つの挫折を意味する。『大阪毎日』の問題から創立準備を最終盤で離れたこともあり、論功行賞として原を厚遇することも難しかった。

それでも原は泥臭いまでにポストにこだわった。どの省でも構わない、場合によっては海外にも例があるのだから陸相や海相でもよいと西園寺に周旋を懇願した（『西園寺公望関係文書』）。入閣が絶望的になると貴族院議員への勅選を求めた。伊藤のもとでの新党であれば、伊藤系官僚として貴族院に終身の議席を得る方が有利と考えたのだろう。まだ安定志向だった。

閣僚の途が閉ざされると、今度は大阪毎日新聞社長の辞任と同日に政友会の総務委員とするよう求める（『西園寺公望関係文書』）。これまで実質的に総務委員として働いてきたことを強調し、速やかに任じられないのなら総務を断り、これを公表すると凄んでみせた（『西園寺公望関係文書』）。あいだに立った西園寺の苦悩が察せられるが、それだけ原は本気だった。

政友会による立憲政治に賭ける

実際に原が総務委員兼幹事長に任命されたのは一二月一九日、第四次伊藤内閣が発足してから二ヵ月後のことであった。入閣した総務委員がその職を辞したあとの補充である。しかし、これさえ厚遇であった。原とともに初期の庶務に当たった改野は幹事にとどまっている。実は原が『大阪毎日』を離れる際、新聞は原のポストを外務省総務長官（事務次官に相当）と予想していた（「外務総務長官に原敬説」『読売新聞』一九〇〇年九月二九日）。これが当時の原の社会的評価であった。原は総務委員の座をもぎ取ったのだ。原を推したのは権力に淡白な西園寺だったが、彼は原の貪欲さが伊藤陣営に必要だと踏んだのだろう。

では、原は新党にどのような思いを込めたのだろうか。原が起草に関わった新党綱領から見てみよう。

立党の趣旨は、憲法制定から一〇年を経ても立憲政治にはまだ輿論《よろん》を導いて国政に貢献する機能がないと断じる。そのためには権力争いに終始せず、情実や汚職がなく、規律と秩序のある政党の樹立を目指すと宣言する。原が力点を置いたのは、憲政の一翼を担いうる政党への改革、政党改良であった。

九項目からなる綱領では、まず、国政を安定させて国民の権利を確立するという憲法制定時以来の伊藤の主張が確認されている。次に行政の機能を充実させるために官僚の選抜を慎重に行い、政治家の責任を明らかにすることが掲げられた。

その後、外交、国防、教育、経済、自治と各政策の方針を示したうえで、最後に、国家への責任を自覚して公益のために行動すると言明した。これまでの政党のイメージを変えていかなければ、政党政治の実現は覚束ないという危機感が現れている(『立憲政友会史』一)。

原は伊藤の改革に賭けた。政友会の創設は、国民の政治参加を促し、行政を整理し、積極主義を展開して日本を次の段階に進めるための改造計画の主軸であった。第二次伊藤内閣で統治機構改革に関わって以来、原はこれが立憲政治を実現する核心と理解していた。

それは一朝一夕にできるものではない。伊藤は、憲法政治を実現するには、長い時間をかけて政府だけでなく、国民が自らの能力を存分に発揮することが欠かせないと述べた。憲法政治実現に向けた新しい、長い歩みが始まった。

逓信大臣として大蔵省と戦う

総務委員兼幹事長となったわずか三日後、原は突如、逓相のポストを得る。前任の星亨が東京市議会に関わる汚職事件で告発され、大臣を辞職したからだ。本来であれば星は旧自由党の領袖であるから、党人の領袖が後を継ぐべきであろう。伊藤も当初、そう考えていたようだ(『晩香岡崎邦輔』)。

しかし、折しもこの日から帝国議会が始まる。行政に不慣れな党人が急遽大臣となっても答弁は覚束ない。西園寺の後押しもあり、事務に練達した原に白羽の矢が立った。星も、陸奥宗光のもとで理念を共有した原であれば異論はない。

大臣のポストが意図せず降ってきた。本人は喜ぶ暇もなく議会への対応に必死であったが、周囲は違った。南部藩はもちろん、東北出身の初の大臣である。地元紙は「本県の栄、東北の面目」と喝采した（「原敬氏」『岩手毎日新聞』一九〇〇年一二月二五日）。もっとも、その記事は斎藤実（海軍少将）、東条英教（陸軍大佐。翌年、少将）らも大臣となる技量があるが、まず原が就いたことを幸運として祝した。

年が明けて一九〇一年一月、岩手県人による祝賀会が帝国ホテルで開かれ、旧主の南部利《なんぶとし》恭《ゆき》伯爵や岩手県知事、同県選出の政友会所属議員など八〇名余りが集まり、原の大臣就任を祝った。翌年には南部家と毛利家の縁談をまとめるなど、旧主家の家政にも貢献していく（「近代南部家と原敬」）。

翌日には三河屋で南部同郷会による午餐会があり、原は集まった学生に向けて激励の演説を行った。聴衆には兄・恭の次男で原のもとから第一高等学校に通い始めていた達もいただろう。兄も上京し、原家の人々にとっても幸福と栄誉のときであった。跡取りを考える余裕も生まれたようで、この年の一一月には兄の三男・彬《さかり》を養子に迎えている。

逓信省は通信・交通行政を所管する開発官庁である。通信と交通は、青年時の地方視察以来、地域を開いていく手段として関心を持ってきた。原はこの分野の政策研究に没頭し、国際感覚と新聞経営の経験を持つ新大臣に世論も期待を寄せた（「原敬氏に望む」『春秋』一九〇一年二月）。

原を支えるスタッフも充実していた。事務方トップの総務長官（事務次官）には田健治郎、政治任用職の官房長には政友会の岡崎邦輔《おかざきくにすけ》（のち横井時雄）、大臣秘書官には『大阪毎日』のアメリカ通信で名を挙げた児玉亮太郎が就いた。岡崎は陸奥の従兄弟で、陸奥外相のもとで議会工作を担っていた同志である。

原が大臣に就任したときには通信局、管船局、鉄道作業局の三局からなっていた。各局には、通信局長に小松謙次郎、管船局長に山県の養子・伊三郎、鉄道作業局長官に日本初の工学博士として知られる松本荘一郎《まつもとそういちろう》がいた。いずれも専門教育を積んだ学士官僚である。

同省の業務で、当時最も注目を浴びていたのは鉄道敷設であり、全国各地から敷設を望む陳情が多くあった。原は就任直後から鉄道敷設法の改正に着手し、三月には改正案をまとめ上げた。

ところが、原が力を込めたこの改正案は議会に提出できなかった。伊藤内閣が提示した増税を含めた予算案が貴族院で頓挫したからだ。伊藤が政党内閣を組織したことに脅威を感じて、これを潰そうとする企てである。天皇が調停に動いたことで予算は成立したが、大規模な追加支出をともなう鉄道敷設法の提出は断念せざるを得なかった。

さらに成立したはずの予算が削減される。政府は日清戦争後の積極政策を進めるため多額の公債を発行していたが、利子返済額は年六八〇万円と巨額に上り、国債価格の暴落が始まっていた。危機感を強めた財界の後押しにより、渡辺国武蔵相は財政の健全化を掲げて、既定の事業を中止して支出を削減する方針を打ち出した。

突然の方針転換に閣僚はこぞって反対する。その急先鋒となったのは、鉄道、電話と多額の公債事業を抱える原逓相であった。

原は省幹部に命じて事業中止によって生じる損益をまとめさせ、その数字を持って大蔵省との論戦に挑む。しかし、渡辺蔵相は公債事業の廃止を主張して譲らず、閣議は紛糾する。五月二日、伊藤は対立を収められず辞表を提出した。

政界の世代交代

一九〇一年五月一〇日、枢密院議長であった西園寺が臨時代理首相に任じられ、渡辺蔵相以外の閣僚を留任させて、事態の収拾に当たることとなった。内閣は瓦解したが、難物の渡辺と正面から渡り合ったことは、政友会に原ありと評判を呼んだ（「原敬論」『中央公論』一九〇八年二月）。

パリ公使館以来の友人であり、これまで盛んに引き立ててくれた西園寺に、原は強い期待を寄せる。臨時代理首相となる直前、臨時代理にとどまらず西園寺内閣を組織するべきと水を向けた。西園寺は受け流しながらも「西園寺流の内閣」を組織したいと素志を漏らした。

西園寺はパリから帰国後にリベラル色の強い『東洋自由新聞』を創刊し、公家として行き過ぎた行動として注意を受けた経歴を持つ。政友会で事実上の副総裁として伊藤を支えたよ

桂 太郎（1848～1913）

うに、政党政治樹立への思いは強かった。

だが、組閣の大命は山県有朋の息がかかった長州出身の桂太郎に下る。桂は長年にわたって陸軍次官、大臣として軍政畑を歩み、予算を通じて議会交渉に当たってきた。軍人というより軍官僚であり、山県系ではあるが、政党と話ができる人物であった。

六月二日、第一次桂内閣が発足する。首相の桂を始め、外相の小村寿太郎、農商務相の平田東助など初入閣者が多く、世評は「次官内閣」とその軽さを嘲笑した。

しかし、桂の考えは違った。一〇名の閣僚のうち桂を含む八名が、弘化・嘉永・安政年間の生まれである。この人事は、伊藤や山県ら天保年間生まれの第一世代から自分たち第二世代への明確な世代交代の宣言であった。

原たちも世代交代を強く感じただろう。政友会でも伊藤が第一線を退き、嘉永年間生まれの西園寺と安政年間生まれの原、この第二世代が彼らの目指す立憲政治に向けて歩み始める。第四次伊藤内閣の終焉は、政友会の敗北ではなく、元勲内閣の終わりと第二世代の時代の始まりを意味するものだった。

3　官僚政治家から政党政治家へ——郷里からの出馬

野党からの再出発

一九〇一（明治三四）年六月、第一次桂太郎内閣の成立により政友会は野に下った。政権の座を降りた政党を運営することは難しい。目標を見失えば政府からの切り崩しに遭う。情報が集まらなくなり、政策が立案できなくなる。そうして国民の信頼を失えば選挙で敗れ、地位を失ってしまう。

まずは将来への目標を立て、希望を持たなければならない。そのためには首相候補である伊藤総裁を党に引き留める必要がある。原は西園寺公望らとともに伊藤を説得し、伊藤は引き続き総裁職にとどまって立憲政治の進展に尽力すると党員に表明した。くわえて、政権にあるあいだ、政友会は、国民の信望を集める理想的な政党としての模範を示したと党員を労《ねぎら》った（『立憲政友会史』一）。これで崩壊の危機は免れた。

原は西園寺や星亨と諮り、矢継ぎ早に三つの方策を打つ（「本会記事」『政友』一九〇一年七月）。第一に執行部の立て直しである。一四名いた総務委員のうち、星亨、尾崎行雄、原、片岡健吉、大岡育造の五名を常務員として、意思決定をスムーズにした。

第二が政務調査局の設置による政策立案機能の強化、第三に地方遊説による党勢拡張であ

政友会創立期の原敬

る。以下、第二、第三の点について見てみよう。

第二の政策立案機能の強化は、政権担当能力を示すために欠かせない。これまで議会会期中だけ開かれていた政務調査局を常設とし、議会閉会中にも調査を行うことで会員の政策理解を深め、調査の成果を発信することで政策立案能力をアピールする。

政務調査局は政友会が力点を置く行政、財政、経済、教育、外交の各部からなる。それぞれ、末松謙澄、松田正久、金子堅太郎、江原素六、都筑馨六（のち、原）と、該当分野の大臣・次官経験者を委員長に、二〇名ほどの委員が調査にあたった。

従来、政党の政務調査といえば自分たちの要求を一方的にまとめるものであった。しかし、政友会は政府に働きかけて政策資料を集め、より現実に即した政策立案に努める。政府が与党に政策を諮る事前審査制度の先駆けといえるだろう。

第三の地方遊説による党勢拡張は、全国を五ブロックに分けて実施された。これは政友会の成り立ちと深く関わる。政友会の母体となった自由党は、自由民権運動以来、地方政党の集合体という構造を持っていた。政友会となっても彼らは地域ごとに派閥として割拠し、党内対立の火種となっていた。

そこでこの組織を活かしつつ、徐々に融合に導く方法が取られる。関東派の星を九州に、四国派の林を中国に、九州派の松田を北信に、東海派の尾崎を東北にと掛け合わせて派遣し、地域を超えた党として意識の浸透が図られた。

都市部での党勢拡張にも余念がない。東京市会議長に金子堅太郎を送り出し、大阪市長には元日本銀行大阪支店長の鶴原定吉《つるはらさだきち》を据えた。

星の暗殺と伊藤の洋行

こうして再出発した政友会であったが、この直後の一九〇一年六月二一日、党人の中心人物である星亨を失う。この日、星は原と党本部で将棋を指したあと、東京市庁舎で暴漢に命を奪われた。原はつい先刻まで将棋盤を挟んでいた同志の惨劇を知り「人生全く夢の如し」と日記に記したが、結果として、星の不在が原の存在を大きくしていく。

星の後任の常務委員は松田正久が継いだ。しかし、伊藤に伍する星を失ったことで、党人派は動揺していた。そうしたなか、一九〇一年九月に伊藤が洋行することが告げられる。

星を失い、伊藤が洋行する。重心を失った政友会は浮き足立つ。伊藤が不在のあいだ、党務は松田を総務委員長とし、政務は尾崎を院内総務としてガバナンスが図られた。年末から始まる第一六議会では、衆議院の過半数を占める勢力を背景に、第四次伊藤内閣で道半ばとなった行政改革の実行を桂内閣に迫った。指揮を執る尾崎は「桂、与《くみ》しやすし」と息巻いていた（『民権闘争七十年』）。

しかし、桂内閣は松田と尾崎に交渉を持ちかけて時間を稼ぐうちに政友会議員を買収し、政府案を成立させてしまう。政府案賛成に流れた者は実に五〇名近くに達した。彼らは地方への利益誘導、鉄道敷設を求めており、その点で政府と利害を共有していた。

伊藤のいない政友会のガバナンスはこうしてもろくも崩れ去った。総務委員会は首謀者三名を除名して体面を繕《つくろ》ったが、その非力は明らかであった。とりわけ、党人派を制御できなかった松田、桂に騙《だま》された格好となった尾崎の負った傷は大きい。

松田と尾崎の失敗は原の位置を相対的に高くする。星が暗殺されたあと、自らを星の後継に押す動きに対し、尾崎は自分ではなく原と松田が相応《ふさわ》しいと話していた。尾崎は知名度と突貫力では長《た》けていたが、松田には統率力と財政への理解があり、原には政策全般への理解と元老とのパイプがあった。三者の協力が必要であった。

もちろん、元老とのパイプ役を期待されながら桂を抑えられなかった原も無傷ではない。政友会の後見人を自認していた井上馨と連絡を取り、伊藤の意向も受けていた原は、伊藤と井上に唆《そそのか》されたと党人からの批判にさらされた。

原には議会人としての経験と党人からの信頼が欠けていた。党人派が総務委員の減員を主張するなか、一二名の総務委員のなかで原だけが議席を持っていなかった。来る総選挙で議席とともに党人の信頼を獲得することが大きな目標となる。

理想の政党と政友会の現実

明けて一九〇二年一月一八日、党総務委員会は早期解散の可能性も見込んで、議会会期中から選挙対策の検討を始める。地方団体ごとに一〇名の委員を任命し、その情報を集約して対策を練った（「総務委員会記事」『政友』一九〇二年二月）。

彼らが準備を急いだことには理由がある。帝国議会の開設以来、衆議院は四三の二人区（連記投票）を例外とし二一四の小選挙区で行われてきた。選挙区は複数の郡をまとめたもので狭く、有権者も人口の一%ほどと限定され、確実な票読みが可能であった。

それが一九〇〇年の選挙法改正により、選挙区は府県単位の郡部を定数三〜一三人の大選挙区、人口三万人以上の市部を定数一〜一一人の独立選挙区となった。選挙権の納税要件なども緩和され、有権者は倍増した。政党にとって、いずれも経験のない初めてのことであった。

三月、洋行から帰国した伊藤は、欧州列強の競争がヨーロッパから太平洋に及んでいることを説き、来る選挙では国際平和と国内秩序の樹立に向けて品性と志を持つ人物を選出するよう求めた。この方針を受けて、総務委員会は、各道府県支部が選挙委員会を設置して、主体的かつ公正に総選挙に臨むよう通達した（『立憲政友会史』二）。

伊藤はとくに選挙費用を抑制する必要を強調する。だが、原は接戦が予想される候補者に党本部から資金を提供することを求めた。松田も本部から支援がなければ候補者たちの不信を招き、将来の党運営に支障を来すと懸念を示した（「初期立憲政友会の選挙戦術（一）」）。

　しかし、伊藤はこれを拒んだ。そればかりか、投票日が近付いて焦る原たちが総務委員名での起債を企図した際も認めなかった。伊藤は、中央から手を出しては藩閥政府の干渉と変わらないとし、選ばれるべき人が選ばれてくることが文明国への道だと考えていた。

　理想的な伊藤の政党論に対して、現場を預かる原たちは現実を見ていた。議会で政友会の意見を通すことができるよう、まずは過半数を維持したい。そのためには同士討ちを避けなければならない。定員が七六議席増えたこともあって候補者が乱立しており、党支部による票割りも欠かせない。調整が難航した場合は総務委員が調停に当たらざるを得ない。原も仙台市や福島県に赴いて調整に当たった。

郷里・盛岡市からの出馬

原もまた当事者であった。総務委員のなかで唯一議席を持たない原は、真剣に出馬を模索していた。考えられる選挙区は、市会議長に擬《ぎ》されたことのある東京市、実業界の支持が期待できる大阪市、そして故郷の盛岡市であった。

　原は盛岡市を選んだ。東京市は変動が大きく安定した地盤ではない。大阪市では政治に関わらない関係を築いてきた。長年、地方を変えることが日本を変えることにつながると主張してきたことに鑑みても、故郷からの出馬は自然であった。一九〇二年四月のことである。

しかし、盛岡市選挙区にはすでに有力な候補がいた。前市長の清岡等《きよおかひとし》である。清岡は当初、政友会に参加する意向を示し、岩手県支部の創立委員にも名前を連ねていた（「支部創立委員嘱託」『政友』一九〇〇年一〇月）。ところが入党を引き延ばすうちに市長を辞し、無所属で選挙活動を開始した。

盛岡市では、市内の財界人グループである北上派《ほくじょうは》と、鵜飼節郎《うかいせつろう》ら自由民権運動以来の民権家の対立があった。鵜飼らは政友会に入ったが、北上派は市部が独立選挙区となったことを機に民権家を排除すべく、独自候補として清岡を擁立した。これに対抗すべく、鵜飼らは党領袖の原を推したのである（「原氏と其郷里（三）」『東京朝日新聞』一九一八年一〇月一日）。

原にとって正念場である。いかにして政友会の理念である政官財の横断を果たすのか。まず自らの地元でその手腕が試されることとなった。原はまず清岡に政友会に入る意思があるかを確認し、入党しないのであれば対立候補を立てると伝えた。これに対し北上派は、原が郡部に回れば支持すると妥協案を示した。原が本籍を置く本宮村は岩手郡に属していたから、原の地元は郡部選挙区となる。しかし、原は盛岡市からの出馬にこだわった。

盛岡市は定数一の小選挙区であり、大選挙区である郡部と異なり票割りの必要はない。小選挙区では現職が有利となり、再選の可能性も高い。つまり、盛岡市選挙区で当選すれば、安定した地盤から国政に向き合うことができる。政友会内で見ても、郡部には有力な民権家がいる一方で、市部で支持を得ることができる有力候補はなかった。
北上派が妥協案を提示した背景には、盛岡財界の変化があった。新興勢力の小野慶蔵らが地元の士族銀行である第九十国立銀行を中心に勢力を増していた。彼らは北上派に対抗すべく民権家とともに原を推した。選挙の帰趨《きすう》はわからなくなっていた。

初めての選挙戦

原は幼少時に通った寺子屋があり、知己の多い市内仙北町の豪商である佐藤清右衛門《さとうせいうえもん》に交渉する。佐藤は北上派が中心となって設立した盛岡銀行の初代頭取を務めた人物であるが、幼少期に世話になった小野家の説得を受けて原を選出することが盛岡の将来に有益と考え、六月一日、原への支援を決めたことを伝える。

これを受けた原は六月五日朝に盛岡に入り、七日に実業講話会（聴衆五〇〇名、うち有権者一五〇名）、九日に実業有志会（同、二七〇名）を行い、一〇日には政談演説会に臨む。人々の関心は高く、演説会は一二〇〇名の札止めとなった。

六月一四日には政友会岩手県支部で選挙委員会が開かれ、原の推薦が正式に決まった。原は有権者に対し、他府県でも推薦されたが郷里より出るのが本懐とする応援依頼状を送っている（『岩手の明治百年』）。当時、盛岡市の有権者は三〇一名であったが、北上派の『岩手日報』に記載された清岡支持者は八〇名あまりにとどまった。もはや大勢は決まったと見た原は支部からの推薦が決まった翌日には帰京し、党幹部として各地の応援に没頭する。

北上派が同地で最も歴史のある『岩手日報』で清岡支持を訴えたのに対して、原の支持者は同県出身の東京朝日新聞記者である鈴木巌に『三陸』を創刊させ応戦した。このあいだに立った憲政本党系の『岩手毎日新聞』は、中立的な立場から選挙戦を論じている。

同紙によれば、ひたすら清岡への投票を哀願して戸別訪問を続ける北上派に対して、新興実業家、弁護士、県会議員、中小事業者を網羅する原派は、それぞれが市財界、法曹界、県庁市役所、商工界を分担し、利益供与を掲げた派手な活動を展開していたという（「本県逐鹿状況」一九〇二年八月二日）。

選挙権の拡大によって盛岡市選挙区では有権者がおよそ二・五倍に増加しており、原派は新有権者の開拓に熱心であった。原が盛岡で行った演説も、国際環境の変化や産業の育成、公共事業の拡大から東北の発展可能性まで幅広く論じ、彼らの関心を惹きつけるものであった（「原敬と選挙区盛岡市・岩手県」）。

こうした選挙戦を『岩手毎日新聞』は批判し、八月六日から「国家を賊《そこな》う者は誰ぞ」と題した連載を始める。国家有為の士として宣伝される原は、藩閥の庇護を受けて出世したこと、郷里に冷たくしてきたにもかかわらず政治生命を保つために突如出馬したこと、大臣であったからといって議員に相応しいとは限らないと有権者に慎重な検討を促した。

もっとも同紙は、清岡についても長年市長でありながら北上派の意向ばかりうかがって市に利益をもたらしていない、北上派は自己の利益拡大に余念がないと手厳しかった。清岡は三八歳、原よりも八歳も若く、若者の前途を遮るなどというスローガンも聞かれたが、それはかえって若い市長を北上派が傀儡《かいらい》としている図式を見せつけた。同紙も、両者を比較してみれば原の方が害が少ないとまとめている。

初当選と地元への弁解

一九〇二年八月一〇日に行われた投票の結果は、原一七五票に対して清岡九五票という大差で、原の当選となった。

『岩手毎日新聞』は、この結果は積年の北上派支配に対する市民の不満の表出であり、原が高い支持を集めたわけではないと指摘する。選挙期間中は「清岡立てば盛岡立たぬ。原〔腹〕の立つのも無理はない」という都々逸《どどいつ》が流行ったという（『岩手の明治百年』）。

選挙後、原は両派の宥和《ゆうわ》に向けて懇親会を開いた。席上、原は猜疑心と嫉妬心を排して忍耐力を持って協働することが盛岡の発展に必要であると述べ、盛岡の外を見て、外とつながることを強調した。そのうえで、これまで郷里に冷淡であったことを反省し、できる限り帰省して意見交換に努めることを約束した（『懇親会席上演説』）。

原はこの約束を履行し、郷里のために貢献するようになる。なかでも人材の育成に力を注いだ。旧主家である南部家には相談役として尽くし、藩史にあたる『南部史要』の編纂に多額の私財を投じて郷土教育の土台とした。ことあるごとに市内の小学校や盲唖《もうあ》学校などに寄付し、訓話の求めにも快く応じた。盲唖教育に理解のあった原に敬意を表して、「岩手」を表す手話は彼が髪をかき上げるしぐさだという。原は盛岡の顔として親しまれていった。

後年語られるところによれば、原への支持が広がった理由の一つには、懸案だった盛岡―大館―大曲、盛岡―宮古という二つの鉄道路線が関係していた。この路線を開通させるために、政友会の原を立てるべきという利益誘導論である（「原氏と其郷里（四）」『東京朝日新聞』一九一八年一〇月二日）。

東京で原と親しかった鹿島組の鹿島岩蔵《かじまいわぞう》から盛岡の有力者への働きかけもあったという。岩蔵の養子・精一は盛岡の出身であり、帝国大学工科大学の学生であったころから原の世話になっていた。原自身は選挙戦のなかで利益誘導型の選挙活動に抑制的であったが（「原敬と選挙区盛岡市・岩手県」）、地元はやはり公共事業を期待していた。このねじれを糺《ただ》していくことは、原に取って大きな課題となる。

総選挙の結果と憲政本党との提携

憲政史上初の大選挙区、政友会にとっても初の総選挙の結果はどうであったろうか。全三七六議席のうち、政友会一九〇、憲政本党九〇、帝国党一七、その他一三、無所属六六であり、政友会は過半数をわずかに上回った。議席占有率は選挙前とほぼ変わらず、数字だけ見れば現状維持である。

実際には、政友会の構造は大きく変わった。一九〇名のうち一一二名が新人議員に入れ替わったからだ（「総選挙の結果」『政友』一九〇二年九月）。政党が人材を発掘するという伊藤の目的は、大選挙区と政友会によって実現した。衆議院全体で見ても三七六名中二二八名が新人だった。議会そのものの構造が変動を始めたと言ってよいだろう。

もうひとり、この選挙で当選した注目の新人がいる。第四次伊藤内閣で外相として原と席を並べた加藤高明である。加藤と原は内閣瓦解後も頻繁に会談し、政界の将来を話し合っていた。原が郷里から出馬したのに対して、加藤は地元愛知県から打診があったものの出馬できなかった。

しかし、そこは前外相である。和歌山、横浜、高知から出馬の打診があり、結局、加藤は高知県郡部で当選する。明治、大正期の選挙は選びたい人に投票するという建前から立候補制ではなかったため、高知県政友会が加藤を勝手に候補者に挙げて当選させたものであった。新聞は原と加藤の当選を見て、「政界革新の動機はいずれこの辺に潜むであろう」と彼らの動きに期待を寄せた（「総選挙雑感」『東京朝日新聞』一九〇二年八月一五日）。

原は加藤に政友会入りを勧めるが、加藤はより大きな構想を持っていた。伊藤と大隈重信という二人の総裁と関係を持つ立場を活かして、政友会と憲政本党を提携させるという。加藤はこの提携によって大政党を作り、元老没後に備えるべきだと原に説いた。

総選挙には勝利したが、桂内閣は予算案を通過させるため、必ず衆議院で多数派工作を行う。前回は憲政本党が政府支持に傾いたことから政友会でも動揺が著しく、党のガバナンスが崩壊した。他方、憲政本党も政府に迎合したとの批判を浴びた。衆議院の二大政党が提携して桂内閣に当たれば、両党の安定につながる。以後、原は伊藤の指示のもと、加藤を介して憲政本党との連携に当たる。

党人派との路線対立

政友会は桂内閣との対決を決意して議会に臨んだ。期待した行財政改革は等閑《なおざり》にされており、もはや桂を支援する理由はない。一二月三日には伊藤と大隈が面会し、両党が協力して政府案に反対することを確認した。翌日の政友会党大会では、伊藤自ら、海軍拡張には賛成するが、地租増徴には絶対反対すると表明した。これは多くの政友会員の希望に叶うものであった。

同時に、伊藤は国内に蔓延する浪費癖をたしなめる。日清戦争で得た多額の賠償金が中央政府だけでなく地方に至るまで広く放漫財政を招いており、その結果として輸入超過が続き正貨の流出が止まらない。鉄道敷設など地元への利益誘導の政策に理性なく賛成する姿勢を批正し、議員は地域代表ではなく国民の代表である、政友会は利権の政党ではなく国家の政党であると、自らの理想を党員に訴え続けた。

原は憲政本党との連携を軸に盛んに動いた。党大会に先立って伊藤と会談し、衆議院副議長は憲政本党に差し出すこと、院内総務には尾崎を据えて憲政本党の犬養毅と交渉に当たらせること、自らは参謀として憲政本党の大石正巳と連携しつつ、予算委員長として議事進行を担う方針などを確認した。

ところが、伊藤と原の協議を党は容れなかった。院内総務は松田、尾崎、大岡の三人体制とされ、主任には犬養と相性が悪い松田が就いた。副議長を譲ることには地方団体が反対した。この結果、議長、副議長ともに政友会の党人派が占めることとなった。

伊藤、原、加藤は、政友会と憲政本党の提携によって強い民意を示し、政府に地租増徴を断念させることを企図していた。他方、党人派たちは早期に実績を挙げることを目指した。政府との対立が先鋭化すれば、再び解散総選挙となる。党人たちは早々に解散となることを見越して動いていた。

提携が想定したかたちでできないとしても、地租増徴阻止は両党に共通する目標である。原は大石と図り、予算委員長として自ら予算を精査すると見せかけて、別に地租増徴を審議する特別委員会を設置してすぐに増徴継続を否決する策に打って出た。

意表を突かれた政府は議会を停会して、近衛篤麿貴族院議長を通じて片岡健吉衆議院議長に調停を持ちかける。片岡は調停に応じる姿勢を示したが、原たち幹部は即座に拒絶した。

原は、地租増徴を継続しなくても不要な支出を削減すれば財政は賄えると論じたが、これには批判も多かった。自分たちの内閣では積極政策を主張して財政を放漫にしながら、野党に転じると緊縮を主張するというのはあまりに身勝手であった（「原敬氏の答弁を読む」『東京経済雑誌』一九〇三年二月）。

六日間の再停会を経て、一二月二八日、衆議院は再び解散される。総選挙は一九〇三年三月一日と定まった。政友会と憲政本党は、議会再編という政府側の意図を打ち砕くべく提携維持・現職再選の方針を固め、支部に通知した（「本会記事」『政友』一九〇三年二月）。

再度の総選挙

わずか七ヵ月での再選挙である。だが、この総選挙では伊藤の姿勢が大きく変わる。前回で頑なに拒んだ臨時党費に年四〇〇〇円を拠出し、これを資力に乏しい候補者の支援に使うことを認めた。総務委員も合わせて一〇〇〇円を拠出することとし、党は豊富な活動費を得た。これを用いて総務委員は各地に出張して勢力維持に努めた。原も静岡、和歌山、大阪、兵庫、宮城、福島と遊説に奔走している。

両党の提携が保たれ、前代議士の再選を基本とし、選挙資金も提供された。選挙結果は、全三七六議席のうち、政友会一九一（解散当日から五増）、憲政本党八六（七減）とほぼ現状維持となった。全体の再選者は二四三名、政友会では一三一名と、いずれも七割近くに達した。この選挙によって、議会支持、すなわち地租増徴継続に反対する民意は明確となった。

原自身の選挙も安泰であった。一月中に清岡が出馬辞退を告げ、盛岡市長が斡旋するかたちで両派交渉会が開かれ、全市が一致して原の推薦を宣言した。その結果、盛岡市選挙区二九六票のうち二四三票が原に投じられた。

これ以後、原は死去するまで七回にわたって事実上の無投票当選を続ける。これは「憲政の神様」と称される犬養や尾崎でもなかったことである。この強固な地盤を背景に、原は中央政界に注力する。

原自身の立場も大きく変わっていた。選挙に際してそれまで務めていた北浜銀行の頭取を辞して取締役となる希望を伝えたところ、藤田ら関西財界の有力者に引き留められた。原は政府との関係悪化が銀行の経営に悪影響を及ぼすことを懸念して申し出たものであったが、関西財界は原が頭取にいる重みを強調した。政界の世代交代が視野に入ってきたなかで、原は将来を嘱望される存在となっていた。

北浜銀行では希望通り取締役に退いたが、同時に『大阪新報』の社長に招かれて関西財界との関係は保たれた。同紙にはのちに原の側近となる高橋光威が招かれ、健筆を振るう。

揺らぐ総裁専制

総選挙から一ヵ月を経た一九〇三年四月、政友会内の反主流派が党組織の改革案を本部に提出するとともに新聞各紙に発表した。総裁専制により衆議が失われ、陰謀や密議が行われているとする痛烈な伊藤と幹部への批判である。彼らは役員の公選と総務委員の減員、重要事項の衆議決定を求めた。

党の統一という看板のもと、伊藤が党員に諮らず決定をすることに不満が高まっていた。党員たちが描く立憲政治は、国民の代表である自分たちの意見が政治に反映されることである。彼らからすれば、伊藤が国家の代表として決定権を握るための資源として自分たちが利用されていると映っていた。

原は伊藤を支持していた。反主流派には真に改革を唱える者もあるが、多くは桂に買収された煽動者であり、事態は収められると見た。総務委員会は煽動者を除名する一方で、議会終了後には組織改革を行うことを約束した。

しかし、事態は急展開を見せる。総選挙を受けて行われる特別議会の開会まで二週間となった四月二五日、伊藤はすでに政府と妥協を決めたことを総務委員会に伝えた。地租増徴をやめることを条件に海軍充実を始めとする政府の施策を受け入れる約束であった。しかも、それは総選挙前の二月二四日までに決まっていたという。

予想もしない伊藤の独断を知った総務委員会は混乱に陥り、連日委員会を開いて対応に奔走する。四月二八日には桂が貴族院各派に伊藤との妥協を伝えたため情報は公となり、党員が騒ぎ出す。翌二九日、総務委員は伊藤総裁に全員辞表を提出した。抗議の辞任であった。

このとき、原は大阪にいた。一度別居したのちに戻った貞子と大阪で開かれていた内国勧業博覧会を見物し、京都・東福寺に眠る岳父・中井弘の墓参をした。実は原は四月六日に伊藤から妥協の方針を聞いており、二六日には伊藤の意向を受けて憲政本党と妥協案をめぐる交渉に臨んでいた。原は伊藤総裁の専制を支え、最も批判を受けやすい立場にあった。すなわち、この大阪行きは逃避行であった。

伊藤総裁の辞任

五月一日、伊藤は党改革の要求を受け容れ、新たに協議員三一名を任命し、そのなかから常務員を指名する。協議員には旧自由党系の地方派閥の有力者が一九名、伊藤系が一二名選ばれ、協議員長には伊藤の女婿《じょせい》である末松謙澄が就いた。常務員には党人の松田、尾崎、そして伊藤系の原が任命された（「本会記事」『政友』一九〇三年五月）。原は事態が落ち着いたのを見て東京に戻り、党務に復帰した。

党人派の巻き返しは続く。これまで衆議院議長・副議長の候補は党幹部が事前に調整していたが、今回は党人派から公選論が主張される。公選の結果、党人派の片岡と杉田定一が選ばれ、前総務委員から推された江原素六と元田肇は次点にとどまった（「議員総会記事」『政友』一九〇三年五月）。

五月二一日、前日に常務員と政府による妥協案が協議員会に諮られたがまとまらずに議員総会に持ち込まれた。二四日に至り片岡衆議院議長の官舎で各地方派閥が協議し、ようやく妥協案が了承される。混乱はそれでも収まらず、月末までほぼ連日議員総会が開かれた。

初日の協議員会が紛糾した夜、尾崎が松田と原を訪ね、議会閉会後に常務員を引責辞任し、政友会を退会する意向を伝えてきた。私人の党を嫌って大隈のもとを離れて政友会に参加した尾崎は、政友会も伊藤による私人の党になっているとし、「妥協という言葉はこの頃から流行った」と政友会の状況を痛烈に批判した（『民権闘争七十年』）。

政友会の混乱は続いた。特別議会の会期中から退会が相次ぎ、閉会直後には貴族院との調停の労を取った片岡議長を始めとする高知県選出議員が一斉脱会した。党内での影響力が後退していた彼らの示威行動でもあったが、「公党である政党を元老〔伊藤〕の私門とした」という批判は、伊藤による政友会統治に大きな打撃を与えた（『立憲政友会史』一）。一連の騒動にともなう脱会者は常務員一名、協議員五名、代議士二〇名を数えた。

伊藤への大きな批判のなかで党運営に尽力していた原と松田は、あろうことか伊藤から辞職勧告を受けていた。憲政本党が提出した文相、農商務相の問責決議に伊藤の意向に反して応じたことが逆鱗《げきりん》に触れた。原と松田は問責に賛成しなければ党は瓦解すると考えて応じていたが、伊藤にはもうそうした判断力はなかった。伊藤は、松田と原の後任は協議会が決めるとしたが、協議会は両者の辞任を認めないことで伊藤に反旗を翻した。元老伊藤による政党運営は、もはや限界を迎えていた。

政友会の混乱を見た桂首相は、伊藤が政友会総裁を辞任するよう画策する。六月二四日に、伊藤、山県と面会し、伊藤に政権引き受けを迫る。もちろん、この状況で伊藤が引き受けないことは見越している。目的は政権交代を断る代わりに政権支援を約束させ、その名目で伊藤を枢密院議長に押し込めることにあった。

七月、伊藤に枢密院議長就任の命が下る。天皇を直接輔弼《ほひつ》する位置であり、政党総裁との兼任は叶わない。逡巡したのち、伊藤は自らの意思を汲んで政友会を支えてきた西園寺を後任総裁に指名して総裁を辞した。

現在、伊藤の枢密院議長就任は、政友会を潰したい山県と、元老である伊藤を通じて政友会に手の内を知られることを嫌う桂らが画策したものとして知られている。しかし、伊藤自身にとっても潮時であった。政府が世代交代したように、政友会にも心機一転が必要であった。

伊藤系官僚として政友会に参加した原は、星の暗殺、尾崎の失敗によって党内で権力を握りつつあったが、党人派からの信頼は得られていなかった。二度の総選挙で衆議院に議席を得たが、伊藤総裁の専制を支えたことから、党内では不人気であった。伊藤を失った政友会で立憲政治の実現をどう進めていくか、原の奮闘が始まる。

第4章　政権への接近——桂園体制の七年間

1　日露戦争と世代交代——伊藤博文、西園寺公望から原へ

西園寺政友会の出発

一九〇三（明治三六）年七月一五日、政友会は在京議員総会で西園寺公望を新総裁に迎えて松田正久と原敬を筆頭とする幹部で支える体制で再出発する。西園寺は五三歳、松田は五八歳。原は彼らより若く四七歳だった。松田は自由党以来の党人であるが、原、西園寺と同様に国際協調と産業育成を軸として、党のガバナンス確立に努めてきた（『松田正久と政党政治の発展』）。この三名によるトロイカ体制が、この後一〇年にわたって政友会を成長させていく。

秋に行われた統一地方選挙では、松田が東京の党本部で全国の、原は大阪に設けた臨時出張所で西日本の党勢拡張に向けて指揮を執った。その結果、改選のあった四三府県のうち二

〇府県で過半数、六県でも半数に迫る成績をあげた。西園寺も近畿、東海、東北、関東と精力的に地方大会に出向き、演説を重ねた。

西園寺公望（1849〜1940）

　西園寺は、伊藤博文前総裁の高邁《こうまい》な憲政論から一歩進めて、政党の役割を次のように説く。帝国憲法は、適材適所に人材を用いることを精神とする。政党は、有為の人物の考えを世に送り出し、その考えを調和し、実現するために存在する。よって、政友会は思慮のある国民を代表してこうした政党の機能を実現し、国家に貢献していく（『立憲政友会史』二）。伊藤の総裁専制への批判を意識した、西園寺ならではのボトムアップ型の政党改良論である。

　この方針に基づき、党組織にも公選制が導入される。総務委員を松田と原の二名に絞ったうえで、これまで総裁の指名であった協議員（定員三〇名）のうち二〇名を党所属の衆議院議員に割り振る。衆議院議員では地方派閥ごとの議席数に応じて按分《あんぶん》し、派内で互選することとした。残る一〇名は総裁によって貴族院議員らが指名され、指名議員である久我《こが》通久《みちつね》侯爵が協議員長となった（「協議員規則案」『政友』一九〇三年一二月）。人事の透明性を高め、党の近代化が進んだ。

　こうした改革は、原が加藤高明と進めてきた憲政本党との提携によって衆議院が安定していたことで可能となった。藩閥内閣を打倒することを目的とする両派の提携によって、国政でも地方政治でも両党のあいだでの政争は避けられていた。幹部専横という批判が起きないよう、両党の協議内容は必要に応じて会員にも周知された。

妥協への批判と解散――低調な総選挙

両党の提携は、すなわち議会内での妥協である。とくに憲政本党では提携によって圧倒的な劣勢が固定化していることに不満が募っていた。秋に入り、満洲でロシアとの関係が緊迫化すると対外強硬論が盛り上がりを見せ、提携が揺らぎ始める。

政友会は、西園寺自らが党員に向き合い、対外強硬論を主張すれば政府の行動が縛られ、外交上の不利益を招くとして自制を求めた。政府擁護とも取れる発言に反発は強く、三ヵ月間で三一名の議員が離党した。

憲政本党では犬養毅、大石正巳といった幹部が事態に当たっていた。彼らは衆議院議長のポストを獲得することで提携の実績を示そうと考え、穏健派の鳩山和夫を候補とすることで原と松田の了解を取り付けた。しかし、憲政本党内の対外強硬派が猛烈に反対し、河野広中に候補を変えるよう迫った。

河野は、自由民権運動への弾圧に抵抗を続けた闘士として知られる。原を始め、政友会内には河野を議長とすることを不安視する声もあったが、両党の協力のため妥協した。一九〇三年一二月五日、河野は出席議員三六二名中三五〇票を集めて議長に当選する。

ところが、河野議長は一二月一〇日の開院式で奇策を打つ。開院式では天皇から勅語を賜り、議長がそれに奉答するが、この奉答文で政府を弾劾するという前代未聞の手に出た。通常、奉答文は院内各派が協議して作成するが、河野は同党の対外強硬派や政友会を脱党した尾崎行雄らと諮り、独自に作文した（『民権闘争七十年』）。犬養・大石と原・松田による妥協に対する、自由民権運動以来の闘士たちの痛烈な一撃であった。

原は院内総務であったが、この日は『大阪新報』の業務で東京を離れており、急報を受けて帰京した。汽車には憲政本党の院内総務である鳩山も同乗してきた。彼は弁護士の業務で西下していたという。彼らは完全に油断していた。他方、事情がわからない党員たちは、またも幹部が秘密裏に事を進めたと疑い、突き上げを始めていた。

そこに追い打ちをかけるように、翌一一日、政府が衆議院を解散する。もっとも、政府にとっては、河野議長が奉答文を天皇に渡すことを阻止するための窮余の策であった。

選挙は翌一九〇四年三月一日実施と決まった。原はこれを「憲政史上最重要の選挙」と位置づけて党員を鼓舞し、前議員の再選、憲政本党との連携など、大選挙区制導入以来の方針を徹底して政府の介入に対抗することを各支部に通達する（『立憲政友会史』二）。

ところが、選挙への熱は高まらなかった。一年七ヵ月のあいだで実に三度目となる総選挙である。党員にも有権者にも選挙疲れが生じていた。それに加えて年末には日露関係が一触即発の状態に陥る。国民も政治家も国内の選挙どころではなくなった。

一九〇四年二月八日に日露間で戦端が開かれると、兵員の移動で鉄道輸送は逼迫《ひっぱく》し、遊説も難しくなる。挙国一致ムードが高まるなか、実質的な候補者も全三七九議席に対して五八二名にとどまり、憲政史上最も低い競争率となった。結果は、政友会一二八、憲政本党九一、自由党二一、帝国党一七、無所属一二〇とほぼ現状維持となった。

日露戦争の熱気から身を遠ざける

ロシアとの戦争という未曽有の危機は、国内の政治状況を一変させる。

政友会、憲政本党は挙国一致を掲げて政府協力に転じる。原は総選挙直前の二月末から井上馨を介して桂太郎首相に接触し、総選挙後には協議員会の了解を得て松田、犬養、大石と政府との交渉を進め、選挙後の臨時議会にかける戦時増税案をまとめた。戦時増税の期限は、戦争終結後一年とされた。

三月三一日、臨時議会の閉会を受けた政友会議員総会で、原は松田とともに総務委員を辞任する意向を伝え、認められた。本来であれば一九〇三年七月に総裁の伊藤博文と進退をともにするつもりであったが、総裁交代にともなう混乱を最小限にするため職にとどまり、今回、政府との妥協がなったことを潮時として辞職するとの説明がされた。

本音はどうだったろうか。政府との交渉は秘密を要する。交渉に関与できないほかの領袖はさかんに原たちを批判していた。原はかつて伊藤の総裁専制を支えた中心人物であり、先述した河野議長の奇策すら関与が囁《ささや》かれるほど、喰えない策士と疑われていた。戦争が続くうちは、政府との交渉で密室政治と妥協が続く。

原は開戦直前から、戦争熱の高揚に不安を感じていた。総選挙は政策ではなく戦争への協力を競う舌戦となり、議会では敵国のロシアだけでなく清や朝鮮まで侮蔑《ぶべつ》する演説が現れた。国民の多数は平和を望んでいるが、周囲の目を恐れてその想いを口にできない。戦争への熱狂が始まる。こうした世論に政治が巻き込まれることを原はおそれた。

他方、挙国一致を維持したい政府が政友会を見限るおそれはない。党運営の責任と心無い批判から解放される絶好のタイミングであった。後任には原・松田批判の先頭に立っていた大岡育造、杉田定一、元田肇《もとだはじめ》のほか、前協議員長の久我、長谷場純孝《はせばすみたか》が任じられた。議員総会では原と松田への感謝決議も合わせて行われ、両名の辞任が自発的なもので懲罰の意味を持たないことが確認された。

原は久我に代わって協議員長となったが、東京を離れ、大阪で過ごすようになった。政友会入党前に『大阪毎日』社長として過ごしたときと同じく、時勢を見極める位置取りである。原が大阪を愛したのは、『大東日報』記者のころから暮らしてきた第二の故郷であることに加えて、娘のように育ててきた姪の栄が大阪の上田常記《うえだつねき》に嫁いでいたからである。兄・恭の娘であるが、原が東京で女学校に送り出し、長じては嫁ぎ先も紹介していた。

ところが以前から病気がちであった栄は、この九月、三人目の子を出産したあとに亡くなる。この長女もほどなく世を去った。長男の常隆は盛岡にある恭のもとに、次男の貢は原のもとに引き取られて浅とともに東京・芝愛宕町の別邸に入った。愛する姪の思い出を振り切るように、原は上田家に任せていた大阪の自宅を手放し、東京に戻った。

新幹部の失敗と原の再登板

政界では、政友会の大岡と憲政本党の大石が主導し、政府と政党による官民調査会を発足させ、ここで戦時運営を行うことを政府に提案し、受け容れさせた。議会閉会中も政党の意向を政策に反映させようというものである。大岡らは意気込み、政友会に戦時経済を研究する生産調査会を新設し、週に二回のペースで積極的に議論を重ねた。

しかし、その調査結果が政策に反映されることはなかった。官民調査会は政府にとってガス抜きの場でしかない。ほどなく、その名称も官民「懇話会」に改称される。政党員は手をこまねいた。

幸い、戦況は日本の有利に進んでいたが、すでに戦費が限界を超えていた。政府は世界各地で外債募集に奔走したが、翌一九〇五年秋まで戦争が続けば五億円、一九〇六年春まで長引けばさらに一〇億円が必要と算出されていた。政府はロシアとの講和に向けて国内政治の収拾に動き出す。連戦連勝の報に酔いしれる国民を前に戦争を終わらせることは容易ではない。原の出番が来た。

　桂と原は、陸軍と官僚、政党というそれぞれ異なる組織を背景にしている。だが、元老という共通の敵を持ち、統治機構を漸進的に改革することで日本の近代化を実現するという目標を共有していた。何より、いずれもが政治を趣味としていた。桂と交渉すると原の日記は長文になる。緻密《ちみつ》な頭脳の持ち主が戦いの記録を楽しんでいるようにも見える。

　原は政友会と政府が共同歩調を取ることを明確にするため、一一月一〇日に桂首相による西園寺総裁訪問を実現させた。西園寺は通常議会前に開かれた政友会大会で、この訪問で桂からの政府支援の依頼があったことを述べ、党として政府を支持すると表明した。ここで西園寺は行財政改革を始めとする政友会の主張を強調し、世界の眼を意識して行動するよう党員に求めた（「西園寺総裁の演説」『政友』一九〇四年一一月）。西園寺の理想とする責任政党への道があらためて示された。

　他方、対外硬派の勢いを止められない憲政本党はまとまりがつかず、少数党であるにもかかわらず予算委員長ポストを要求するという無軌道に陥っていた。議会対策を定める約束であった一二月七日になっても政友会との会談に臨むことができなかった。統一した行動を取れるのは政友会のみとなった。

　この状況をみて、原、松田、西園寺は政府支持の見返りとして政権交代を求めていく。翌一二月八日、桂は原に対して、ロシアとの戦争が終われば連立内閣か、西園寺を後継首相として奏請するつもりだと伝え、予算成立への協力を重ねて求めた。

以後、原たちは両面作戦を取る。大岡ら総務には憲政本党との連携を伝える一方で、桂とは政権禅譲に向けた交渉を秘密裏に進めた。一二月一七日に予算案は衆議院を通過し、二八日、桂は貴族院からの修正に応じず、衆議院案によって予算を成立させて誠意を見せた。

明けて一九〇五年二月一八日、議事がほぼ確定したことを受けて、西園寺が主催する晩餐会に山県有朋、松方正義ら元老、桂以下の閣僚、そして原、松田を始めとする政友会と憲政本党の幹部が集まった。まず西園寺、ついで桂があいさつし、政友会の主導によって挙国一致が実現したとのメッセージが示された。

政権交代に向けた準備

政友会の組織改編も行われる。議会閉会後の三月一日、西園寺総裁以外の幹部が総辞職し、当面は総務委員を置かず、幹事会が事務的に運営するかたちとした。幹事長には西園寺の叔父で侯爵の菊亭脩季《きくていゆきすえ》が就いた。菊亭は北海道で長く農業開発に従事するなど、政治性の薄い人物である。原と松田に敵対する大岡、杉田、元田らを退かせるための人事であった。

原は協議員長に兼ねて政務調査会長となった。いずれも密室政治ではなく、党内で公開されている会議体である。政務調査会には松田のほか、大岡、杉田、元田も取り込み、政策通で知られた横井時雄や根本正《ねもとただし》を集めた（『立憲政友会史』二）。閉会中に政務調査会を設置した目的は、たんに政策研究を行うだけでなく、党員が個々に意見表明することを避け、無難に政権交代に辿り着くためであった。

政権交代に向けた準備が着々と進む一方で、日露戦争の状況は膠着《こうちゃく》していた。五月二八日、日本海海戦における連合艦隊の勝利によってようやく講和の道が開け、六月には米国のセオドア・ルーズヴェルト大統領が調停に乗り出したと報じられた。

動員は陸軍だけで一〇八万八九九六人、戦死者は陸海軍合わせて八万八一三三人、戦傷・戦病者は三九万八九八〇人に上る（『近代日本の戦傷病者と戦争体験』）。国民の一〇〇人に一人が直接の被害を受けた未曽有の戦争であった。並大抵の条件では国民は納得しない。

しかし、戦費の調達が苦しく早期に戦争を終えたい政府は、国民の満足する条件を得られなくとも講和を実現させる腹を決めた。そうなれば、講和の実現とともに桂内閣は責任を取って総辞職となる。政権交代はいよいよ現実のものとなる。

夏に入り、原は桂と政権構想を詰めていく。桂の意見は、政党内閣としないこと、連立政権としないこと、元老の影響力をできるだけ排除することの三つであった。第一の条件は山県の了解を得るために欠かせない。第二の条件は当初政友会側から提示したものだが、桂にとっても関与を間接的にとどめればフリーハンドを得ることができる。第三の条件は、桂が成し遂げた世代交代を確実なものにする意味があった。

風雲は急を告げる。八月三一日にロシアから賠償金が得られない見通しが報じられると、世論は激しく政権を攻撃する。西園寺は、この講和は世界が希望するものであり、自己の利益だけを主張してはならないと党員に自重を促した（「西園寺総裁の演説要領」『政友』一九〇五年九月）。

原も西園寺と同じく、国際政治から見ても、国内財政から見てもまず講和を結ぶことが先決と考えていた。もっとも、まず重要なのは政権交代である。協議員会では講和は「不成功」として対外強硬派の意向を汲《く》みながら、党の態度を決めるのは議会前の大会でよいだろうと先延ばしした。

伊藤、西園寺、原——それぞれの政権交代

九月五日、講和条約の内容に納得できない国民は日比谷公園を始め各地で騒擾《そうじょう》を起こし、政府は戒厳令を発して実力で鎮圧に乗り出した。この措置に対して政友会では松田が桂を訪ねて反省を求め、政府は治安の責任者である内相を引責辞任させた。各党は非難決議を採択し、政友会でも有志議員による決議が行われたが、西園寺は聞き置くにとどめた（『立憲政友会史』二）。

政権の授受は慎重に行われた。従来、原が頻繁に桂のもとを訪ねて政権引き渡しの要求を重ねたことから、桂が引き延ばしを続けたという見方がある。だが、西園寺や、その後見人である伊藤の側も慎重であった。

伊藤はこのころ入れ歯を外していることも忘れて熱弁するほど老い始めていたが、西園寺ではなく、陸軍大将の児玉源太郎による内閣を構想していた（伊藤『原敬』下）。原から事情を含められると西園寺の組閣を了承するが、今度は山県に邪魔をされることを警戒した。このため、自らが大韓帝国との交渉から戻るまでは政権交代を行わないよう双方に厳命し、明治天皇にも伝えていた。

当の西園寺は、戦後処理、とりわけ日清・日韓関係と陸海軍関係について、桂内閣ができる限り処理してくれることを望んでいた。いずれも元老が深く介入する問題である。元老との交渉は桂が得意とするところであった。

西園寺の関心は外交よりも政党政治の確立にあった。それ以外の要素はできるだけ解決されている方が火種を抱えずに進むことができる。一二月一九日に桂と政権譲渡の会談を行った際も、国家を助けるため引き受けを求める桂に対して、西園寺は政府・議会関係を円満に図るため決心したと答えている。

他方、原はひたすら早期の政権交代を望んでいた。それは、ひとえに議会を自分たちの政権のもとで進めたいからであった。政党政治の確立という目標は西園寺と同じであったが、原の念頭にあるのは、現場監督としていかに自党をまとめ、議会を運営するかであった。

短期的には講和反対派による奇手が打たれることを案じ、中長期的には提携を続けてきた憲政本党との関係を整理し、党内を統一して予算を成立させる責任を考えていた。

一二月二六日、第二二議会の開院式が行われると議会は翌年一月二〇日まで休会となる。元老会議を開くよう求める明治天皇に対し、元老の影響力を抑えて世代交代を確立したい桂はこれを拒み、西園寺の首班推薦は桂単独で行われた（小林『桂太郎』）。明治天皇は年が明けて北京に出張している小村寿太郎外相が帰国すれば総辞職を認めるとした。

こうして桂は政党政治への道を開いた功労者となる。伊藤は新設される韓国統監として赴任する。ついに原たちの時代が始まる。

この節目に、原は私的な時代にもひとつの区切りをつけた。貞子との離縁である。一四歳の若さで嫁いで来た貞子は、天津で、パリで、原との海外生活を楽しんだ。その後、浪費癖や不貞といった問題を起こしたことから一時別居していたが、周囲の説得もあって三年後には呼び戻し、原はこの件についての日記をすべて処分したという。

しかし、心機一転とはいかなかった。原によれば、貞子の行状が次第に以前のように戻り、ついには他人の子どもを宿したため離縁に決したという。男女のあいだのことであり、貞子の手による記録はなく、真偽のほどはわからない。原も忙しく飛び回っており、浅のほかにも愛人がいた。夫婦関係に隙間風も吹きやすかっただろう。

その後の日記には、折に触れて貞子との関係について後悔の念が刻まれている。原はこのことも将来読まれると思っていたのだろうか。芝公園の家には、先に触れたように愛宕町の別邸にいた浅と貢が移り住んだ。

2 内務大臣としての手腕――制度改革と対山県有朋

政党内閣か、連立内閣か

一九〇六（明治三九）年一月七日、前日に北京から帰国した小村寿太郎外相が明治天皇に復命した。桂内閣は役割を終えて総辞職し、同日、第一次西園寺公望内閣が誕生する。政友会を与党とする内閣であり、新聞はついに政党内閣が誕生したと書き立てた。憲政本党の大隈重信総理も民党による政権の樹立を歓迎した。

ところが、当の西園寺も、原も、松田正久も、この内閣をもって政党内閣と自認してはいない。実際、この内閣は純粋な政党内閣とは言い難かった。

政友会からは西園寺首相のほか、原が内相、松田が法相に入るにとどまった。外相には原らと関係の深い加藤高明が就いたが、政友会からの就官も大臣秘書官二名にとどめられた。

蔵相には前内閣で長く次官を務めた阪谷芳郎《さかたによしろう》が昇任し、内閣書記官長にはやはり司法次官であった石渡敏一《いしわたびんいち》が就いた。いずれも新内閣の後援者を自認する桂の推薦による人事である。それは財政と官邸を桂に押さえられたことを意味する。

陸相は桂と並ぶ長州閥第二世代のホープ・寺内正毅《てらうちまさたけ》が留任し、海相は前任の山本権兵衛の推薦で原と同郷の斎藤実（水沢藩）が初入閣した。逓相には山県有朋の養子・伊三郎を、文相には大久保利通の次男である牧野伸顕《まきののぶあき》をいずれも初入閣させた。牧野の入閣には薩摩の松方正義が相好《そうごう》を崩して喜んだという（『寺内正毅と帝国日本』）。いささか露骨な元老へのご機嫌伺いであった。

貴族院にも配慮が示され、同院の有力会派・木曜会の松岡康毅《まつおかやすたけ》が農商務相となった。松岡は第二・三次伊藤内閣で内務次官を務め、板垣退助内相のもとで辣腕《らつわん》を振るった、旧自由党との縁故もある人物である。

組閣前、原は、この内閣は人材を求めるよりも内閣の統一を重視すべきと考え、それを西園寺とも共有したつもりだった。しかし、原と西園寺では見ているものが違っていた。原は、責任のある内閣が一致団結して他勢力と交渉する政治を描いていたが、西園寺は、各勢力の要望を内閣で調整していく政治を見ていた。

閣僚に就いた者はいずれも有能であり、内閣の実力としては申し分ない。政界網羅とも言えたが、原からすれば寄り合い所帯だった。それぞれの勢力と思惑を背後に持った政治家たちが、それぞれの省の利益を背負って内閣に集まるという、明治憲法体制らしい権力分散型の連立内閣である。これが第一次西園寺内閣の実態であった。

西園寺からすれば、まずはこれでよかった。衆議院の多数を背景に各勢力との調整に臨めば、漸進的に議会政治の影響力を拡大できる。そうすれば政党に人材が集まり、いずれ政党主体の内閣を作ることにつながる。現状はその準備段階と考えていた。

各省はどうだったか。桂内閣が四年半という当時では異例の長期政権となったことから、幹部を後進に入れ替える必要があった。しかし、いずれの省でも順当に筆頭局長を次官に昇任させた。すでに予算案が策定済みであったこともあり、政策でも前内閣の踏襲が示された。まずは安全運転というところだろう。

加藤高明との訣別

ところが、無難な船出となるはずの新内閣は、出だしから躓《つまず》くこととなる。前内閣から引き継いだ鉄道国有法案に加藤外相が強硬に反対したためだ。加藤は鉄道を国有にすることは民間の経済活動の自由を妨げるうえに、国債の負担が重くなると主張していた。

政府与党内では、日露戦後経営の財源を確保するためにも国有化が必要という理解が共有されていた。他方、憲政本党は反対の姿勢を示していた。加藤は憲政本党と政友会の協力を進めていたため、原は加藤が憲政本党に寄りすぎたのではないか、妻の実家である三菱の要求に揺さぶられているのではないかと疑った。このため、原は加藤に、この問題は内閣の生死をかけるべきものではないと説き、容認するよう説得を繰り返した。

説得を試みる原に、加藤は陸軍主導の満洲経営への懸念を繰り返し、寺内陸相への不信感を示す（『加藤高明と政党政治』）。内閣が動き出したばかりの不安定な時期に、なぜ閣内対立を惹起《じゃっき》するのか。原は加藤の対応をきわめて幼稚と断じた。ここに政友会の創設以来、公私にわたって交わり、憲政の将来を論じてきた二人は袂《たもと》を分かつこととなる。三月三日、組閣からわずか二ヵ月で加藤は外相を辞した。

加藤の後任人事は、西園寺と原の視点の違いを際立たせる。原は内閣の統一を重視して旧知の内田康哉駐清公使を推したが、西園寺の意向で林董駐英公使が就いた。林は日英同盟締結の実績を持ち、元老にも堂々と物を言うタイプだった。それに対して内田は原や西園寺との関係は深いものの、元老との交渉力はない。西園寺が林を選んだのは当然だった。

西園寺が政党政治の実現に消極的だったわけではない。日比谷焼き打ち事件で燃えあがった民衆の思いは、この内閣の誕生でやや落ち着きを見せており、戦後経営の方針を定め、推し進めることを期待していた。一九〇六年一月二〇日、第二二議会を前にした政友会大会の席で、世界の最強国に加わった日本がさらなる進歩を遂げるため、国民が一致して憲政の行くべき道を進むという西園寺の意向が伝えられた（「西園寺総裁の演説」『政友』一九〇七年一月）。

加藤高明（1860～1926）

原、水野、床次――原内務省の組織

話を一九〇六年一月の組閣時に戻そう。創立から五年を経た政友会は、桂内閣との良好な関係のもと政府からさまざまな資料の提供を受けて政務調査を重ね、自前で政策を立案す

る準備ができていた。その中核となるのは地方制度、選挙制度、そして刑法の改正である。原が内相となり、松田が法相に就いた理由はそこにあった。

これまで原に内務行政の経験はない。むしろ井上馨に重用され、予算委員長を務めるなど財政に通じていた。しかし、財政は桂が重視する政策分野であり、政友会員が就くことは難しい。原も種々の利権要求にさらされ、その調整に当たらなければならない蔵相に就くことを望まなかった。

内務省内で知る人物もほとんどなかったが、幸い、司法省法学校の入学成績で唯一、原より上位にいた吉原三郎が筆頭局である地方局長であった。原は彼を次官に昇任させ、次に大臣秘書官の水野錬太郎《みずのれんたろう》に留任を求めた。地方勤務が主である内務省で、水野は入省以来本省一本で昇任を重ねた異色の人材であり、このときは神社局長兼大臣秘書官であった。一〇年にわたって大臣秘書官を務めた水野は省内事情に精通し、人事大臣の異名を取っていた。

原の内相就任が決まると、水野は原を私邸に訪ね、兼任秘書官の辞任を申し出た。ところが原は、自分は内務行政の素人であるから補佐してほしいと頭を下げた。

水野は原を試したのだろう。彼は帝国大学法科大学の英法科を卒業し、イギリス流の政党政治への憧れを抱いていた。秘書官として初めて仕えたのは自由党出身の板垣内相であり、その後も政党人との交流を深める(『水野錬太郎回想録・関係文書』)。原に期待して、自らを売り込んだのだろう。

原と水野のやりとりは、かつて陸奥宗光が農商務相に着任したときの原を思い出させる。当時原は三四歳、陸奥は四六歳。このとき水野は三八歳、原は五〇歳だった。一回り若く意欲に溢れる大臣秘書官は、やり手の大臣を迎えて省務に敏腕を振るうことになる。

水野と並んで原の右腕となるのは、床次《とこなみ》竹《たけ》二郎《じろう》である。水野より二年先に帝国大学法科大学を卒業した床次は、当初、経済に関心を持ち大蔵省に入省した。その後、収税官吏として地方で働くなかで地方自治に目覚め、内務省に転じていた。

桂内閣の末期、床次は徳島県知事から秋田県知事に転任を命じられていた。前任者は後輩であり、事実上の降格人事であった。

床次は西園寺がポーツマス講和条約締結に際して世論を煽動せずに講和に賛同したこと、原が主宰する『大阪新報』が焼き打ちの危機にさらされながら徹底して講和条約賛成の論陣を張ったことから、政友会の国家観に共感していた（『床次竹二郎伝』）。そうしたこともあったのだろう、秋田への転任挨拶に原を訪ねた床次は、中央で働きたい希望を率直に伝えた。

原はこれを受け、一介の知事に過ぎない床次を内務省の筆頭局である地方局長に抜擢する。原は床次について、敏腕家ではないが普通の官僚とは異なり決して嘘をつかない人だと評したという。のちに「今西郷」と呼ばれる政治家に成長する床次が表舞台に立った瞬間であった。敏腕の水野、人格の床次を従えて、原の内務行政がスタートする。

国民のための内務省を目指して

初登省の日、原はこれまでの大臣とは異なることを示すように和服で現れた。そして、即座に着手したのが警察改革である。前年の日比谷焼き打ち事件を力で押さえつけたことにより、警視庁は国民の怨嗟の的となっていた。警察と長く対立してきた政党や東京市会からは警視庁廃止が主張されていた。原は幹部を一掃し、第四次伊藤内閣で警視総監を務めた安楽《あんらく》兼道《かねみち》を改革への協力を条件に再起用した（「日清・日露戦間期の警察改革」）。

原内相、安楽総監のもと、警視庁は国民のための警察となる方針を掲げて刷新に努める。まず秘密警察のイメージが強い警視総監を首相から切り離して内相直属とし、警視庁もほかの道府県警察部と同様に国民の安全を守るための組織であることを明確にした。

国民を抑圧するという負の印象は全国の警察にもあった。それを改めるための教育機関として警察官練習所を新設し、善良な人材を引き入れるため給与待遇を改善した。警察官が各地で政府系団体への勧誘や集金を担ってきた悪弊を禁止し、選挙に際して警察官が戸別訪問により投票先を調査することも止めさせた。警察の印象は次第に改善されていく。

もちろん、政治権力としての警察権の掌握も忘れていない。たとえば、内務省警保局長（現在の警察庁長官に相当）には司法省法学校の同級生である古賀廉造を充てた。古賀は司法官出身であり、省内に因縁がなく改革に臨める。警察署長の査定と異動による人事刷新も進めたが、これには山県系の警察官僚を淘汰《とうた》する意味もあった。

他方で、原も、政治家として自身の身をきれいにしておかなければならない。内相就任以前の一九〇五年四月、原は陸奥の次男が養子に入った古河鉱業会社の副社長に迎えられていたが、内相就任にあたって表向きはこれを退いた。同社は足尾銅山の鉱毒問題を抱えており、内務省は鉱毒被害の緩和に関わる遊水地事業の所管省だったからだ。

警察行政と並んで内務省の柱となるのは地方行政である。内務省はその主管省として政府に重きをなしていたが、知事には長い地方勤務歴を持つ者が多く、本省は地方の実情を知らないと軽んじる傾向があった。彼らが一堂に会する地方官会議は内相にとって試練の場となっていた。

原はこれを逆手に取る。まず地方官に対して地方事務の刷新に向けた意見を会議に先立って提出するよう求めた。知事たちはここぞとばかりに多数の要望を送って会議に臨んだ。ところが原はこれを聞き置くのではなく、一つひとつ取り上げて知事に説明を求めた。意見の作成を下僚に丸投げしていた老朽の知事たちは答えに窮して醜態をさらす。三ヵ月後、彼らは職を免じられ、新人が登用される。

人材は入れ替えの時期を迎えていた。一八八七年に文官試験が導入されて二〇年が経ち、帝国大学で専門教育を受けた学士官僚が知事となる時期が来ていた。しかし、地方官のポストには古参の藩閥官僚が居座り、若手の昇進を妨げていた。両者はしばしば感情的な対立に及ぶ。古参官僚を退けて学士官僚を登用すれば彼らの支持を得ることができる。藩閥勢力を削り、新進に入れ替え、その支持を得て内務行政を掌握する。原の狙いはここにあった。

前任の内相は山県系の清浦奎吾である。原の改革姿勢を見て、新大臣は前任者と異なり公平である、若手の意見によく耳を傾けると、原支持の空気が広がった（『府県制五十年を語る』）。下僚との意見交換の機会を定期的に設けるなど、その姿勢は「デモクラティック」と評された（『偉人英傑と立志奮闘伝』）。会食に機密費を使わない身ぎれいさも話題を呼んだ（「隣の噂」『読売新聞』一九〇六年二月一七日）。

原は、人事では順序を重視して省内秩序の維持に努め、自ら登用した若手であっても治績が上がらなければ辞めさせた。午後に登庁して夜まで残る仕事ぶりはさすがに迷惑がられたようだが、原の精勤は誰もが認めるところだった（「蝙蝠大臣と楽大臣」『東京朝日新聞』一九〇六年一月一六日）。

地方制度の抜本的改革へ

こうして足下を固めた原は、地方制度の抜本的な改革に乗り出す。近代日本の地方制度は府県制、郡制、市制・町村制の三層から構成される。

このなかで現在馴染《なじ》みがないのは郡だろう。郡は地方自治が中央の政争に巻き込まれないよう山県有朋が導入した中間組織だったが、郡そのものは古代に制定された有名無実の単位であり、導入時からその意義が疑問視されていた。

その結果、制定から一〇年を経ずして、一八九九年に府県制・郡制の全面改定が行われた。この過程で地方自治を政争から守る機能は削られた（「明治中後期における郡制廃止論の形成」）。日露戦争期には、戦費負担を賄うための行財政改革の一環として府県の統廃合と郡制廃止が検討されたが、府県統廃合への反対が強く、いずれも立ち消えとなっていた。

行財政改革は政友会創設以来の目標である。位置づけのあいまいな郡制を廃止し、町村合併を推し進めて自治を拡大すれば地方財政の合理化が実現される。この改革には世論の支持もあった。郡制廃止を実現すれば、前内閣の予算方針を踏襲するという地味な西園寺内閣のデビューに改革政権のイメージを与えられる。絶好の政策であった。

一九〇六年二月、原は基礎自治体の権限強化を主眼とする市町村制改正法案と合わせて郡制廃止法案を帝国議会に提出する。

憲政本党も、地方官も、世論も改正を支持している。貴族院には地方自治に精通した論客が多くあり、彼らが改正に賛成している。原は改正の成立を疑わず、このあとは難航が予想される鉄道国有問題にかかりきりとなった。几帳面な彼が日記に一〇日間の穴をあけるほど多忙であった。

ところが郡制廃止は難航した。原がそれに気付いたのは、会期末が二週間後に迫った三月中旬であった。衆議院を通過したのち、貴族院で頓挫していたのだ。山県に近い勅選議員たちが改正阻止に動いていた（『貴族院と立憲政治』）。その結果、郡制廃止法案は審議未了に追い込まれた。

郡制廃止をめぐる政治構造

なぜ山県系の貴族院議員たちは郡制廃止を阻止したのだろうか。郡制は山県が起草したものだからという議論もある。だが問題は貴族院内の勢力構図にあった。政党勢力が成長するなか、山県たちは政党の侵入を防ぐため貴族院の構造改革に取り組んだ。それは有力会派の研究会を大きく育てて自らの影響下に置き、政党に対抗するものだった。

ところが、郡制廃止は研究会内で見解が分かれた。そのため巨大になった研究会が分裂し、山県系による貴族院支配が破壊されるおそれがあった。否決せず、審議未了としたところにその事情が垣間見える。郡制廃止を契機として、政党内閣によってさまざまな基幹制度が改正されていく端緒が開かれることへの警戒感も生まれていた。

西園寺は予算委員会で、これまでの経費節減にとどまる行政整理は一区切りとすると述べていた。それは抜本的な構造改革に踏み出すことを意味する。実際、衆議院では郡制廃止に合わせて自治体警察の創設を求めるなど、さらなる改革の動きが現れていた。山県たちが警戒感を強めることは当然だろう。

さらには、衆議院議員選挙法との関係がある。一九〇〇年の選挙法改正で選挙区は市部と郡部を分けた大選挙区制に移行していたが、政友会は小選挙区制への回帰を望んで調査を進めていた（『立憲政友会史』二）。郡制廃止を機に選挙法改正の動きが進んで小選挙区制に移行すれば大政党に有利となり、政友会が衆議院で圧倒的多数を占める可能性がある。政友会の勢力を抑えるためには、小政党に有利な大選挙区のままにしておく必要があった。

原がこうした見込みをどこまで持っていたかはわからない。しかし、貴族院の意外なまでに強い抵抗を見て、原はこれが山県たちの動揺を生み出していることに気が付いた。郡制廃止は行政上の問題から政友会対山県系の政治争点へと性格を変えていた。

衆議院では、第二党の憲政本党がこの対立に絡んでくる。同党は政友会と提携関係にありながら政権交代の見込みを知らされていなかった。出し抜かれたかたちとなった同党は、政友会へ反感を強める。三月二七日、両者の提携は、鉄道国有法案の再議を求める憲政本党の要求を政府が拒んだことで破綻する。激昂した同党議員は議場での暴力に及んだ。

山県有朋（1838〜1922）

これを機に、憲政本党は政友会との共闘から官僚派との接近に方針を転換し、郡制廃止反対を掲げて政友会と対峙した（「日露戦後恐慌期の第一次西園寺内閣と憲政本党」）。桂系の無所属議員団である大同倶楽部も、政友会が進める町村合併は伝統的な共同体を崩壊させるとして反対に転じた。こうして、容易に通過するはずだった郡制廃止は、政界全体を巻き込む政治争点となった。

翌一九〇七年の第二三議会では、西園寺を始め多くの閣僚が郡制廃止法案の提出を躊躇《ちゅうちょ》する。だが、これが焦点と考える原はこだわり、反対を押し切って提出した。

原は本気であった。反対派への買収工作も行われ、その道の達人である桂が工作の中止を西園寺に頼み込むほど激しかった。その結果、衆議院は辛うじて通過したが、貴族院で山県系の必死の抵抗の前に否決された。さすがの原も、翌一九〇八年の議会への再提出は求めなかった。郡制廃止はひとまず失敗に終わった。

対立構図の再編――大政党を作り、非選出勢力を打ち破る

この過程のなかで、原は、政友会は、何を得て何を失ったのだろうか。

政友会は度重なる内紛によって、一時は衆議院で一二三議席まで勢力を減らしていた。しかし、政権与党となると急速に勢力を回復し、一九〇八年末の第二五議会開会時には一九四議席と過半数を確保するまでに拡大した（『近代日本の予算政治』）。

もっとも、それはかつて提携関係にあった憲政本党、桂の影響下にある大同倶楽部との衝突の結果でもあった。両派は政友会に対抗するため中央のみならず地方でも協力し、非政友勢力としての動きを強めていく。衆議院対藩閥という構図はここに終焉を迎えた。

より劇的に変化したのは貴族院との関係である。郡制廃止が貴族院内で争点となることを見て取った原は、廃止に反対する勢力を「山県系」、賛成する勢力を「非山県系」として両

者の分断を図った。

その分断を確実にするべく、一九〇八年三月、内閣改造を好機として研究会の領袖・堀田《ほった》正養《まさやす》（子爵、旧近江宮川藩主）を逓相に、木曜会の千家尊福《せんげたかとみ》（男爵、出雲大社宮司家）を法相に迎えた。原は内相に留任し、松田は法相から蔵相に転じた。これにより政友会員が内務省と大蔵省を占めることとなった。内閣書記官長も桂系の石渡から南弘《みなみひろし》に変えた。

山県との対立は深刻となる。原の認識は、山県の政治力を背景に、国民から選ばれたわけでもない非選出勢力が恣意《しい》的な政治を行っているというものであった。国民に選ばれた大政党が一致して行動し、非選出勢力による支配を打ち破ることが原にとっての立憲政治の目標となった（『立憲政友会史』二）。

藩閥と戦う政党政治家として

日露戦争の緊張から解き放たれた日本社会は弛緩していた。持てる者と持たざる者の分断が進み、社会主義の萌芽《ほうが》が見られる一方で、社会の発展は緩慢であった。そうしたなかで権力と戦う原は、変化と進歩を求める新時代の人物と映った。

帝国大学法科大学の学生であった鶴見祐輔《つるみゆうすけ》（のち衆議院議員、文筆家。後藤新平の女婿）は、一九〇七年三月二一日、講義を休んで原の貴族院での演説を見に行った。響きわたる演説を得意とした陸奥と異なり、原は声が細く演説が苦手であった。それでも鶴見は「郡制廃止案に名を借りて、ローマ法王のごとき権威ある山県老公に挑戦し、老公の牙城《がじょう》たる貴族院において、堂々と正面より戦わんとしたる」原の風貌を見たいと足を運んだ。

翌日、「あれは総理大臣になるよ」と興奮気味に語る鶴見に、同級生たちは、あんな喧嘩腰の男は大将の器ではない、もっとぼんやりして不得要領でなければダメだと笑った。鶴見はそうしたリーダー像は過去のものであり、民衆政治の時代には政見を標榜して戦う人物が必要だと考えたという（『鶴見祐輔人物論選集』）。のちに雄弁家として知られる鶴見らしい見通しである。

鶴見の見立ては独りよがりではない。政友会の幹部のなかでも、不得要領を地で行く西園寺と松田に対して、原は異彩を放っていた。翌一九〇八年一月、松田と原を比較した『読売新聞』は、郡制廃止をめぐる戦いで見せた野性の気性は、原が政党の雄であることを広く知らしめたと称賛し、もし原が首相となればその主義を貫いて政権を争うことができると期待を寄せた（「松田と原敬（二）」）。

雑誌『中央公論』も同年二月号で原敬の特集を組んだ。原自身も気になったようで、この記事にコメントを加えて手元に残している。

評論家たちは、面白おかしく原の成長を論じる。陰険な謀略家と誤解されるが、合理的な手段を好む事務家である（匿名氏）、陸奥の遺志を継いで政党政治の実現に邁進し、陸奥になかった忍耐力を手に入れた（石川半山）、実行力と勇気に富み、創意はあるが淡白な西園寺を支えている（山路愛山）、政党にも元老にも官僚にも実業家にも歓迎される者は原しかいない（三宅雪嶺）。いずれも原の変化を高く評価している（「原敬論」『中央公論』一九〇八年二月）。

これまで原は、官僚臭が抜けない、計算高く温かみがないと冷評されてきた。山県系を敵として露わに戦うことは、政党人としての原を印象づける大きな転換点となった。日露戦争のときに付いた陰で暗躍する政治家のイメージも、権力と戦う政治家に塗り替えられた。日常では愛くるしい笑顔を振りまくことなど、その人物も知られるようになる（「原敬君と二大臣」『時事評論』一九〇八年五月）。

「日比谷座の大活歴」　原を石川五右衛門に，帝国議会の郡制廃止反対派を捕り手に見立てた風刺画（『東京パック』3巻4号，1907年2月1日）

膝もとの内務省でもそれは同様であった。藩閥官僚と学士官僚の対立構図に乗るかたちで抜本的な内務行政改革に乗り出したことで、政友会系の官僚グループを構築することに成功した。政党政治に憧れを抱く彼らにとって、原と政友会は、自分たちを国民と繋いでくれる経路であった。彼らは政策の専門性をもって政党政治の確立に協力し、原は内務行政という新しい強みを持つことになった。

総選挙の勝利と西園寺内閣の退陣――原と西園寺の異なる世界観

山県との関係が明確な対立となったのに対して、原と桂との関係は複雑だった。桂は単なる山県の代理人・後継者ではなく、漸進的に藩閥政治を克服しようとする点で西園寺や原と目的を共有していた。両者には外交、軍事、財政、貴族院、元老は桂、内政と衆議院は政友会という棲み分けがあった。

西園寺は、桂との安定した関係によって政党政治を漸進させる考えであった。だが、原は桂が議会政治に介入することを嫌い、衆議院で桂系の大同倶楽部を切り崩し、貴族院で桂に近い研究会、木曜会の懐柔を図った。桂は憤慨し、西園寺は原の行き過ぎを案じて、時に原抜きで桂と交渉を進めた。原は西園寺のことを、わかっていないとしばしば叱責《しっせき》さえした。

いかに進歩的であったとはいえ、西園寺は公家の出身であり、天皇を囲む明治政府の主たる構成員である。西園寺にとってなにより重要なのは天皇と元老を軸にする秩序であり、その権力分立体制のなかで政党を担当し、それを善導することが自らの役割と考えていた。政党政治によって立憲政治を確立することを自らの役割とする原とは距離があった。

その齟齬《そご》はほどなく露呈する。一九〇八年五月に行われた第一〇回衆議院議員総選挙で、政友会は非政友勢力との激戦のなか、全三七九議席中一八七名（五四増）と過半数に迫る大勝を収めた。この選挙では地方実業家が数多く当選し（『日本政党史論』四）、彼らの希望を背景に、原は松田とともに次の議会に向けて積極政策の立案に入った。貴族院の有力会派からも大臣を迎え、いよいよ思うように政策を実現できると意気込んでいた。

しかし、選挙から一ヵ月後の六月二七日、西園寺は病気を理由に原と松田に辞意を伝える。あまりに突然のことに驚いた原は来春の議会閉会後、せめて予算編成の後までと粘るが、西園寺の決意は固かった。

すでに元老のあいだで話は決まっていた。貴族院に浸透し、内務省と大蔵省を押さえたことは、元老の考える勢力均衡から見ればやり過ぎだった。西園寺からすれば、元老の支持を失って政権を続けることは無理である。総選挙での勝利を機に一度引くのが上策であった。西園寺・政友会は、まだ政権見習いを終えたところだった。ある藩閥系の陸軍軍人は、この内閣を「ハイカラ主義」「平民主義」の傾向があったとして、その退陣を歓迎した（『陸軍大将宇都宮太郎日記』一）。

西園寺あっての政友会であり、原である。原がいかに有能な副総理格として活躍しても、単独で組閣する力量も度量も認められていない。それだからだろう、西園寺への不満を募らせた原は、韓国統監となっていた伊藤博文に再接近する。伊藤が帰国するたびに訪ね、政友会を創設した伊藤の卓見を称賛し、西園寺への愚痴を吐露する。もはや総裁という責任を持たない伊藤は、原の想いに耳を傾けて背中を押していった。

もうひとり、原の支えとなったのは妻の浅であった。貞子との関係が悪化するなかで原を側で支えた浅は、自分が芸者の出であることが原に迷惑をかけることを心配していた。しかし、その献身ぶりを頼りにするようになった母や姉の薦めもあり、この年の一月、晴れて入籍した。

原敬と浅

原の自宅は相変わらず芝公園のつつましい家であった。ようやく恩給年限に達して臨時収入を得た原は、より広い屋敷地を探していた。浅を正式に妻として迎えたことで貞子の面影が残る芝公園から心機一転したい気持ちもあったのだろう。しかし、日露戦争後の地価高騰により手が出ずにいた。
そうしたなか、浅は、大きな家を持つよりその資金で外遊に出て変化する世界を見てきた方がよいと、将来に向けた自己投資を勧めたという。原は浅の言葉に従う。
郷里を飛び出してから三十余年、政友会本部からわずか一ブロックにある家が、原にとってようやく得た安住の地となった。仕事人の原とその妻らしい。金銭に関する悪い噂も皆無であった。増大していく地位や権力に見合わぬ質素な住まいは、原への風当たりをいくらか和らげるものとなった。

3　準政党内閣へ——欧米見聞、政友会の二枚看板

気ままな外遊——アメリカとの出会い

一九〇八（明治四一）年八月二四日、原はアメリカ、ヨーロッパを見聞する旅に出発した。新橋駅は板垣退助や松田正久を始めとする数百名の見送りで溢れた。後を受けた第二次桂太郎内閣に反対しなくてもよいように外遊に出たとの観測も流れたが、桂から資金を得て外遊するという疑いを否定するには好都合であった。

乗船したのはカナダ船籍のエンプレス・オブ・インディア号。イギリス製で五九〇〇トン、全長一三九メートル、最大幅一六メートルの大型蒸気船である（『原敬の180日間世界一周』）。同行者は外交官を辞して古河鉱業会社に入社した飯島亀太郎（のちニューヨーク総領事）と、私費で同行する吉村信二（のち鉄道院総裁秘書官）の二名であった。飯島は原が始めた外交官試験の第一回合格者であり、英語が堪能で、駐米公使館に在勤経験があった。

横浜から出航して一一日間の船旅は天候に恵まれ、快適であった。船酔いしやすい原には

幸先のよい出発である。伊藤や西園寺はしばしば航海療養と称して船旅に出ていたが、ゆったりとした時間のなかで潮風に浸るのは、原にとって一〇年ぶりのことであった。

太平洋を横断してバンクーバーに上陸し、西海岸をサンフランシスコまで南下し、ユタ、シカゴと北アメリカ大陸を横断してワシントンに着いた。ワシントンでは同郷の高平小五郎駐米公使の斡旋でセオドア・ルーズヴェルト大統領に面会し、ニューヨークに滞留、ボストンへの小旅行を経てニューヨークからフランスに出航した。およそ一ヵ月の滞米であった。

ほぼ同世代で勇名を馳《は》せる大統領に面会しながら、原の日記には彼について何らの所感も記されていない。他方で、原はアメリカの人々が持つ活気と変化の気質に圧倒された。帰国後、彼に群がる新聞記者にこの旅行は漫遊に過ぎず学んだことはほとんどないとあしらいながらも、アメリカの民衆と経済の気質には言及するほど、強い感銘を受けた。

世界の変化の速さを体感する

フランスからヨーロッパに入ると、イギリス、ベルギー、オランダ、ドイツ、スペイン、ポルトガル、イタリア、オーストリア、トルコ、ブルガリア、ハンガリー、デンマーク、スウェーデン、ロシアと各地を回った。

イギリスでは『タイムズ』紙のインタビューに応じ、自動車と地下鉄を始めとする交通の発達と、それを支える電気の普及への感銘を述べた。それに加えて日本の近況についても、内相として知事たちを若く学問のある者に入れ替え、ヨーロッパに倣って産業も進展し近代化が進んでいると論じた（"MR. T. HARA ON JAPAN", *The Times, Nov. 13, 1908*）。住み慣れたパリでは服の流行の変化を見て取り、最新のコーディネートを持ち帰った。

ロシアからはシベリア鉄道を経て満洲に至る。大連港からは二五〇〇トンの船に乗り、帰国の途に就いた。二五年前に天津に赴任したときの船は六〇〇トンであったが、いまはこの船さえ小さく感じる。世界はすさまじい速さで変化していることをあらためて感じた。一九〇九年二月一八日、原は門司に帰着する。

漫遊しただけで世界の何がわかろうか。原の言う通りかもしれない。彼の言動で大きく変わったことはない。変わったのは、若者にさかんに洋行を勧めるようになったくらいだ。

世界の動きはますます速くなっている。そのことはいくら言葉で説いてもわからず、身をもって感じるしかない。ヨーロッパに制度を学んだ第一世代とも、留学で箔《はく》を付けようとしたほかの第二世代とも違う、世界を見る感覚を研ぎ澄ますための海外経験を原は勧めた。

自らもそれを実践した。翌年八月に韓国併合が行われたこと、清国が憲法制定に臨もうとしていることから、アジアの変化も見るべきと考えた原は、一九一一年に三週間かけて清国と朝鮮を回った。

もうひとつ、アメリカでもイギリスでも、積極的に工場を見て回っていることは注目される（伊藤『原敬』下）。原は古河鉱業会社の業務で日本各地の鉱山を視察し、最新の技術と生産システムの必要性を理解していた。欧米のシステムと機械工業の進展を学んだことは、このあとの政友会の積極主義に活かされる。

伊藤博文の死と原の誓い

第二五議会のさなかに戻った原を待ちかねたように、桂が接近してくる。非政友勢力は合同して立憲国民党（以下、国民党）を結成したが、旧憲政本党の犬養らは相変わらず反藩閥を唱え、与党と頼れるまとまりはない。桂からすれば、衆議院で過半数を占める政友会と協調するほか道はなかった。しかし、松田では十分な意思疎通が図れない。桂は原にすがった。

世論は原に政党をもって藩閥勢力を打ち砕くことを期待しており、政党本位の姿勢で戦えばすぐに政権は転がり込んでくると論じた（「代議士人物評三一　原敬」（下）『読売新聞』一九〇九年二月二七日）。だが、原は慌てていない。政党を改良し、国論を定めて実現することが原の考える立憲政治の実現であった。西園寺内閣での失敗を経て、原は実力を養う時期に入っていた。

議会を終え一九〇九年四月から、桂は原に次の議会後に政権を西園寺に譲る意向を徐々に漏らしだす。一〇月にハルビン駅で伊藤博文が凶弾に倒れると、桂は伊藤の後継を自認して立憲政治の確立を果たすと新聞紙上で公言するようになった。山県系と見られてきた桂が、党派対立を超越した伊藤の後継に立ち、立憲政治の実現を標榜するという。政界の一大転換である。

桂の表明に対抗するように、原は政友会の議員総会で伊藤の功績を讃える演説を物した。そこで、かつて伊藤が掲げた輿論に基づく政治がいまや世界の趨勢《すうせい》となったと述べ、その遺志を継ぐ政友会が立憲政治を成し遂げると決意を表明した（「原敬氏の演説」『政友』一九〇九年一一月）。

韓国統監を辞すると決めた直後の一九〇九年六月三日、伊藤は原に維新以来、木戸孝允、大久保利通、三条実美、岩倉具視とともに国家建設に尽力してきた自らの軌跡を語り、政友会創設以後の苦労を原と分かち合い、その前途を励ました。それはあたかもこれからの国づくりを原に託す遺言のようであった。

原は自らが中心となって伊藤の墓前に設置した石灯に「光明上下、勤施四方」と刻んだ。伊藤の遺志を継ぎ、憲政の実現によって国内を、世界を明るくする決意が込められた。

政権交代への準備

一九〇九年一二月、第二六議会が始まる。政友会は原と松田を院内総務に据えて桂内閣と政友会の関係に問題が起きないよう準備した。原のもとには議会前から政府委員が出入りして政策の事前調整を進めた。

こうした体制が幹部専制として党内の不満につながることはすでに経験済みである。原たちは党の意思決定手続きの民主化をさらに進めた。幹事長に長谷場純孝、杉田定一などのベテランを処遇し、幹事には若手を登用して彼らの能力を発揮させた。

政策の審査にも力を入れる。九月には議会に先立って松田を会長とする臨時政務調査会を設置した。同会はこれまでと異なり、司法制度、教育制度、税制、関税、交通など具体的な懸案に特化した特別委員会を設け、それぞれ鳩山和夫、江原素六、元田肇、鶴原定吉、大岡育造と、その分野への造詣が深く安定した運営を行える幹部を委員長に据えた（「臨時政務調査会」『政友』一九〇九年九月）。政友会は十分な準備をもって議会に臨もうとした。

政友会の方針は、原たち幹部の意向を受けつつも民主的な手続きを踏んで決められている。これは桂との交渉でも便利であった。政府からの申し入れを受けにくいときは党内民主主義を理由に拒み、いよいよ妥協が必要な場合には党員に事情を含める。安定した党運営が可能であり、切り崩しも受けにくい体制ができあがった。

年が明けて一九一〇年には天皇の暗殺を計画した大逆事件が発覚する。桂内閣は対応に追われ、政友会への依存を強める。同年末からの第二七議会では大逆事件への対応に加えて、国定教科書にある南北朝並立の記述をめぐって激しい混乱が予想された。このため、原が自ら予算委員長となり議事運営に当たった。

原はこの際、提携の事実を公表するよう桂に求める。会期中の一九一一年一月二九日、原の意向を受けた桂は、政友会とは「情意投合」の関係にあるとして、提携関係を公表した。

政友会は存分に政府を支援し、問題多発の悪条件のなか、市町村制の改正、電気事業法、蚕《さん》糸《し》業法など重要法案を成立させた。前二者は政府が求め、後一者は国際競争力強化を図る業界の要望によって政友会が建議したものであった。

この成果をもって、一九一一年八月、桂から西園寺へ二度目の政権交代が行われる。前回は元老に相談しないまま桂が天皇に持ち込む奇策が必要だったが、今回は桂の事前調整により山県を始め元老の賛成もあらかじめ取り付けられた。安定した船出ができる。原も西園寺も松田も、大命降下前の一ヵ月をそれぞれ盛岡、熱海、佐賀で静養する余裕があった。

政友会の姿勢も、前回から大きく進歩した。前回は衆議院の議席数でも過半数に届かず、単独で政権を担う力はなかった。しかし、今回は異なる。衆議院で過半数を持ち、桂内閣を支えるなかで政権担当能力も示し、世論も政党内閣の誕生を待望している。党員も全国で六万人を数えるまでに拡大していた（『日本政党史』）。

準政党内閣の誕生

前回の轍《てつ》を踏まぬよう、原と西園寺は桂の介入を防いで独自に組閣を進める。ポイントは外相と蔵相、そして新設された鉄道院総裁であった。外相には関税自主権の回復に尽力した小村を留任させたいという天皇の希望があった。これは小村が肺炎を患っていたことから天皇の前に出るべきではないという理由で退けることができた。

原と西園寺は、旧知の内田康哉を駐米公使から外相に迎えた。陸奥外相以来の仲間である内田であれば内閣の一致は保ちやすい。今後、中国への対応をめぐってアメリカとの関係が重要になることを考えても有効な人事であった。以前ほど元老に配慮する必要もなくなっていた。

蔵相は、桂が自らの領域と捉える厄介なポストである。このため、西園寺は桂と交渉できる原に就任を求めた。かつて、第五次伊藤内閣があれば原蔵相、加藤外相だろうといわれるほど、原の財政通としての評価は高かった（「隣の噂」『読売新聞』一九〇三年一二月一日）。

しかし、原は即座にこれを断わる。政友会は行財政改革を党是とする。これは前内閣からも継承している。蔵相となれば自ら各省に節減を求め、与党の要求も厳しく査定することとなる。党員から距離を感じられている原にとって、これは引くべきではない貧乏くじである。その事情は松田も変わらない。人材を党外に求めざるを得ない。

第一候補は大蔵次官として才能を知られた若槻礼次郎だったが、若槻は桂に近すぎた。高橋是清も桂によって日本銀行総裁に任じられた恩義があった。原は中央銀行を仕切る高橋に対抗できる人材でなければならないとして、日本勧業銀行の山本達雄《やまもとたつお》総裁を挙げ、西園寺の了承を得た。山本は日本銀行出身で、事務の才幹に長けるだけでなく直言で知られていた。

政友会とはこれまで縁がなかったが、それだけに意外性のある人事となった。

鉄道院総裁には、桂から後藤新平を留任させてほしいと依頼があった。この政権授受に際して桂が強く求めたのはこの人事だけである。後藤は新時代の人物として原と並び称された、桂系の待望株であった（「原敬と後藤男」『東京経済雑誌』一九〇八年七月）。

しかし、後藤は輸送力向上を実現するための鉄道広軌化に強い熱意を持ち、この実現のために政友会の切り崩しを図った経緯があった。このため政友会との関係は良好ではない。もちろん、それは桂も承知している。桂にとって、この要望は西園寺内閣との関係を見極める試金石であった。

原は、妥協案として桂と政友会の連絡役を務めてきた野田卯太郎《のだうたろう》の抜擢を考えたが、これには党内の強い反発が予想された。ついで前警視総監の安楽を挙げたが、今度は西園寺から不安が示された。その結果、原が内相と兼任することに落ち着いた。このとき、原は総裁として日本交通公社の創設にも関わっている。

一九一一年八月三〇日、第二次西園寺内閣が発足した。政友会からは原が内相、松田が法相、長谷場が文相、元田が拓殖局総裁となった。政友会内で激しく入閣を運動していた杉田、鳩山は、前者は行政経験が皆無であること、後者は健康問題を理由に退けられた。原は杉田に、運動の結果として入閣すれば笑われ、入閣できなければやはり笑われると諭《さと》した。大臣は名望ではなく能力で選ばれるべきという姿勢は一貫している。

農商務には牧野伸顕元文相、逓信には林董元外相、海相は斎藤実と、第一次にも入閣した西園寺に近い官僚が就いた。陸相には寺内正毅前大臣の推薦で石本新六《いしもとしんろく》が次官から昇任した。

石本は大学南校を出てから陸軍で叩き上げた苦労人であり、自分が大臣になれるとは思ってもみなかったと号泣したという。

内閣書記官室と法制局も今回は桂の推薦を入れず、前回の内閣改造で書記官長に昇任させた南弘と政友会に深い同情を寄せる岡野敬次郎帝国大学法科大学教授を再任した。

こうして首相官邸も西園寺によって掌握された。各省次官も農商務、外務、海軍を除き、大幅入れ替えとなった。前回とは装いの異なる、準政党内閣の誕生である。

積極財政の頓挫と行財政改革への転換

前任の第二次桂内閣が大逆事件や南北朝正閏《せいじゅん》問題への対応をめぐって統治力を失い、強権的な負の印象を残したこともあって、民主主義のイメージを持つ西園寺による準政党内閣は世論から歓迎された（「政界の進歩」『時事新報』一九一一年八月二八日）。ただし、原には前内閣を支えた者として厳しい視線が注がれていた（「西園寺党如何」『東京朝日新聞』一九一一年八月二三日）。

早々に独自色を打ち出すべく、原は積極財政の実現に力を注ぐ。日露戦争以来、予算の制約によって事業の繰り延べが続き、桂内閣も財政整理を主軸に据えていた。しかし、国民の我慢はもはや限界を迎えている。電信、鉄道、港湾など、インフラ政策を軸に開発を進め、明るい未来の展望を国民に示す必要があった。

原は内務省では次官に床次竹二郎、地方長官に水野錬太郎を昇任させ、鉄道院では平井晴二郎を留任させて積極政策の立案を進めた。

そのためには財源が必要となるが、ここで予想外の障壁にぶつかる。桂からの独立性を買って招き入れた山本蔵相の反対だった。山本は殖産興業を担ってきた日本勧業銀行総裁から転じたため、当然、積極財政に同意するものと思われていた。

だが、山本は緊縮財政を主張した。背景には井上馨や渋沢栄一といった財界と大蔵官僚の後押しがあった。閣内と党内に基盤を持たない山本は、新聞を通じて緊縮による財政健全化の世論構築に努め、各省大臣と対峙する。

財政は山本に一任すると言質を与えていた西園寺が調停に奔走し、結局、各省の要求はもちろん、陸軍の二個師団増設、海軍の七ヵ年拡張計画まで繰り延べとさせた（『山本達雄』）。

原は、これでは国民党の掲げる消極主義に屈したようだと批判し、このままでは来年には行われる総選挙での勝利は覚束ないと西園寺に方針転換を迫った。西園寺の方針が変わらないと見ると、鉄道敷設予算の復活がなければ退任すると辞表を提出して翻意を迫った。

それでも西園寺はブレなかった。原はこれまでいかに西園寺が失敗し、いかに自分が支えてきたかと畳みかけた。これは激昂した原が何度か見せてきた激しい一面である。一方、西園寺は、何度も陳謝した過去の失敗をまた蒸し返すとは侮辱であると珍しく怒気で応じた。

なぜ西園寺は翻意しなかったのか。山本が挑む陸海軍を含む行財政改革は、桂さえなしえなかったことである。山本は日本の財政状況を一覧できる資料を作成して西園寺に説明し、さらには明治天皇の閲覧にも供した。それを読んだ明治天皇は首相、蔵相に対して改革の断行を命じたという（『山本達雄』）。不退転の決意の源泉はここにあった。

西園寺は、怒る原の使い方をよく心得ていた。第二八議会開会前の一九一一年一二月、行財政改革の事務局として臨時制度整理局を設置すると、各省間の調整を原に託した。頑固な山本では閣僚の調整はできない。原もこのままいけば山本が原因となって内閣が倒れるのではないかと危ぶんだ。原であれば行政機構に通じ、交渉や妥協も巧みである。何より活躍の場を与えられれば努力を厭《いと》わない。原は西園寺の人遣いに文句を言いながら仕事にかかる。

翌年度に行財政改革を控えた一九一二年度予算は、政府原案のまま成立した。桂は閣僚人事と、鉄道広軌化が廃案とされたことに不満を持っていたが、この時点で内閣を攻撃することはなく、貴族院を予算支持へと誘導していた。

議会後に行われた一九一二年五月に実施された第一一回総選挙で、政友会は全三八一議席中二〇五議席を獲得する大勝を収めた。この選挙で、原はメディア対策のほかに五万円の機密費を選挙運動に使っている（「解説　第二次西園寺内閣機密費史料について」）。

総選挙での勝利を受けて、原は行財政改革に邁進する。それは他省庁から財源を削る財政改革ではなく、制度再編によって合理化を図る新機軸であった。原は各省庁からの要求を内務省でまとめたうえで臨時制度整理局に提案を続ける。これは拡散した地方行政を内務省のもとに再統合するものでもあった（「原敬の政治指導と行政整理」）。

原への期待と批判

総選挙に勝利し、行財政改革をリードする。原の存在感は俄然《がぜん》大きくなった。総選挙が行われた五月、国民党の総裁である犬養と原を比較する特集が雑誌『東西事報』で組まれた。野党党首との興味深い比較は、次のように論じられている。

両者には自我が強く、不愛想で、口が悪く、負け惜しみを言うという共通点がある（△△△△氏）。しかし、犬養は理想家であり評論にとどまるが、原は融通が利く賢者であり実行力がある（野々山幸吉）。現世で功名を挙げるのは原であり、死後に名を成すのは犬養であろう（福沢桃介）。なかには、いまの政党で将来首相となれるものは原以外にないと断言する論者さえあった（「原敬と犬養毅」『東西事報』一九一二年五月）。

誰もが認める政界の実力者となれば、これまで以上に強い批判にさらされる。なかでも際立つのは、日露戦後経営が滞るなか、いまこそ政治に関わらなければならないと情熱を燃やす政治青年からの主張であった。代表格は早稲田系の立憲青年党であったが（『「院外青年」運動の研究』）、彼らが初めて本格的な排撃キャンペーンを行った相手が原であった。

同党の機関誌には「原敬を政界より葬るべし」「原敬は明智光秀なり」と煽動的な記事が躍る（『世界之日本』一九一二年九月）。傲慢《ごうまん》、空威張り、幇間《ほうかん》（太鼓持ち）といった侮蔑の言葉とともに、原の悪事が彼らの想像によって描かれる。同党の主張は文官任用令の改正、師団増設反対など、原の政策と大差はない。彼らが批判したかったのは原の持つ権力であったが、原がこうした気持ちが先走る運動家を卑下《ひげ》したのも事実であった。

もっとも、原は社会主義に対しては活動を観察して対応するべきという考えを持ち、一九〇六年には内相として日本社会党の結党を許可していた。やみくもに結社を禁止しても、かえって活動を地下化させ、先鋭化させるという見方であり、大逆事件なども山県系の行き過ぎた抑圧の帰結と捉えていた。

しかし、それだけに原の融和的な対応は保守派から強い批判を受ける。社会主義者が秩序の破壊に出れば、断固とした措置を取らざるを得ない。一九一一年一〇月には社会党の結党届に対し即座に禁止を命じた。保守派の存在を前に、立憲政治の幅は狭めざるを得なかった。それは数年を経て、原の政党政治に対する特権的という批判につながることになる。

「情意投合」の終焉

行財政改革もまとまり始めた七月三〇日、順風満帆の内閣を予想もしない事態が襲う。改革に期待を寄せていた明治天皇が五九歳で崩御した。天皇は長く糖尿病を患っていたが、元来が頑健であった。新党樹立を期した桂が政党政治の実情を見るためにイギリスに向けて洋行に出ていたことに象徴されるように、当面、天皇は健在と思われていた。

維新後初めての天皇崩御である。諸事が決まっておらず、政府は宮中との調整に追われる。原は内相兼鉄道院総裁として警察と鉄道を統括し、桃山御陵への埋葬にかかりきりとなった。閣議もほとんどが宮中で行われ、首相官邸に戻ったのは二ヵ月後の九月二〇日であった。

天皇の崩御は政治の変化を惹起する。とくに陸軍が二個師団増設の要求を強めていく。石本陸相は病死しており、上原勇作《うえはらゆうさく》が後任となっていた。陸軍では異色の薩摩出身であり、原たちは以前から上原を大臣にすれば長州閥が跋扈する陸軍を改革できると期待を寄せていた。なかでも前年に勃発した辛亥《しんがい》革命への対応をめぐって日英同盟を基軸と考える政府・政友会・海軍とそれに批判的な陸軍の対立を解消することが期待された（小林『桂太郎』）。

だが、現実は違った。さらなる繰り延べを求める政府と師団増設の実現を譲らない陸軍のあいだで上原は行き悩む。上原は参謀本部でキャリアを積んだ軍務畑の人材であり、軍政の経験は皆無に近く、大臣就任を受けて必死に予算の勉強に取り組むという状況であった（『寺内正毅と帝国日本』）。これでは陸軍全体はおろか、省内の指導も覚束ない。

慣れない陸相を担いで陸軍を動かしていたのは、田中義一軍務局長ら属僚であった。背後には、西園寺内閣による行財政整理に楔《くさび》を打ちたい山県の強い意向があった（『陸軍大将奈良武次日記』上）。もっとも山県も倒閣までは考えていない。その眼目は山県のもとから自立した桂を退け、山県の意向に従う寺内を政友会と提携させることにあった。

ここにもう二つの思惑が絡む。ひとつは薩派である。長谷場文相、牧野農商務相、床次竹二郎内務次官を通じて政友会と協力関係を築いてきた薩派は、上原を説得して妥協させるよう動いた。これが成功すれば陸軍内の主導権を長州閥から奪取し、さらには政友会の協力を得て薩摩出身の松方や山本権兵衛を首相に就けることができると考えた（『陸軍大将宇都宮太郎日記』2）。

もうひとつは桂である。明治天皇崩御の報に接して急遽帰国した桂は、侍従長兼内大臣として宮中に入った。これは宮中に押し込めて政治から遠ざけることで再登板を目指す桂の野心を挫《くじ》く山県の策略である。しかし、桂は、経験が浅く老臣の介入を嫌う大正天皇に近侍し、元老の影響力を完全に排除することを狙う。桂は山県が寺内と政友会の提携を進めていることも察知し、早期の内閣崩壊を企図して田中義一らを焚《た》きつけていた（小林『桂太郎』）。

原は桂に政権担当の意思があり、問題を解決困難にして山県と西園寺の両者を追い詰めて自ら出馬すると読んだ。幸い、世論は藩閥と正面対決して行財政改革を行い、民生に予算を振り分けようとする西園寺内閣・政友会を支持している。原は西園寺、野田と協議して陸軍と妥協せずに進む方針を固めた。

方々の思惑に翻弄された上原は、逡巡の末、一二月二日に至り大正天皇に直接辞表を提出する。山県が寺内と政友会の提携を目論んでいることを知る上原は、寺内に対して、原は強硬ではなく柔軟性を持っていると伝え、事態の打開を託した（『寺内正毅関係文書』一）。

政友会周辺には、長州以外から後任の陸相を得て内閣を継続することを勧めるものもあったが、原たちは藩閥と妥協するより、自分たちの改革路線を曲げないことを選んだ。西園寺は元老からの留任勧告を拒絶し、元老会議の結果、大命は桂に降下する。ここに原と桂が漸進的に進めてきた「情意投合」の協力関係は終わりを迎え、桂とその新党、山県ら官僚閥、原ら政友会という三すくみの政治構造が幕を開けることとなった。

人生を捉えなおす

二個師団増設問題で政治が混乱に陥っていたころ、原は明治天皇の御座所を復元した部屋を拝観する機会を得た。そこでボール箱を再利用した質素な書類入れに自分が上奏した書類を見つけ、深い感慨に耽《ふけ》った。伊藤や西園寺と異なり、原にとって明治天皇は遠く仰ぎ見る存在であった。立憲政治の実現を目指す原の世界観と天皇の意向は異なることも多かったが、明治天皇を失い、政界の混乱に直面して初めて、その存在感を深く理解した。

この年、原も五六歳となった。星（五一歳）や陸奥（五三歳）の没年を超え、立憲政治の実現に向けて期すものがあった。

人生の捉え方も大きく変化していた。きっかけとなったのはこの年の初め、原家の将来を背負う人物として期待をかけていた甥の達が亡くなったことである。肺結核であった。達は兄の跡継ぎであったが、中学生のころ上京して芝公園の原の家から学校に通った。第一高等学校では小村寿太郎の子・欣一《きんいち》、鳩山和夫の子・一郎と英文科で席を並べた。

病気療養のため東京外国語学校に転じたが、体調が持ち直すと帝国大学法科大学に入り、仏語科の特待生となった。一九〇六年、当時、原は内相であった。

病身を慰めることもあったのだろう。彼は俳句に親しんで正岡子規の門人となり、抱琴の号で『ホトトギス』などで活動を広げ、その名を知られていた（『明治の俳人　原抱琴』）。将来を嘱望《しょくぼう》される青年の早すぎる死であった。

後日、俳句の仲間たちが達の追悼会を開いていると、原が現れた。現職大臣が議会の会期中に甥の追悼会に来たことに驚く友人たちに、原は「俳句などつまらないものはやめなさいと叱られるから、自分には隠して詠んでいた」と語ったという（「恭と敬」）。原の期待、大臣の甥という立場は、達にも重荷だったのだろう。

期待を寄せすぎた。帝大を出て官僚となり、いずれは自分の議席を継いでくれると願っていたのだろう。達が東京府立第一中学校を卒業した翌日、哲学の道に進みたいという願いを、原は諦めさせていた（原達「光明と暗黒（日記）」）。その一年後、達は病を得た。

達の没後、原は深く落ち込み、生きることへの態度を改めた。原は嗣子の貢には自分の生きたいように生きるよう話し、自らも政治に次ぐ趣味として俳句を始めた。句作は得意ではないが、苦手なことを楽しむように続けた。号は一山（逸山）とした。

第一次西園寺内閣のころは、原と松田が党の二枚看板であり、実務の原、人徳の松田は好対照をなした（「松田と原」『読売新聞』一九〇八年一月一八日）。しかし、常に一一歳年長の松田が先であり、原の名前は後であった。第一次西園寺内閣での奮闘を経て、この順序は次第に入れ換わっていった。

第二次西園寺内閣はまるで原の内閣といわれ、四三連勝を遂げた明治最後の横綱太刀山《たちやま》になぞらえて「政友会の太刀山」と称された（「隣の噂」『読売新聞』一九一二年一月二日）。他方の松田は関脇、長谷場は小結とされるほど、その差は歴然としていた。松田はすでに六七歳で体調も崩しがちであった。原は政友会をまとめて総裁になるだろう、そしていずれ総理大臣として政党政治を実現するだろう。期待は高まっていった。

第5章　大正デモクラシーの時代——政界トップへの道

1　大正政変の勃発——二大政党制の萌芽

桂園体制の崩壊と二大政党の萌芽

一九一二（大正元）年七月三〇日、時代は明治から大正へと変わった。一八九〇年の憲法制定後、最初の一〇年は政府と議会が激しく対立し、立憲政治の将来は危ぶまれた。だが、次の一〇年は政友会が生まれ、伊藤博文、桂太郎、西園寺公望、そして原敬によって両者の協調が進んだ。今日、この時代は桂と西園寺が交互に政権に就いたことから桂園体制と称される。日露戦争はこの体制によって乗り越えられた。

桂が二度目の内閣を退き、西園寺が二度目の内閣を組閣したころから、この体制は変化を始める。政友会が自律性を高めて政党政治の実現に動き出したからだ。これに対し、桂はかつて伊藤が占めた憲政の擁護者の地位を目指す。他方、政党を敵視する山県有朋のもとには桂にも政友会にもつながらない者が集まっていった。この三者の思惑が衝突し、一九一三（大正二）年春に大正政変という未曽有の政局が起こる。

一九一二年一二月に三度目の内閣を引き受けた桂は自信に溢れていた。国外には辛亥革命で動揺する中国との関係を定める必要があり、国内では西園寺内閣が直面した財政問題があった。宮中の責任者である内大臣が再び政務の責任者である首相に就けば、天皇を政治的危険にさらすとして批判されることはわかっていた。だが、桂にはその危険を冒しても、自分しかこの難局を乗り切ることはできないという強い自負があった（千葉『桂太郎』）。

だが、桂は大きく読み違えていた。世論は、桂が宮中から政治に復帰したことよりも、元老が首相を決めていることを強く批判していた。明治天皇であれば元老と対等に議論ができる。しかし、若い大正天皇では容易に元老に操られてしまう。元老の専断を排し、立憲政治の実現を求める憲政擁護運動が燃え上がった。

桂は、自分はすでに山県から自立した新しい勢力だと考えていた。しかし、世論は山県＝桂＝陸軍閥と捉え、国民生活を向上させるために行財政改革を進めて軍拡を抑えようとした西園寺内閣を彼らが葬ったと見て、山県も桂も同様に攻撃する。世論は政友会を支持しているという原の見立ては正しかった。

世論に真意が伝わっていない。ここで政友会が自律すれば自分は不要となる。桂は政友会に提携を求めず、自ら政党を立ち上げることを決意する。桂内閣の発足後、内務省では原の後任大臣が就任当日に登省し、辞表の引き継ぎも行わないうちに原系の官僚を一掃した。

もはや情意投合は完全に崩壊した。政友会は一九一三年一月から始まる第三〇議会の冒頭で内閣のありかたを糾弾し、即座に内閣不信任案を提出する方針を固めた。

政友会の動きを見た桂は、予定を早めて一月二〇日に新党の樹立を発表する。伊藤の政友会創設に倣い、政界横断による非政友勢力の結集を掲げて反転攻勢に出たのだ。しかし、この逆風のなかで桂のもとに集まる者は多くない。いよいよ政権に参画できると見て国民党を離脱した大石正巳たちにさえ足元を見られ、彼らの主張を新党の方針に加えることを呑まされた。

集まった議員は一〇〇人に満たない。立憲「同志会」（以下、同志会）という党名が、彼らが政権獲得のために集まった寄り合い所帯であることを如実に示していた。とはいえ、非政友を掲げる新政党ができたことは原たち政友会にとって新たな脅威となる。ここに日本政治を二大政党制へと導く道が敷かれた（ナジタ『原敬』）。

政友会は桂からの切り崩しに対して連日集会を重ね、結束を守った。二月五日の時点で政友会は全三八一議席中二一六名、国民党残留組も五〇名近い。この日、政友・国民両党は内閣不信任案を提出する。政友会に復していた尾崎行雄が桂を痛撃する弾劾演説を物し、世論は大いに沸いた。桂への批判が吹き荒れるなかでの新党出発は失敗であった。

松田正久（1845～1914）

大正政変――専制政治の敗北、民主政治の勝利？

桂は二度にわたって議会を停会し、稼いだ時間のなかで突破口を模索する。八方塞がった桂が最後に頼ったのは若き天皇であった。二月九日、天皇は桂の意向を受けて西園寺を召し出し、事態の収拾を求める勅語を下した。元老である西園寺は勅語に従わざるを得ない。そうすれば倒閣に燃える政友会は分裂し、桂に勝機が生まれる。

西園寺は冷静であった。その日のうちに政友会の議員総会を開き、自らは臣下として勅語に従わなければならないが、議員は国民の代表であり、自らの意見を主張するのは当然のことであると行動の自由を与えた。そのうえで政友会のため、国家のため、慎重に考慮してほしいと付け加えた。西園寺は天皇の命に従いつつ、党の分裂を防いだ。

ここからは原の仕事である。原は松田正久とともに勅語に従う方向で党内をまとめにかかる。しかし、桂への弾劾演説で勇名を馳せた尾崎が国民党の犬養毅と共闘して「憲政の神様」と崇《あが》められるなか、党内も桂内閣打倒の論調で染まった。桂の切り崩しからは政友会を守った原も、煮えたぎるデモクラシーの流れを前に党を制御できなかった。

党運営を自らの役割とする原にとって二度目の挫折である。一九〇三年に第一次桂内閣が初めて議会に臨んだときは桂に一部の政友会議員が買収され、予算案の否決に失敗した。ところが今度はその桂を政友会の議員たちが政権から引きずり下ろそうとしていた。山県や桂との専制政治ではなく、国民世論を背景とした民主政治が時代を動かそうとしていた。

翌二月一〇日、議会は群衆に囲まれ騒然とする。原も松田も、議員総会どころか協議員会さえまとめられず、内閣不信任案が再度提出された。院外では警官と群衆が争う事態が生じており、このままでは日比谷焼き打ち事件の惨状が再現される。桂も諦めざるをえなかった。内閣は三度目の停会を発表し、翌一一日に総辞職する。

本来、政友会の党員たちが望んでいたのは西園寺内閣の復活であった。彼らが西園寺への勅語に激怒したのは、桂が天皇を担ぎ出したためではなく、違勅の咎《とが》によって西園寺が再登板する可能性を塞がれたことにあった。勅語に応えられなかった西園寺は責任を取って謹慎し、総裁辞任を申し出る。

党員たちは次善の策として松田内閣、原内閣を望んだ。しかし、元老である桂や山県が彼らの名前を挙げるわけはなく、謹慎中の西園寺は自派から後継を推せる立場にない。桂を潰しても次の手がなかった。

逆転の発想——閣僚を入党させ準政党内閣へ

そこに現れたのが薩摩出身の海軍大将・山本権兵衛だった。日露戦争時に第一次桂内閣の海相として戦勝を導き、伊藤博文とも親しく、政友会にも好意的であった。薩派にとってはほぼ唯一の首相候補であり、牧野伸顕、床次竹二郎といった薩派中堅層は以前から政友会と提携して山本を擁立すべく動いていた。

山本は桂より四歳年少、原より四歳年長の六〇歳であり、首相の適齢期と言ってよい。後継首相を決める元老会議で、西園寺はいずれイギリスのように多数党が組閣する時代がくるだろうと期待を述べつつ、現実的な解として山本を推薦した。薩摩出身の元老・大山巌《おおやまいわお》がこれに飛びつき、護憲運動にさらされた山県も西園寺の言を容れた。山本に大命が降下する。

いかに伊藤と親しく政友会に好意的であったとはいえ、山本は軍閥の人である。しかも、政変の引き金を引いた上原勇作と同郷の薩摩閥とあっては、世論も政友会も納得が行かない。他方、山本からすれば政友会の支援がなければ政権担当は覚束ない。山本は西園寺の推薦を手形として、政友会の支援のみならず、原、松田の入閣を強く求めた。

退けば平田東助など山県系の内閣が立つおそれがある。進めば閥族に屈したと批判される。原は犬養を引き込むことで憲政擁護運動の結果として山本が組閣するという筋書きをしたが、これは山本が受けなかった。原は自宅に幹部を集めて協議するものの、幹部すらまとまらないありさまだった（伊藤『原敬』下）。

原が辿り着いた妥協案は政界の意表を突いた。首相と軍部・外務を除く全閣僚を政友会に入党させるというのである。政党員をもって内閣を組織するのではなく、閣員の入党をもって準政党内閣とするという逆転の発想である。

政友会内には首相が入党しなければ支持できないとする者もあったが、それでは内閣に対して政友会が全責任を負うことになる。原や松田からすれば、山本が入党すれば自分たちが総裁となる目がなくなる。それは受け容れられない。

閣僚を入党させれば、政友会に人材を集めることもできる。第二次西園寺内閣がそうであったように、政友会にはまだ閣僚になり得る人材が十分ではなかった。

一九一三年二月二〇日、蔵相に日本銀行総裁の高橋是清、文相に伊藤・桂内閣のもとで行財政改革案をまとめた奥田義人《おくだよしと》、農商務相に第二次西園寺内閣で緊縮予算を作り上げた山本達雄が就いた。原が付けた条件により、彼らはこぞって政友会に入党する。

政友会からは原が内相、松田が法相の定位置に収まり、元田肇が逓相として初入閣した。外相には牧野、陸相には桂に近い木越安綱《きごしやすつな》が就き、海相は斎藤実が留任した。内閣書記官長には薩摩の山之内一次《やまのうちかずじ》が入り、法制局長官には貴族院で政友会系会派の領袖となっていた岡野敬次郎が再任された。鉄道院総裁には床次が就いた。薩摩・政友会の連立内閣である。

なんという力技だろう。作家・菊池寛《きくちかん》に原を題材とした戯曲「原敬」がある。この政変を扱った第二幕で、菊池は尾崎行雄を模した小崎に原の妥協的態度をなじらせる。原は泰然としてこう答える。「小崎君、政治は議論ではないよ、現実に即した創造だよ。現実に即してしかも現実に囚われず、現実に新しい組織を与えなければならない」（『戯曲篇（現代物）』）。理想に燃える尾崎と現実を動かす原、どちらも憲政の発展に必要であった。

とはいえ、妥協の代償も大きい。新聞報道の影響によって政友会の地方支部では憲政擁護論が過熱しており、山本内閣が成立すると、東京にいる代議士に対してさかんに離党を勧告する。原たちは慰留に努めるが、それでも尾崎ら二七名が脱党した。脱党組は憲政擁護運動の盟友であった国民党、桂が率いる同志会とともに野党となる。政友会・山本内閣は衆議院でも過半数を欠いた状態で議会に臨むこととなった。

批判は原に向けられた。犬養や尾崎を焚きつけて桂内閣を倒しながら、用が済むと二人を捨てて閥族にすり寄った。原は信ずるに足りない。権力欲に動かされる政治家というイメージが世間に流布する（「後藤男と原敬君」『大正公論』一九一三年四月）。松田と原を論じた雑誌の特集でも、悪役は不得要領の松田ではなく、現実主義者とされた原であった（「松田正久と原敬氏」『太陽』一九一三年四月）。

大きな試練である。小さな原邸には一〇〇人近い群衆が押し寄せ、原を守ろうとする政友会の壮士たちと睨み合いとなった。新聞は薩摩に降伏した原を葬れと攻撃し（『記者生活硬派軟派』）、妥協の時代に必要であった原もいまや閥族と同じ国民の敵であると批判した（「政党を売らんとする政友会幹部」『東京朝日新聞』一九一三年一一月一九日）。直前までの総理候補は、一挙に国民の怨嗟の的となった。

藩閥首相の突貫力が政友会を救う

劣勢を挽回するためには、憲政擁護運動が掲げた「閥族打破」の実を挙げるほかない。軍閥の権力の源泉と見られていた軍部大臣現役武官制を撤廃し、文官任用令を改正して多様な人材を政府に登用できるよう門戸を広げ、懸案の行財政改革を実現することがカギであった。いずれも政友会が創立当時から主張しながら実現できなかった難題である。原と松田は憲政擁護の勢いがあれば改正を実現できると見た。一九一三年三月、山本は政友会の意向を容れて、これらの懸案を改正すると議会で明言した。衆議院はこれを歓迎して、予算を通過させる。

日露戦争を指導した軍人だけあって、山本の実行力は頭抜けていた。まずは最も反対が予想される軍部大臣現役武官制の廃止に着手する。元来、軍部大臣の任用資格は中将か大将というシンプルなものであった。しかし、政党政治が伸張するなか、軍閥は主流から外れた予備役や後備役の将校が政党と組むことをおそれ、第二次山県内閣が現役に限る条件を加えた。この制度が軍部の横暴を招く。内閣が予算を削減しようとすると、軍部は大臣の辞職を仄《ほの》めかして強硬に反対する。ひとたび大臣が辞職すれば軍部は後任を出さず、内閣は総辞職に追い込まれる。陸軍の二個師団増設要求による第二次西園寺内閣の崩壊がそれであった。政党内閣であろうとなかろうと、これでは内閣による統治は機能しない。立憲政治を破壊に追い込む制度であった。

山本は強い意志をもって木越陸相を説き伏せ、六月、わずか三ヵ月でこの制度を改正し、現役に限定しない起用が可能となった。山本の強硬姿勢に対し、田中義一らは木越の退任による倒閣を画策したが山県が止めた。憲政擁護運動に支えられたこの改革を阻止すれば、陸軍は国民の支持を失う。それは避けなければならない。

もっとも、陸軍は密かに対策を打っている。これまであいまいであった陸軍省（軍政）と参謀本部（軍令）の担当を明確にし、陸軍大臣の権限を縮小して政党内閣に備えた（『日本陸軍と日中戦争への道』）。これはのちの原内閣で大きな足枷《あしかせ》となる。

同月には、原を委員長として進められていた行財政改革が、内務省を軸とした地方行政の再編など、西園寺内閣での検討をさらに進めたかたちで実施された。山本・政友会内閣は、実行力のある政権として世論の支持を獲得していく。衆議院では政友会が過半数を回復した。原たちは山本首相の突貫力に窮地を救われた。

政党内閣時代に向けた政官関係へ

次の課題は行政機構を対象とする人事制度改革、文官任用令の改正である。本来、同令は藩閥出身者による縁故採用を止めさせるために試験による資格制度を導入したものであった。その際、次官や局長などの意思決定ポスト（勅任官）は、人選の幅を広げる目的から制限の対象外とされた。

ところが初の政党内閣である隈板内閣は、この制度の隙間を縫って勅任官に政党人を登用した。われもわれもとポスト獲得に奔走するさまは、世間を呆《あき》れさせた。これを受けた山県内閣は資格制度の範囲を勅任官に拡大し、政党人が行政に乗り込んでくることを阻《はば》んだ(『政党と官僚の近代』)。

その後、桂園体制のもとで政権交代が続いたことで、官僚も党派に分かれつつあった。前政権で重用された官僚は次の政権では忌避《きひ》される。他方、政党政治の時代が到来すれば、大臣以外にも有能な政治家が行政に入って国民の希望を実現していくことが期待される。政党政治家が行政の経験を積み、よりよい政策立案を進める必要もある。改革が望まれていた。

これは原の得意分野である。ポイントは、どこまでを資格制限から外して、政党人や専門家を入れられるようにするかだった。

各省の次官は事務官の頂点に位置しながら高い政治性を持ち、しばしば大臣と進退をともにしてきた。局長は各分野の政策立案の責任者であり、その分野について高い専門性を求められる。他方、府県政の責任者である知事は府県会との関係から党派性を避けるべきと考えられていた。それぞれの役割に合った改正が求められる。

一九一三年四月、法制局が閣議に示した改正案は、各省次官の役割を事務と政務の二ポストに分け、前者を総務長官として資格任用にとどめ、後者を官房長として資格制限から外すというものだった。政党政治家を官房長に就ける一方で、総務長官―局長―参事官という政策決定のラインからは外すものである。原はポスト増で満足させようというのでは問題にならないと強く反対し、より踏み込んだ案が作成される。

翌五月、勅任官全体を資格制限から外す案が閣議で了承される。次官、局長、知事の資格制限を撤廃する大胆な案に原は満足したが、山本首相は成立を危ぶんだ。官僚制度は憲法附属事項であり、枢密院での審議が必要だからだ。そのため、内閣は枢密顧問官の伊東巳代治に内談を行う。伊東は文官任用令の起草者であり、その同意なくして通過は望めない。

伊東は次官の資格制限は認めたが、局長は事務官であること、知事は政争に巻き込まれやすいことから資格任用にとどめるよう求めた。

それでは改革は限定的となる。原は二つの主張をする。まず大学卒業生を試験免除とする。これは官界の門戸開放として社会に大きなインパクトを与える。帝国大学法科大学の教育が文官高等試験の合格を目的とした硬直的なものになっている問題も打開できるだろう。

もう一つ、政策立案の専門性を重視する立場から、局長を資格制限の対象外とするよう再度主張した。原は外交官領事官試験の起草者であり、有効な政策を立てるためには法学にとどまらない専門性が欠かせないと考えていた。近代化が進み、民間にも人材は多くある。現場を知らない官僚が机上の空論に走らぬよう、現場の知識を行政に入れることも必要である。政治性だけでなく、専門性の観点から資格制限の撤廃を進めようとした。

加えて、大臣、次官に加えて局長までが資格制限から外れれば、人事を通じて内閣と各省を一体として運用できる。政党内閣となり、政権が国民の意向によって形作られるようになれば、国民—政党—内閣—各省という、民意を政策に反映させるルートが確立できる。これこそが、原の目指す立憲政治の姿であった。

しかし、枢密院は行政と立法の相互監視を重視しており、原の大胆な改革案では改正実現は難しいと伊東が譲らない。やむなく、原も今回は局長の資格制限撤廃は諦め、次官の資格制限撤廃で妥協した。

ところが枢密院で審議が始まると、伊東は当初案である総務長官・官房長制、すなわちポスト増で政党を満足させる線に戻す妥協を求めてきた（『財部彪日記』下）。

これでは政策立案に民意を反映する目的は完全に潰されてしまう。原は新聞に枢密院の動向を漏らし、世論を背景に枢密院を追い込んだ。山本首相も改正断行を決心し、枢密院が次官の資格制限撤廃を拒むなら、閣僚が枢密院に出席して可決に持ち込むと決意を示した。

西園寺であればこうは進まなかっただろう。かくして山本の勢いの前に枢密院が折れ、八月一日、次官の資格制限を撤廃するかたちで文官任用令改正が成立した。

官僚の政党参加

文官任用令の改正を受けて、党員からはさまざまな自薦他薦が行われた。しかし、原も松田も、隈板内閣の轍を踏むことはない。元田のいる逓信省と原の内務省に一名ずつ勅任参事官を登用するにとどめた。猟官をおそれていた官僚は、政友会の堅実な姿勢に安堵した。

むしろ、変化は官僚の側に起きた。九月に入り水野錬太郎内務次官、安楽兼道警視総監、岡喜七郎警保局長のほか、大蔵、司法、逓信次官が現職のまま政友会に入党した。

このことは官界に大きな衝撃を与えた。文官任用令の改正で資格制限が外された次官は、事実上、政治任用職であることが示されたのである。政党内閣の時代となれば、政党に入らなければ大臣どころか次官にも就けないという理解が広まる。政友会だけではない。桂が結成した同志会にも、加藤、若槻礼次郎、浜口雄幸といった官僚がすでに参加している。政友会か、同志会か、山県系か。高級官僚はいずれかを選ぶことを迫られるようになった。

これは伊藤、西園寺、原が目指してきた政党改良にとっても大きな前進だった。次官級の高級官僚の入党は政友会の政策立案能力を飛躍的に高める。もちろん、将来の大臣候補をプールすることにもなる。加えて帝国大学まで卒業した彼らの多くは地方名望家の子弟であり、衆議院議員選挙で当選する地盤も持っている。願ってもない新進の人材であった。

ただ、ひとり逡巡を見せる者がいた。鉄道院総裁の床次である。彼には薩派官僚として貴族院の勅選議員となるか、政友会に入って政党政治家となるかという二つの道があった。ちょうど勅選議員の枠が一つ空いていたことから、原と山本は本人に決定を委ねた。

悩みぬいた末、床次は政友会を選んだ。日露戦争の際に世論の勢いを目の当たりにした床次は、これからは民意とともにある政治でなければ立ち行かないと考えた。原に重用されている自分であれば、いずれ党を率いることもできるだろう。薩派にとっても原・政友会とのパイプとなるのは自分しかいない。翌一九一四年、床次は鹿児島から長谷場純孝の急死による衆議院議員補欠選挙に当選し、政党政治家としての道を歩み始める。

順調な政権運営、困難な連立離脱

軍部大臣現役武官制の撤廃、行財政改革の実施、文官任用令の改正と、山本内閣は発足からわずか半年で目覚ましい成果を挙げ、世論の喝采を浴びた。

原と松田は次を考え始めていた。政友会の地方支部ではまだ動揺が収まっていない。都市部では情報も行き届いて反対派の切り崩しに対抗できていたが、地方では尾崎ら脱党組が遊説を繰り返し、政友会は閥族に与する憲政の敵であると喧伝《けんでん》していた。これでは政友支持層が分裂し、同志会にいいように勢力を広げられてしまう。

地方に強いメッセージを出そうにも、総裁の西園寺は辞意を表明して本部に出てこない。この事態に、政友会は党の顔となる総務委員を八年ぶりに復活させ、原と松田の両名が就いた。しかし、両名は大臣として忙しく、党内、まして地方にまでは手が回らなかった。

西園寺は政友会の資金を原に委ねるなど、原総裁への交代準備を始めていたが（伊藤『原敬』下）、原は松田を総裁とするよう西園寺に勧めていた。党内の人望を集めているのは松田である。だが、政党内閣の首相には、統治、外交、財政に識見を持つ原が望ましかった。とはいえ、原は憲政擁護運動であまりに批判を集めた。まずは自分ではなく、松田を立てて事態を乗り切り、その後、総裁の座を譲り受けるという判断である。

大正政変後、その対応をめぐって、政友会には硬派と軟派が生まれていた。前者は松田に近く、後者は原を支持していた（『弘田直衛』）。犬養率いる国民党からはさかんに合同の提案がされており、原か松田いずれかだけが党に戻れば、党が分裂するおそれがあった。

このため、一連の改革がまとまった八月以降、原は松田とともに大臣を辞して党運営に専念する希望を山本首相に伝えるようになった。原は両名が揃って引くことにこだわり、両者に抜けられては困る山本が強く引き留めたため、退職のタイミングは夏季休暇後、中華民国の総統選挙の後とずるずると引き延ばされていった。

そうしたなか、一〇月に入り松田が倒れる。松田は胃がんに冒されており、余命は長くないことがわかった。在職のまま死なせたいという夫人の希望もあり、法相には臨時代理を立てて、形式上、松田が在任を続けることとなった。山本は東洋拓殖会社などの人事で政友会に配慮を見せて原を閣内に引き留める。一二月になり議会が始まると、もはや逃れられない。引き際はあったはずである。しかし、理知的でありながら突貫力のある山本と現実的で用意周到な原が、きわめて順調に政権を運営してきたことがそれを見失わせた。山本は頻繁に原に意見を求め、原もこれに応えた。西園寺のような秘密主義は山本にはない。入閣から漏れて不満を持っていた長谷場純孝が、原はいつ投げ出すかわからないと山本に注進したときも、山本は一顧だにしなかった。両者の関係は深まっていた。

西園寺が退き、松田が倒れた。かつてであれば、徳望の松田を失って冷徹な原では政友会は持たないと言われただろう。しかし、松田が退いても政友会は揺らがないという評価が世論の大勢であった（「松田正久氏退隠後の原敬氏」『中央公論』一九一三年一二月）。反対派は全国で遊説して気勢を上げているが、山本内閣の実績を見て多数党の意味を理解した政友会は、原のもとにまとまり始める。

改革政権の崩壊

問題は思いもよらぬところから起こった。明けて一九一四年の第三一議会で海軍軍人によるドイツ企業からの収賄が発覚し、政府は厳しい追及に遭う。いわゆるシーメンス事件である。契約時に関係者が謝礼を手にすることは慣例であり、当初、政府は問題視しなかった。閥族打破を唱える野党には絶好の機会である。二月一〇日には国民党の犬養ら憲政擁護派による弾劾演説が行われ、帝国議会は三万人の群衆に囲まれた。閣僚たちは自動車で脱する騒ぎとなった。原は半年前に白馬の馬車から自動車に変えていたことで救われた。改革志向の政権に抑え込まれていた山県系も、これを機に貴族院で攻勢に転じる。

受難は続く。二月一五日には原邸を訪れた『東京朝日新聞』の記者が政友会の壮士に殴打され、翌一六日には『東京日日新聞』の記者が取材中に巡査に斬りつけられたとして内相に謝罪を求めてきた。事実関係を否定し謝罪を拒む原は横暴と非難され、自動車を襲撃される騒ぎまで起こった。東京は大正政変を彷彿《ほうふつ》とさせる騒擾に陥ろうとしていた。

問題は海軍のはずだったが、政友会、とりわけ原への批判が強まる。なにより、政府を守るための撥《は》ねつけるような答弁が野党を、メディアを、国民を見下しているとして世論の批判を招いた。閥族政治を支える元凶は原であり、実にハラが立つといった記事が紙面を埋め尽くしていく。

このままでは共倒れとなる。山本たちには生きる道がさまざまあろうが、政治に生きる原・政友会にとっては致命傷となる。内閣からの離脱、国民党との合同など、さまざまな逃げ道を助言する者が原のもとを訪れた。

ここに至り、原は腹を決めていた。ここで逃げては徳義に反し、かえって信用を失うとして、こうした助言を突き放した。それだけ山本との関係が接近していたのも事実だが、そこにはより打算的な意図があった。政権の禅譲である。松田は三月四日に没しており、政権を引き受けるのは原以外にない。

当初、山本にその気はなかった。しかし、予算審議が行き詰まりを見せると、政友会が一致して予算に賛成するためには政権を譲るしかないことを山本も理解した。会期末に至り、山本は原にすぐにでも政権を譲ると申し出る。原がこれを西園寺に諮ると、西園寺も賛意を示した（『西園寺公望伝』別巻二）。

一九一四年三月二四日、山本は原を後継として奏上することを約して、内閣総辞職に踏み切った。政権はすぐそこにまで近づいていた。

2　政友会総裁就任――元老への接近、第二次大隈内閣批判

まぼろしの原内閣

再び、元老の動向に注目が集まる。彼らが頼む桂太郎は一九一三（大正二）年秋に没していた。西園寺公望は謹慎を続け、山本権兵衛が退くという。経験者で担当できる者はおらず、新しい候補を引き出さざるを得ない。とはいえ、まず名前が挙がるのは原ではなく、元老、ついで寺内正毅朝鮮総督や清浦奎吾元内相など山県系の人物と見られていた。

原に勝機があるとすれば、意外にもそれは宮中にあった。原は内相として大正天皇の信頼を得ていた。前年春に天皇が体調不良となり静養に臨む機会が増えると、原は葉山や日光の御用邸とその周辺を丹念に整備し、行幸に供奉《ぐぶ》した。御料車のなかで天皇は幾度となく原を呼び出し、時にタバコを勧めて歓談した。肖像写真はもちろん、書や歌を持ってくるように言われるほど、原は気に入られていた。

この席にはしばしば同席者があった。政治経験の少ない天皇を補佐する陸軍大将、伏見宮貞愛親王である。彼はフランス留学中から年の近い原と親しく付き合い、山本内閣の改革を支えていた（伊藤『原敬』上）。天皇、伏見宮、原の三人は御料車のなかで親交を深めていた。

大正天皇（1879〜1926）

大正天皇には、偉大なる父・明治天皇の治績を継承するという大きなプレッシャーがあった。元老、とりわけ山県有朋からは折に触れて皇嗣《こうし》としてあるべき姿を説かれて嫌気がさし、長く遠ざけていた（『大正天皇』）。即位したのちも君主としての落ち着きがないと周囲から嘆かれ、何より、大正政変では桂のいいなりとなって政局を引き起こした。

父に及ばぬまでも、自らの道を歩んで時代を明るいものとしたい。そうした想いから、天皇はつぶさに新聞に目を通していたという。憲政擁護運動が紙面を埋め尽くす時代である。政党政治の実現に進むことができれば、父とは異なる時代を創ることができる。それは補佐をする伏見宮の願いでもあっただろう。彼は、元老の影響力はもはや不要と考えていた。

原は勤王で知られる南部藩で育った。戊辰戦争で心ならず賊軍となった不名誉を挽回《ばんかい》したい気持ちを抱き、明治天皇にも心服していたことはすでに述べた。彼は大正天皇の気さくな姿勢に敬意をもって接した。もちろん、そこには政治的意図もあっただろう。

天皇と伏見宮からの信頼は、即位礼を取り仕切る大礼使の長官に指名されたことによく表れている。一九一三年一一月一一日、それを受ければ閣僚を辞すことができなくなると固辞する原に、山本首相は「陛下から御沙汰もありたる位故」と天皇の意向であることを仄めかした。原はこれを受ける。大礼使の総裁は伏見宮であった。

大礼使長官となった原は、即位礼に用いられる旗の説明に「東征」や「奥羽出征」といった戊辰戦争にかかわる表現を見つけ、日本が一つの国家としてまとまった現在、こうした言葉を用いるのは不穏当であるとして削除させた。東北出身者による措置と見ればそれまでだが、維新の時代からの価値観を断ち、新しい時代を創ろうとする原、伏見宮、ひいては大正天皇の夢とも重なるものだった。

難航する首班指名

山県のもとには、原が山県の陰謀を各所で吹聴《ふいちょう》しているとの悪口が寄せられていた。両者の疎隔《そかく》は手の施しようもない。賊軍の出身である原の内閣に即位礼を任せたくないという山県の想いもあった。

そのためであろう、山県は、伏見宮はもちろん、山本首相や西園寺の意向も聞かず、山県、松方正義、大山巌の三名で後継首班を選定する。大正政変で助長された薩長の対立を回避しつつ即位礼を円滑に進められることが選定の基準とされ、まず徳川家達《とくがわいえさと》貴族院議長の名前が挙がった。公正中立を旨に貴族院を運営してきた徳川は政友会とも良好な関係にあったが、これを断った（『貴族院議長・徳川家達と明治立憲制』）。

徳川が断ると、山県系官僚の清浦が指名される。恩義のある山県に託されただけでなく、郷里・熊本の期待を背負う清浦は、この難局を引き受ける決意をする。

原のもとにも熊本県出身の政友会員がさかんに訪れ、即位礼と国防問題が終結すれば、政友会に政権を譲るとして原の協力を求めてきた。原は自分個人が決めることでないと返答し、新聞は原が一笑に付したと書きたてた。清浦は原が執念を燃やした郡制廃止に反対した中心人物である。清浦が禅譲を約束しても、決めるのは山県である。合理的にも、感情的にも支援の余地はない。清浦は政友会だけでなく海軍の支持が得られず組閣を断念する。

大隈内閣の誕生と政友会の危機

それでも山県は非政友内閣にこだわった。衆議院の第二党は同志会であるが、同党総理の加藤高明では経験が足りない。彼が最後に見出したのは、長年の仇敵《きゅうてき》である大隈重信だった。大隈は同志会の支持を背景に、元老の援助も得られるならと承諾した。一九一四年四月一六日、第二次大隈内閣が成立する。大正政変で政友会を見限った井上馨も大隈を支持した。

大隈内閣は山県系官僚に加え、同志会から加藤高明、若槻礼次郎、大浦兼武《おおうらかねたけ》らを、憲政擁護運動の闘士が集まる中正会から尾崎行雄を閣僚に迎えた。非政友勢力を網羅したといえば聞こえがよいが、実態は脆弱《ぜいじゃく》な寄せ集めの内閣である。

強みは大隈その人だった。大隈は政党政治を求めて藩閥政治と戦った人物として国民からの人気が高く、元老が推したにもかかわらず、新内閣も世論から歓迎された。他方、政友会は憲政擁護運動を放り出して閥族と組み、汚職事件にまみれた内閣を支えたとして世論の批判を浴びた。

　衆議院の任期はすでに二年に達しようとしている。少数与党の大隈内閣はほどなく解散総選挙に打って出るだろう。内相は大隈が兼任し、山本内閣で登用された地方官はほどなく更迭された。政友会にふたたび試練が訪れる。

「骨の折れるハラゲイ」　横には以下のような文が．「政友会の重荷を一人で支える原敬君の腹芸は並大抵の骨折りじゃない．この上解散風など喰らってはグラグラとグラつかざるを得ざるべし」（『時事新報』1914年５月１日）

　嵐を前にしながら、政友会はいまだ総裁不在だった。西園寺が謹慎し、松田正久が没したのち、原のほかに総裁を務められる者はいない。党歴の長い領袖はあるが、その多くは旧自由党系でないか、離党歴があり、なにより原と実力差は歴然としていた。

　同志会の総裁が桂であれば、原の名前が挙がることはなかったろう。しかし、桂は没し、加藤が後を継いでいた。弘化・嘉永年間生まれの桂と西園寺から、安政年間生まれの原と加藤へと、さらなる世代交代のタイミングが訪れていた。

他党と異なり、政友会は伊藤博文が主体となって党員が集まった組織である。そのため、総裁専制が採られていた。伊藤、西園寺という元老級は別にしても、同輩である原を総裁とすることに抵抗のある者も多い。原が西園寺に再起を促すために京都に向かうと、自ら禅譲を受けるため志願したと悪評を流されるほどであった。

これでは原が総裁となっても党の統制は難しい。頭脳明晰《めいせき》で胆略に富むことは誰もが認めたが、それは傲岸不遜《ごうがんふそん》とも映り、融通無碍《ゆうずうむげ》な松田とも対比される原の弱点とされていた（「原新総裁批評」『読売新聞』一九一四年六月一六日）。この冷徹なイメージの克服が原の、ひいては政友会の課題であった。

党内の様子を見て、本来は気短であるはずの原は待ちに出た。当面、幹部は三ヵ月交代の輪番と決めると、病気の母を見舞いに盛岡に帰郷した。

事実、九〇歳の母・リツの病状は思わしくなかった。原の帰省を喜ぶ母は自慢の息子の昔話に花を咲かせ、彼が好きな蕎麦《そば》をご馳走すると言って座を和ませた。

幼くして郷里を離れた原は、長じてよく母に尽くした。盛岡駅にほど近い北上川のほとりに建てた別邸を母の長寿を祈念して「介寿荘」と名付け、母と姉を住まわせた（「原敬をめぐる『政治空間』」）。西隣には小学校があり、子どもたちの元気な声が聞こえる場所である。

母リツの米寿祝い　前列右から5人目がリツ．後列右から3人目が原敬

母の米寿の折には市民を招いて祝宴を開き、蕎麦を振るまい、原親子が大好きなさんさ踊りが舞われた。太鼓の音と「サッコラ、チョイワ、ヤッセーィ」という踊りの掛け声が溢れた。いまでは一口分の蕎麦を次々と食べていくイメージのある「わんこそば」も、元来は中蓋に薬味を乗せたお椀でいただく「椀コそば」として、原夫妻が来客に蕎麦ふるまいをするために考案して広まったとも言われる。以後、原は夏のたびに帰省し、この家に市民を招いて親交を深めた。

五月九日、母は静かにその生涯を終えた。多忙のなかで過ごしてきた原は、退官して看病をしながら臨終に立ち会えたことをせめてもの幸いと自らを慰めた。霊前には天皇から見舞いとして届けられた菓子が供えられた。位牌は、いつでも参れるようにと自宅からほど近い芝公園の妙定院に安置された。

平民総裁の誕生

五月一八日、京都で隠棲する西園寺から原を後継にしたいとの手紙が盛岡に届いた。本部や側近からも東京に戻るよう重ねて催促があったが、原はすぐに戻らず、母の二七日法要を済ませ、心を落ち着けてから上京した。戻ってみると、案の定、原が総裁となることに不満を持つ幹部が策を弄していた。

原は慎重であった。西園寺は嗣子の八郎を遣わしてあらためて指名の意向を伝えてきたが、原はこれを留保し、幹部が西園寺から直接聴くかたちにこだわった。協議員長の杉田定一、原の就任に不満を持つ元田肇、幹事長の永江純一、そして原が向かうこととなった。

六月一〇日午前、杉田らを宿に留め置き、まず原がひとりで京都田中の西園寺別邸を訪れる。総裁就任を勧める西園寺に対して、原は指名を受けるどころか、総務委員による集団指導体制に移行し、自らは相談役に退きたいと答えた。西園寺は慌てて翻意を求める。午後に入り、杉田らも加わり、彼らも原を説得するかたちとなる。この日、ついに原は首を縦に振らなかった。翌日午前に、さらに高橋是清ら三名の幹部が駆けつけて説得にあたり、午後に至ってようやく「止むを得ず」と総裁就任を承諾した。

原の本意はどこにあったのだろうか。党内を見まわしてもほかに適任者はいない。集団指導体制にすれば統一が取れず、日露戦争のときのように大きく切り崩されることは明らかである。まして今度は政府側にも同志会と中正会という与党がある。政友会は崩壊の危機に直面する。

前年の冬に松田が倒れたころ、総理になる気持ちはあるかと問われた原は、政党員であるならだれでもやってみたいものだと答えている。あのときは総理に手が届くかと焦り、引き際を誤った。その結果、国民の批判を受ける身となり、党の総裁となることにさえ反対が出ている。もう一度、党内の統一からやり直すしかない。そのためには党幹部が一致して原を推すことが欠かせなかった。そのかたちに原はこだわった。

一週間後の六月一八日、本部で開かれた臨時大会で原は第三代総裁に就任する。現状のままでは官僚政治が復活し、立憲政治は崩壊する。立憲政治を担うことができるのは政友会だけである。しかし、西園寺が病に臥《ふ》し、松田は世を去った。自分は総裁になりたいわけではなく辞退を重ねたが、立憲政治を実現するためという説得を受けてその任を引き受ける（『立憲政友会史』三）。官僚的で傲慢という批判を意識した、情熱的な就任演説で推薦に応えた。

これまで政党総裁は、板垣退助、大隈、伊藤、西園寺、桂といずれも爵位を持つ藩閥出身者であった。原は初の平民総裁である。

ほぼ時を同じくして、同志会でも原と同世代の加藤が総理に就いた。ただ、彼は男爵であった。ある政友会所属の貴族院議員は、人望が皆無である加藤が同志会の総理を務めるのだから原が政友会の総裁となっても何ら問題はないと述べた（「原氏総裁当然　秋元子爵談話」『読売新聞』一九一四年六月一四日）。一見すると軽口に見えるこの談話は、近代日本の政党政治の発展をよく捉えている。

藩閥政治の時代、藩閥に属さない青年が頭角を現すには明晰な頭脳と事務の才幹が必要であった。ところが彼らが責任ある立場に立ったとき、時流は藩閥政治ではなく、政党政治に変わっていた。政党を御すには松田や犬養のような雅量、つまり大きな度量がいる。それはしばしば事務の才と衝突するものだった。

もっとも、能力は似ても性質は大きく異なる。加藤はヴィジョンを持ち節操を重視する英国紳士風である。これに対して原は融通を悪と見ず、臨機応変を愛し、成功を収めることを第一とすると評された（「政界の中心人物たらんとする原敬氏と加藤男」『中央公論』一九一四年四月）。好対照な二人の挑戦が始まった。

第一次世界大戦の勃発

日露戦争の際に桂と結んで以来、大正政変の二ヵ月を除けば政友会は与党の位置にあり続けた。今度は実に一〇年ぶりに野党となる。提携相手であった桂は亡く、西園寺も機能しない。新総裁となった原は、まず桂園体制や憲政擁護運動を通じて悪化していた元老との関係を修復する必要に迫られた。

本来であれば起点となるのは井上馨である。しかし、京都からの帰途訪ねた井上は、憲政擁護運動以来、政友会の動きに感情を害し、政友会は党あって国なしと公言していた。その本音は薩摩の山本権兵衛を支援したことへの反発にあった。いまさら薩長対立である。取りつく島がない。

次に、原は松方正義を訪ねた。山本内閣を支え、床次竹二郎などのパイプもあることから理解は得やすい。松方は地方自治の安定に関心があり、大隈内閣が地方官の更迭を急ぐことに不満を持っていた。原が党弊を内務行政に持ち込まなかったことは広く知られており、松方とは共闘が可能であった。

他方、山県への再接近は容易ではない。ただでさえ政党嫌いのところに加えて、大正政変で両者は敵対関係となっている。

この状況を変えたのは大隈だった。大隈は新聞を使って世論形成を進め、元老の影響力を排して持論の責任内閣制を実現しようと動き始めた。政策も大衆迎合的であり、なかでも商工業者の支持を得ようとして売上に課せられる営業税の廃止を打ち出したことは、元老のみならず、責任ある政治家や官僚からも強く批判された。営業税を廃止するなら地租も下げなければならない。財政難のおりにあまりに無責任な人気取りであった。

そうしたなか、一九一四年七月に第一次世界大戦（欧州大戦）が勃発する。政府は山県ら元老に諮らずに参戦を閣議決定し、その後、元老会議に追認させた。しかも、イギリスに野心を見透かされて一度は断られたものを無理に押しての参戦だった。欧州で始まった戦乱は、日本の参戦によって東洋まで戦域を広げ、未曽有の世界大戦へと拡大した。

日清、日露と戦勝を続けてきた日本国民は開戦に沸きたつ。大隈は、参戦の勢いをもって中国問題を解決し、国内では戦争による高揚を政府支持に導こうと目論んだ。しかし、これでは世界の理解は得られない。日露戦争以来、日本に資金を提供してきたユダヤ系アメリカ人投資家のジェイコブ・シフが手を引く意向を伝えてくるなど、日本への不信感が顕在化する。

大隈を推薦した山県、松方もこうなっては黙っていられず、政府を批判するようになる。原はこの機を逃さず、参戦に慎重な姿勢を示して山県との接触に成功する。そして山県と現政権には信頼関係がないと見ると、東京、小田原、京都と足繁く山県のあるところを訪ね、関係の構築に努めた。

戦時予算と解散の恐怖

野党ではあるが、政友会は衆議院に過半数を保持している。犬養毅ら国民党も大隈内閣の政見を聞き中立から批判に転じた。戦時予算を審議する臨時議会で両党が反対すれば戦争は続けられない。

しかし、原も犬養もそうした手段はとらなかった。国内不一致の戦争とするわけにいかないのはもちろんだが、それよりも予算不成立、解散総選挙となれば開戦に沸きたつ国民が大隈を支持することは明らかだった。原は大隈の挑発に激昂する党員を宥《なだ》め、戦時予算を成立させる。同時に、開戦には反対しつつも挙国一致には貢献することで、戦況に応じていかようにも動ける柔軟性を確保した。

戦争の熱狂は大隈内閣にとって天佑となった。憲政擁護運動、シーメンス事件という負の歴史に加えて、大戦貫徹という看板を掲げて選挙に打って出られれば、政友会に勝ち目はない。政友会内には大戦を好機として大陸での権益拡張を目指す勢力があり、彼らが党を割る危険もあった。

解散をおそれた原は、陸軍が最も重視する二個師団増設の成否を焦点に、山県に工作を開始する。政友会は増師そのものには反対ではないが、政府が増師を争点として解散すれば、政友会は反対せざるを得ない。増師が再び政治問題とならないよう、大隈を下ろして山県が自ら立つよう促した。

ところがこうした原の動きは、政府側に筒抜けであった。それどころか原が要人と会うとすぐに『萬朝報《よろずちょうほう》』などの政府系新聞が疑惑を書きたてた。あろうことか、原の自動車の運転手が政府に内通し、情報を漏らしていたという（『ふだん着の原敬』）。鉄道では目立つと自動車を使っていたのが裏目に出た。これは政府のみならず薩派にも伝わり、彼らにも疑念を生んでいた（『財部彪日記』下）。

そうまでして関係を作り上げても、原と山県との隔たりは大きかった。山県からすれば、原は増師に対する態度を明確にせず、多数を振りかざして自己の利益を図っていると映る。原は、政党はいまだ改良の途上にあり、善導するためには多数を持つことで買収や感情に左右されずに判断できるようになることが重要と考えている。両者の政党観は相容れないままだった。

原と交渉していても増師は成功しそうにない。むしろ、大戦による熱狂のなかで推し進める方が確実である。山県がそう考えるのも無理はない。原のもとにも、山県は解散総選挙によって政友会を少数にし、政友会でも同志会でもない中間勢力を立てて衆議院をコントロールする意向であることが伝わり始めた。いわゆる三党鼎立《ていりつ》論である。山県の了解を得て、政府による政友会の切り崩しが始まる。

幸い、二個師団増設問題については、西園寺内閣を潰された恨みと憲政擁護運動の記憶から政友会の結束は固く、政府の買収工作は失敗に帰した。これを受けて一二月二五日、大隈は解散総選挙に踏み切る。

苦い敗北

第一二回総選挙は翌一九一五年三月二五日に実施と決まった。三ヵ月の選挙戦は異例の長さである。脆弱な与党の基盤を拡張し、政友会の地盤を切り崩すための時間と原は見た(『元勲・近代諸家書簡集成』)。迎え撃つ手腕が問われる。

原は選挙を自らの得意分野と捉えていた。政友会はこれまで五回の総選挙のうち四回で勝利を収めている。大選挙区制のもとで多数の議席を獲得するためには、周到な票割りが必要となる。それには統一された地方組織と、指導力のある党本部の連携が欠かせない。政友会にはすでにそれがあった。原は、大隈ら官僚政治家を選ぶか、われわれ政党政治家を選ぶかという、国家の興廃をかけた戦いであると党員を鼓舞した（『立憲政友会史』三）。

しかし、憲政擁護運動以来、地方での政友会の不人気ぶりは惨憺《さんたん》たるものだった。それだけではない。日露戦争以来、多くの有権者が政友会に票を投じ、同党は衆議院の過半数を制して与党の地位にあったが、その間に経済が大きく好転したという実感は得られていなかった。政友会を敵視するようになった元老の井上が、自らの影響下にある地方財界に対して政友会不支持を伝えたことも劣勢に拍車をかけた（『原敬と立憲政友会』）。

地方財界の政友会不支持が伝わると、党員は及び腰になり、候補者の擁立が滞る。原は本部で候補者探しに追われた（『岡崎邦輔関係文書』）。前回総選挙では二八一名の候補者を立てたのに対して、今回は最終盤に至っても二〇一名にとどまった。

政策も精彩を欠く。あれだけ山県を揺さぶった増師問題でさえ、一九一五年度の実施を掲げる政府に対して、わずか一年の繰延を主張する中途半端さである。大隈に対抗して減税や選挙制度改革を打ち出すよう勧める者もあったが、できなかった。元老との関係にこだわる原の迷いが政友会の動きを制約した。

対する大隈は国民の世論と言論による輿論政治を鼓吹し、欧州大戦に参戦し、いずれ営業税を減税すると景気よく宣伝した（『大隈重信』）。大隈首相以下、閣僚も各地に遊説して政府の政策を示した。閣員は選挙に関わらないという不文律を破る前代未聞の行為であったが、輿論政治を標榜する大隈内閣はこれを敢行した。

なかでも大隈首相が東海道線、北陸本線に乗り、駅に停車するごとに窓から身を乗り出して論じるさまは「車窓」演説として話題を呼んだ。自ら赴けない地域には演説を吹き込んだレコードを送り、大隈特有の「であるんであるんである」という音声が人気を博した(“JUST FOR THE RECORD”)。早稲田出身者を中心とする大隈伯後援会という政治団体も生まれ、全国にある早稲田ネットワークが活用された。本部に籠《こ》もった原とは対照的である。

今日でいえば、大隈の手法はポピュリズムと批判されるだろう。当時も識者からは批判的に捉えられたが、大隈は憲政擁護運動からの世論の流れを読み、いかにすれば国民の支持が得られるかをよく理解していた。同時に、国民の支持なくしては政党が力を持つことはできず、元老に支配され続けることを喝破していた。大隈の方が一枚も二枚も上手であった。

大隈は実力行使にも出る。自ら兼務していた内相を薩摩出身の警察官僚である大浦に譲り、機密費を使って大規模な選挙干渉と買収を実行した。政友会に近い地方官は更迭され、官公吏には政府に投票するよう圧力がかけられた。これは市部選挙区の当落に大きく作用する。この動きに原は危機感を覚えた(『元勲・近代諸家書簡集成』)。

さらに大浦は原が内相時代に中止させた投票予測を復活させ、巡査が有権者を訪問して投票先を確認して歩いた。それは与党に投票させる暗黙の圧力となる。投票日直前には一候補あたり五〇〇〇円が配られ、一票が三〜五円程度で買われたという。

政友会は有権者に信頼されず、耳目を惹く政策も打ち出せず、対する政府与党は活発に動く。これでは勝てるわけがない。結果、全三八一議席中、同志会は一四四名（四九増）と躍進し、中正会、大隈伯後援会と合わせて与党は二〇九名と過半数を確保する勝利を収めた。政友会は七八名減の一〇六名と沈み、議長経験者の奥繁三郎《おくしげさぶろう》、大岡育造ら領袖も落選する大敗を喫した。

党組織の改革——党人系と官僚系の役割分担

総選挙前、原は幹部たちにポストをめぐる不満があることに留意して、高橋是清、大岡、元田の三名を招き、全国の支部を統括する選挙委員長を彼らの合議によって選ばせた。大岡も元田も選挙資金を出すあてがなく、負け戦の気配を感じ取っていた。何より自らの当選も危うい。二人は嬉々として高橋を委員長に据えた。

これは誤りであった。財政官僚であった高橋はたしかに地方財界に顔が利く。しかし、選挙は初めてであり、有権者が何を求めるのかをわかっていなかった。いざ開戦という議員総会で、高橋は外債募集の重要性を力説する。場違いであった。

敗色が濃厚ななか、幹部たちは自らの選挙区に釘付けとなる。彼らに代わって精力的に遊説にあたったのは床次や水野錬太郎ら元内務官僚であった。彼らは全国に地方行政官のネットワークを持っていたが、それも警察行政を掌握する大浦には敵わなかった。

敗戦後、古参の党員から、高橋を始め経験がない者に選挙を任せたために敗北したと、官僚出身者を重用する原の党運営に強い突き上げが起こる。原自身にも本部に籠もって打って出なかったことは政党の党首として相応しくないと批判が向けられた。知恵ばかりで汗をかかず、東京にとどまって遊説に出ない。こうした批判は松田と並び称されたころから、原の弱点として指摘されてきたことだった（「後藤男と原敬君」『大正公論』一九一三年四月）。

幸い、敗戦の最大の原因は政府の選挙干渉にあるとされ、原の進退問題には至らなかった。しかし、ここで苦杯を嘗《な》めたことは、原と政友会に大きな転換をもたらす。原は自らの不明を恥じ、丹念に敗因を分析し、まず党組織の改革に着手する。

原は人事に辣腕を振るった。ポイントは叩き上げの政党人と新参の官僚出身者のあいだでの役割分担である。まず、党内調整にあたってきた総務委員の役割を対外交渉に変えた。筆頭総務には総選挙敗北の責任を問われていた高橋を置いた。財政通の手腕をもって政府・元老との交渉に当たれるのは高橋しかいない。

この人事に対する不満は、自由党以来の党人である村野常右衛門《むらのつねえもん》と岡崎邦輔を次席の総務委員とすることで収めた。村野はもともと松田正久に近く幹事長として党内をまとめた実績があり（『村野常右衛門伝　政友会時代』）、犬養を始め他党ともパイプがあった。策士として知られる岡崎には貴族院工作を委ねた。

幹事長には小川平吉《おがわへいきち》（長野、四五歳）、幹事には江藤哲蔵（熊本、四二歳）、小林源蔵（山形、四八歳）、横田千之助《よこたせんのすけ》（栃木、四四歳）、古谷久綱（愛媛、四〇歳）、吉原正隆（福岡、三三歳）を配した。各地方派閥から選んだ議員であることは変わらないが、これまでと較べて際立って若い。いずれも四〇代、吉原は三〇代である。くわえて横田は法務、小林は鉄道、江藤と古谷は外交、吉原は植民地といずれも政策通であった。若手の実力者を抜擢する人事である。

なかでも小川の登用は興味深い。彼は政友会内きっての対外強硬派として知られ、党の方針に反して積極的に中国進出を主張してきた。かつて伊藤博文や原と対立して脱党した長野県出身議員の幹部でもある。彼の登用は危険とさえ映る。

他方で、党外にあって、小川は加藤外交批判の急先鋒であった（「第一次世界大戦と原敬の外交指導」）。原は党内野党のリーダーを取り込んで分裂を避けつつ、小川たちが加藤外交を軟弱として批判することを放任した。慎重論と積極論双方から内閣を挟み撃ちにする戦略である。

党内の民主的機能を担う協議員会も改革された。地方団体の代表を議席数に応じて選出する方法はそのまま、衆議院議員の三五名枠を二五名に減じ、新たに貴族院議員の互選によって一〇名を選んだ。貴族院の政友会会派である交友倶楽部も充実しつつあり、彼らの地位を党内で確保するものであった。会長には総選挙で議席を失った大岡が遇された。

政策政党の再建に向けて

政権政党となるためには政策立案能力を高めなければならない。それを担う政務調査会にはより大きく手を入れた。

会長となった山本達雄を始め、理事に岡喜七郎（前警保局長）、政尾藤吉《まさおとうきち》（前シャム国法律顧問）、杉山四五郎（前衛生局長）、大芝惣吉（前群馬県知事）、小坂順造（元日本銀行）と行政経験豊富な官僚出身者を任命した（「政務調査会設置」『政友』一九一五年五月）。彼らは第一次山本内閣で進んだ官僚の政党化と、その後の政権交代によって政友会に参加した新しい政党人であった。

新理事たちは部会ごとの縦割り構造を変え、議題によって連合部会を設置したほか、各部会に精力的に出席して政策議論を深めた。出身省から情報を集めて、機関誌『政友』でさまざまな政策論を展開して、党員への政策知識の普及に努めた（『政党と官僚の近代』）。

まるで碁会所のようだと揶揄されてきた党本部にも手を加える。政策立案機能を高めるため、京都帝国大学の講師だった瀧正雄《たきまさお》（のち衆議院議員）と西野雄治《にしのゆうじ》（のち西野政務調査事務所代表）を嘱託員に迎え政務調査室が設置された（『論策と随筆』）。同室には政策関連の図書が整備され、日本の政党として初めてのシンクタンクとなった。

政策立案・審査機能の整備は、野党となった政友会を再生させる。日露戦争以後、政友会は政府から政策の事前説明を受けて充実した政策立案を行ってきた。先述した蚕糸業法など、各種産業の保護奨励や水害などの災害対応、軍備や外交といった国策まで、数多の特別委員会を設けて対応できていた。

しかし、これは与党であって可能なものだった。野党になって政府から情報が得られず、政策を論じられないのでは、政党政治の発達はままならない。この不足を補ったのが、官僚出身者ら新しい政党人だった。原・政友会は総選挙での大敗北を経て人材を大幅に入れ替え、伊藤以来の懸案であった政党改良を大きく進歩させたのである。

対華二十一ヵ条要求問題――獅子吼する原

本部に籠もって守勢に甘んじたと批判された原自身も変化を見せていく。選挙後、五月一七日に第三六議会が召集された。対中問題が主たる議題であったが、政府が中国に突き付けた対華二十一ヵ条要求が強く批判され、政友会は国民党とともに内閣弾劾決議案を提出した。

原は自ら弾劾案の説明に立ち、加藤外相との論戦に臨む。総裁自ら演壇に立つのは自由党系では初のことだった。受ける側の加藤も同志会総理であり、二大政党の党首が議場で論戦する画期となった。原の意気込みはすさまじく、その獅子が吼《ほ》えるような演説に議場は沸きあがった（「原白頭の弾劾振り」『東京朝日新聞』一九一五年六月四日）。これまでの冷徹で内気なイメージを覆す、野党指導者として面目躍如の熱弁だった。

もっとも、その主張は対華二十一ヵ条要求の内容に踏み込んだものではなかった。政友会内には小川を始めとして対外強硬派がある。党内からの反発を招かないための配慮が必要だった（『対華二十一ヵ条要求とは何だったのか』）。

論点は交渉の方法に置かれた。欧州大戦への参戦以来、大隈内閣は世論の人気を得るため、外交に慎重さを欠いている。その結果、欧米からは中国への野心を疑われ、ここまで積み上げてきた中国との友好関係も瓦解させている。これが原の演説の核心だった。

この議会では、大浦内相による収賄という大事件も明るみに出た。これは政友会が政府による選挙干渉の調査を行うなかで総務委員の村野が証拠を見つけたものだった。内務省が事実上の与党選挙対策本部となっている、各地で政府与党による買収が行われているという風説は選挙期間中から流れていたが、これは選挙管理の責任者である内相が、対立候補を下ろす対価として自ら収賄したという前代未聞の醜聞であった。

大浦は山県が重用してきた警察官僚であり、天皇が信任した大臣である。原は刑事告発に踏み切ろうとする村野を押し止めようとしたが、すでに遅かった。政友会は国民党と協議して内相弾劾案を提出し、対決姿勢を取る。大浦は引責辞任したが、選挙結果への信頼は損なわれた。七月三〇日、内閣は総辞職を申し出て天皇に慰留されるが、同志会の加藤、若槻は辞意を貫徹し、内閣と距離を取り始める。

留任にあたり、大隈らはこれが天皇の意向であることを喧伝し、国民の支持を得ようとした。しかし、それは良識のある層からは強く批判される。天皇を政治に巻き込む行為であり、閥族専制の時代ならいざしらず、政党政治の時代には適さない非立憲的な行為であった。

大隈内閣の横暴に政友会は勢いづく。党勢拡張を任務とする党務員会を新設して各地で演説会を開き、機関誌を配布して運動を展開した。党務会長には衆議院議長でありながら落選した奥繁三郎を充て、活躍の場とした。

八月に入ると、昭憲皇太后の喪に服するため延期していた地方大会を各地で開き、酷暑にもかかわらず三〇〇〇人、五〇〇〇人と聴衆を集める。原も近畿、北信、関東、中国四国、東海、東北の各大会を精力的に回り、政府の非立憲ぶりを攻撃した。その結果、翌九月に全国で行われた府県会議員選挙では、政友会が各地で好成績を収める。大浦事件を受けて、政府は介入する術《すべ》もなかった。原・政友会に明るい兆しが見えてきた。

なぜ爵位を辞し続けたのか

一一月の即位礼は、原にとって特別な意味を持った。本来であれば自らが大礼使長官を務めるはずだったが、内閣総辞職とその後の皇太后逝去のために仕切り直しとなり、公家出身の鷹司《たかつかさ》凞通《ひろみち》が代わった。原は前官礼遇を受けた前大臣として式典に参列した。

原には大きな不安があった。大礼を機に授爵の沙汰が起こることだ。前年に没した松田には男爵が与えられていた。松田との均衡を考えれば原にも授爵が必要となる。新聞も原と犬養に爵位が与えられると予想した。彼は慎重に、西園寺を通じて山県に、山本権兵衛を通じて宮内大臣に工作し、授爵を回避した。

これまでも、原は徹底して爵位を避けてきた。爵位を得るための運動はあちこちにあったが、これを避ける工作など聞いたことがない。原はその理由を、政党を率いるためには衆議院に議席を持つ必要があると山県に説明していた。

のちに原は首相就任に際して「平民宰相」と呼ばれて世間の歓迎を受ける。第二次桂内閣末期に男爵（のち子爵）となった加藤は爵位にしがみつき、政党を指導するのに適さないと批判された。時代は下り一九二〇年代以降にも、高橋是清がその批判を避けるために爵位を返上して衆議院選挙に出馬し、爵位を持たない浜口雄幸と犬養が政党内閣に相応しい首相と歓迎された。

しかし、これが真の目的であれば表明しない方が得策であろう。爵位を与えれば原の政党指導を邪魔することができるからだ。ひとたび天皇の勅裁が下りれば勤王家の原が断ることは考えられない。そのような弱みを原が山県に伝えるとは考えにくい。

原が嫌ったのは華族制度の根幹にある世襲文化であった。個人の功績によってその子や孫が地位を得ることの不自然さを嫌った。世襲した子が道を誤れば皇室にも類が及ぶ。子からしても負担は大きい。そのため、自分個人で決着する勲章や位階は受け取るものの、世襲される爵位はひたすらに遠慮した。板垣退助の一代華族論の影響もあるだろう。

原は親戚の子女の結婚も漏れなく世話しているが、誰ひとり政治家や財界人と縁づかせてはいない。人は出自に寄らず、それぞれの生き方をするべきだという考えが原の根底にあった。それは身分によらない社会を創るという明治維新の精神そのものである。

華族制度そのものについても、原は否定的だった。華族が皇室の藩屛というのは立憲国家に相応しい考え方ではない。四〇〇〇万人の国民こそが皇室の藩屛であり、国家を逞しくすると繰り返し主張している。明治維新の渦中で育ってきた世代ならではの、一身独立して一国独立するという国家観が根付いていた。

泰然とした原

即位礼が終わったのちも、欧州大戦の終結がいまだ見通せないこと、中国情勢が安定しないことを理由に大隈は居座りを続けた。背景には山県の支持があった。

一九一五年末に開会した第三七議会では、冒頭に政友会、国民党、無所属団が共同して内閣弾劾決議案を提出した。原は再び自ら演壇に立ち、政府が天皇の意思に名を借りて留任をしたこと、尾崎法相が収賄疑惑のかかる大浦前内相を起訴猶予としたことを挙げ、政府は輔弼の道を誤っていると痛撃した。

大隈首相が、原の演説を君主権を侵す議論であると難詰したため、野党議員が演壇に殺到し、議場は騒然となった。党派が君主の奪い合いをするさまは、まるで源平の時代に戻ったようだと揶揄された。これでは薩長対立が政党に転じたに過ぎず、憲政の意義は失われる。

原はこのころから泰然とするようになった。政権に居座るほどに大隈の人気は下がり、山県の画策が世に知られる。いまは無理をせず、足場を固めればよい。そう考えた原は、議会後の一九一六年四月、三週間にわたってじっくりと大隈の地元でもある九州を回った。

途中、佐賀市で開かれた九州大会では、原総裁を批判する演説を行った議員の除名騒ぎがあったが、原は党の政策や規則に復さなかったわけではないと意にも介さなかった（「自由党を叱る」『週刊朝日』一九五二年九月）。大会後の宴会で振舞われたムツゴロウに陸奥宗光を思い出し、帰途、大阪夕陽丘の墓を訪ねた。陸奥から受け継いだ怜悧《れいり》さは、温厚さと併存するようになっていた。

大隈の居座りが続くなか、藩閥内の反対勢力が動き出した。同じ長州ではあるが山県を嫌う三浦梧楼である。五月二四日、三浦は政友会の原、同志会の加藤、国民党の犬養の三党首会談をセットし、衆議院が一致して政府に当たることを提案した。

三浦は、先述したように閔妃殺害事件の首謀者であり、事後処理をさせられた原にとって心から信頼できる相手ではない。しかし、加藤をこの場に引き出すことができれば政府―与党関係の動揺は自明となる。原はこれを受け、加藤も個人の資格と留保を付けて加わった。

会談は、国防費と日中関係に論点を絞って行われた。国防費は、世界大戦後の国際状況を見越して制限する必要が論じられ、日中関係は党派の利害を超えて一致協同することが申し合わされた。

ところが、各党から委員を挙げて具体化する段に入ると、加藤はそう約束した記憶はなく、党員にも告げていないと原を突き放した。政友会はこの加藤の態度を寝返りと強く批判した。

大隈内閣の終焉とポスト元老時代への展望

加藤の豹変《ひょうへん》の背景には、大隈が加藤への政権禅譲に動き出したことがあった。欧州大戦への対応に失敗し、大勝利を収めたはずの総選挙は金権の産物だったことが明らかにされ、中国との関係も悪化した。大隈が世間の評価を得るためには、原点にかえって政党内閣を生み出すほかなかった。

一方、山県は子飼いの寺内正毅朝鮮総督への政権交代を図り、彼を朝鮮から東京に呼び寄せていた。寺内を首班に、加藤・同志会を与党とすることで安定した政権運営を実現しようという考えである。桂と政友会の関係を、寺内と同志会に置き替える。桂園体制と異なり、実直な寺内であれば意のままに動く。山県はそう見込んだ。

寺内は違った。彼はより冷静に国際環境と時局の収拾を見据え、そのためには同志会だけでなく、政友会を始めとする各勢力の支持を得た挙国一致内閣が必要だと考えていた（『大正期の政治構造』）。何より、対外強硬派の多い同志会には好感を持っておらず、大隈から加藤との連立内閣を持ちかけられると、これを謝絶した。望みを失った大隈は一〇月四日、ついに辞表を提出した。

このあと加藤は一〇年にわたって政権から遠ざけられる。しかし、ここで加藤が継いでいれば、その政権はほどなく崩壊していただろう。西園寺は天皇から加藤について尋ねられると、いまは彼が出る時期ではないと否定したうえで、人材は限られており大切にしなければならないと答えた。憲政の進展にともなって、政権交代の可能性を担保することが欠かせなかった。

元老たちはもはや高齢である。山県は七八歳、松方は八一歳、大山は七三歳、西園寺も六六歳となり、彼らの没後の首班奏請を考える時期が訪れていた（『政党内閣制の成立』）。原と加藤はしばしば元老後の展望を相談していたが、彼らが山県を問い詰めても明確な返事はなかった。伊藤博文が立てた立憲政治への道をどう実現するか。そのためには責任を持ち、安定した政党内閣を樹立し、国民の支持を得る必要が一層強く感じられた。

原は努力していた。松田と並ぶ総務であったころは侃々諤々《かんかんがくがく》と議論して相手を屈服させることを常とし、原では党の統率は覚束ないと危ぶまれた。それが総裁となると、生まれ変わったように円満になり、清濁併せ呑む包容力を持つようになった。その豹変ぶりは野党の幹部すら認めるほどであった（「原君の長所と白紙主義」『太陽』一九二一年一二月）。

党員とは本部からほど近い三縁亭で定期的に茶話会を開いて意思疎通に努め、総会などの節目には三縁亭に隣り合わせた紅葉館で大宴会を催した。紅葉館は憲法制定のころからよく知られた社交場であったが、創業者が南部藩の出身だったため従業員に盛岡の者が多く（『紅葉館館主野辺地尚義の生涯』)、原にとっては落ち着く場所だった。

つつましやかな私邸は政友会の中堅から若手代議士たちのたまり場となっていた。訪客は区別せずに八畳の応接室にひとりずつ通し、膝を崩さず、欠伸《あくび》もせずにその耳を傾け、帰途は玄関まで送ったという(『思ふがまま』)。原は聞き上手ともなっていた。原のために仕事をする者が党の内外に増えていく。

ある政客は、理想主義の犬養は小政党によく、現実主義の原は大政党に向く。加藤は排他心が強いが、原は求心力を持ち始めたと評した(「隣の噂」『読売新聞』一九一六年三月一四日)。成長した総裁のもと、政友会はかつて有していた一致団結を旨とする政治団体として復活した。原・政友会は政権獲得に向けて着実に前進を見せていた。

3　藩閥と国民のあいだで――是々非々主義

寺内内閣の誕生と政友会への接近

一九一六(大正五)年一〇月九日、寺内正毅内閣が発足した。寺内は挙国一致内閣の組織を目指したが山県有朋と平田東助に阻まれて政党から大臣を得られず、後藤新平を内相、田健治郎を逓相、仲小路廉《なかしょうじれん》を農商務相に据えるなど、山県系官僚を閣僚に配した。

当然、世論は厳しく批判する。原は、大隈内閣の失政のあとを受けるのだから同情が得られやすいと見ていたが、世論は軍閥・藩閥系という内閣の出自で判断した。国民党が反藩閥内閣の狼煙《のろし》を上げ、全国新聞記者会もこれに続いた。

政友会内にも、国民党とともに新内閣を攻撃すべきという声があった。しかし原は、いたずらに形式だけで判断せず、まずは中立路線を取って、是は是、非は非として、公平無私の態度で臨むと表明した。是々非々主義という言葉はここから生まれたと言われる（『新しきことばの泉』）。

原は内閣の側から政友会に接近してくる見込みを持っていた。寺内は第一次西園寺内閣で陸相を務め、副総理格として不安定な連立政権を支えた経緯から、政友会の支持を期待していたからである。

くわえて寺内内閣組閣の翌日、同志会を軸とする非政友会政党が合同し、憲政会が誕生していた。憲政会は衆議院議員一九九名という大勢力をもって、寺内内閣への対抗姿勢を明らかにする。政友会も倍に近い議席を持つ大政党を相手に青息吐息と評された。

しかし、原はこれを好機と見た。後藤と仲小路には桂太郎が没すると同時に同志会を論駁《ろんばく》する文書を公にして同党を飛び出した過去がある、旧同志会にとって不俱戴天《ふぐたいてん》の敵である。両名が入閣した以上、旧同志会の流れを引く憲政会は政府と提携できない。政府は政友会を頼り、憲政会の勢力を削るだろう。

他方、後藤は大隈内閣を危険視し、原、高橋是清と密に連絡を取って倒閣工作を進めてきた。日中関係について当面は親善策を軸とする見方を共有し、出身地である東北の活性化のために渋沢栄一《しぶさわえいいち》ら財界人と活動するなど緊密な関係にあった（「大正期の東北振興運動」）。

是々非々主義を取って距離を置く政友会を近づけるため、後藤は原系の水野錬太郎を内務次官に誘う。外交に意欲を持つ後藤は、内務省は次官に任せて自分は実質的な外相として振舞いたいと考え、有能な次官を求めていた。ここに政友会の水野を入れることで、一挙両得を狙ったのである。

あまりに露骨な政友会優遇であるため、原は水野の将来も慮《おもんばか》って躊躇したが、水野が率先してこれを受けた（『水野錬太郎回想録・関係文書』）。形式上、水野は政友会を抜けて次官となるが、中立となるはずもない。選挙を統括する内務省の人事である。解散総選挙となれば、政友会の飛躍は間違いない。憲政会は慌てふためいた。

念願の解散、総選挙へ

原は周到に解散へと誘導していく。寺内内閣は、前内閣の立てた予算案を修正するために議会の召集を遅らせたが、それでは人々は大隈内閣の失政を忘れ、憲政会にも十分な準備時間を与えてしまうと政府を急き立てた。

明けて一九一七年一月一五日、政府は原、加藤高明、犬養毅の三党首に政策を内示し、対中政策方針を親善策に転換することを表明した。前内閣、すなわち加藤の外交を否定するものである。国民党はこれに先立って内閣不信任案の提出を決めて政友会に同調を求めていたが、原・政友会は外交方針の転換を評価して不信任案に加わらないこととした。

政府と憲政会の対立は決定的となった。一月二三日に再開した議会では本野一郎外相が加藤外交の失敗にことごとく言及した。翌日の予算委員会でも次々と前内閣の失政が新閣僚によって明らかにされていく。

狼狽《ろうばい》した憲政会は、一月二五日に国民党と共同で内閣不信任案を提出する。しかし、国民党の犬養と政友会の元田肇に先に演説させ、憲政会は何も意見を表明しないうちに、寺内によって解散の詔勅を発せられてしまった。原はその拙劣さを笑うとともに、予定されていた尾崎行雄の演説が実現しなかったことに安堵を漏らした。

政友会にとって念願の解散である。原は本部で祝宴ともいうべき懇親会を開いて、選挙に向から党員たちを鼓舞した。欧州大戦の終結が見えないなか、日本は挙国一致して東洋の平和を実現しなければならない。このような時期に内閣不信任案を提出して政争を惹起するのは国家に責任のある政治家がすることではないと憲政会、国民党を批判した。

批判の矛先は憲政会に向けられている。超然内閣を否定し、政党内閣を実現するという主張は国民党が長年してきたものであり、大隈内閣のもとで非立憲的な行動を重ねてきた憲政会に政党内閣実現を口にする資格はないと痛撃した（「第三十八議会報告書」『政友』一九一七年二月）。国民党とは事を構えず、憲政会の打破に集中する戦略である。

政府の支援を得た選挙

政府もこれに応じた。選挙に先立って召集された地方官会議で、寺内首相は公正公平な選挙の実施を掲げつつ、「前内閣の党与たりし一首領」が憲政の実現を掲げながら協賛権を濫用し、政権争奪を目的とした攻撃を行っていると述べた。ぼかしているとはいえ、加藤を攻撃する意図は明らかである。異例の発言であった。

後藤内相に至っては、憲政会は桂太郎による創設の意思を忘れて非行を続けるのに対して、政友会は伊藤博文の精神を守り着実公平な態度で臨んでいると称賛した（『内務省史』四）。地方官会議の訓示で内相が具体的な党名に言及して批判、称揚したのはこれが初めてである。

これでは公平公正な選挙などは望むべくもない。憲政会を押さえつける意図は明らかである。他方、現状の地方官は前回総選挙で大浦兼武内相と下岡忠治《しもおかちゅうじ》内務次官が登用した憲政会系の人物が多数を占める。原はその更迭を強く求めた。

地方官の更迭は露骨な介入と映り、世論の批判を招く。内務省内は水野を筆頭とする政友会系と、下岡が差配する憲政会系に分かれており、更迭を敢行すれば省内の対立も深刻化する。後藤は躊躇したが、不自然な衆院の配置を質すにはそれも必要と、寺内が是認した。

寺内からすれば、解散する以上は政友会と中立議員で安定過半数を得なければならない。原は政友会で一八〇議席を目標とし、一六〇議席を超えれば成功と語っていた。そうすると中立議員で三〇議席を超えなければ過半数に届かない。寺内は憲政会を一二〇議席まで減らすことを目標に介入を図る。

工作には政友会に近い後藤ではなく、警察官僚の経験がある田遞相があたった。背後に山県がいることはいうまでもない。山県は、中立議員を一〇〇名は当選させて三党鼎立《ていりつ》の状態を作るよう指示していた。

積極的な介入を見せる政府に対して、原は二つの申し入れをした。

まず、中立候補を立てるときは政友会本部と協議すること、つまり政府―政友会間の候補者調整を求めた。地域や候補者に個別交渉をされれば、党内に軋轢《あつれき》が生じ、ひいては政府に操縦される。政府との交渉は党本部の選挙事務所に集約し、元内務官僚の大芝惣吉と杉山四五郎、法相秘書官を務めた福井準造が臨時幹事として調整にあたった（「選挙中の党務概要」『政友』一九一七年五月）。

もうひとつは、憲政会の買収行為を厳正に取り締まるとともに、政府から政友会の候補に資金援助を行わないことである。政府は政友会本部にも二〇万円を拠出することを伝えてきたが、原はこれまで政友会は政府から選挙資金を受けたことはなく、その歴史を汚す気はないと謝絶した。是々非々の立場を堅守する方途はわきまえていた。

前回の総選挙と異なり、原は実によく人を使い、総力戦を展開した。上記の申し入れを始めとする寺内首相との交渉には野田卯太郎を遣わした。野田は東洋拓殖会社副社長として朝鮮総督時代の寺内を支え、信頼関係があった。後藤内相との交渉には以前から政略をともにしてきた高橋を用いた。

総務委員となった山本達雄は日本勧業銀行時代のパイプを使って財界をまわり、岡崎邦輔は引き続き貴族院を押さえ、床次は再び地方官のネットワークを生かして全国遊説に回った。原は終始本部にあったが、もはや孤独な総裁のイメージはない。政友会は、原の指導のもと、チームとして機能するようになっていた。

一九一七年四月二〇日に実施された総選挙の結果、全三八一議席中、政友会は一六三（五二増）と回復したのに対して、憲政会は一二一（七六減）と敗北した。政府の戦術が功を奏し、無所属議員は六一（五四増）と飛躍的に増加した。ほぼ現状を維持した国民党には政府からの資金が入っていたという。政界地図は一変した。

是々非々主義を超えて

過半数に届かなかったことを嘆く風もなく、政友会は目標達成を祝った。過半数となれば、政権の生殺与奪権を握る責任が生まれ、是々非々とはいかなくなる。党が急激に大きくなっても制御は難しい。今回、政友会は優勢のなかでも候補者を一九三名と絞り、八四・五％という高い当選率を挙げた。合併したばかりの憲政会が候補者調整に難航して公認をばらまき、二〇八名中一二一名（当選率五八・二％）にとどまったこととは対照的だった。

総選挙を受けて、原は再び党幹部人事の刷新を図る。総務委員は山本、野田に加えて当選一回の中橋徳五郎《なかはしとくごろう》を据えた。中橋は逓信官僚出身で大阪商船会社社長を務めた関西財界の雄であり、原とは『大阪毎日』時代から関係があった。政財界に通じた人物が顔を揃えた。幹事長には関東派の横田千之助が幹事から昇任した。星亨の門下生として知られた横田は、以後、原の懐刀として各方面に活躍を見せる。

議会では衆議院議長に大岡育造を復活させ、院内総務に元田肇らベテランを充てて均衡を保った。原はこの挙党人事をして、政友会が他党に優越する美風であり、党秩序の安定は世間からも好評を得ていると自賛した(「原総裁の演示」『政友』一九一七年七月)。党内が無風であったわけではなく、衆議院議長には前幹事長の小川平吉が名乗りを上げていたのを辞退させている。原の指導力はそれだけ充実していた(『原敬と立憲政友会』)。

多数の政府系中立議員を得たことに加えて、国民党の懐柔にも成功したことから、寺内内閣は主張を強めていく。政友会でも総選挙の勝利を背景に、是々非々主義を超えて、より自らの主張を通すべきという意見が強まる。両者の関係に変化が生じようとしていた。

状況は国内外で大きく変化していた。国内経済は戦時の好況にあったが、輸出超過により物価が高騰し、人々の暮らしは厳しさを増していた。国外ではロシアで革命が起こり、三月にニコライ二世が退位した。日英同盟の弱体化を日露協商で補おうとしていた日本は外交方針の見直しを迫られる。四月にはアメリカが連合国側で大戦に参戦し、影響力を拡大していた。国際政治の転換点が訪れていた。

挙国一致外交と外交調査会

一九一七年六月五日、寺内首相は国際情勢の変化を受けて臨時外交調査委員会（以下、外交調査会）を設置する。宮中に首相以下、外相、内相、陸海軍相、政党党首、枢密院から薩摩の牧野伸顕、山県系の平田、提案者の伊東巳代治を集め、挙国一致で外交方針の策定を図るものだった。

内閣でも議会でもない場所で国策を論じることとの妥当性には疑義があった。政党からは原、加藤、犬養が招かれたが、加藤は現政権の方針が前政権の外交方針と異なることに加え、こうした機関の設置は違憲のおそれがあるとして参加を断った。

犬養にはこの会議を通じて政策に関与する目論見があった。この会議は外交調査を掲げながら、時局に関する重要案件を審議するという広い目的が与えられていた。提案者の伊東が犬養と図って、外交の緊迫化を入口に政権への参画を目指したものであった。

対する原は、総選挙に勝利した第一党の党首である。戦時下、挙国一致の姿勢は崩さずに政府を支援しつつ、政府の方針を聴取、審議するのがこの機関の設置目的であると繰り返し確認し、政府の政策に巻き込まれ、責任を負わされないよう慎重に対応した。

総選挙後に開かれた第三九議会でも、原・政友会は是々非々の方針を貫き、船舶管理令の緩和や物価調整の調査、株式暴落への対応など、実業界からの要望を政府に実現させつつ（『立憲政友会史』四））、政府提出のうち二法案を否決した。新設された臨時教育会議にも政友会から議員が入り、長く主張してきた義務教育費の国庫補助を実現させた。是々非々の立場は内政では有効に機能した。

しかし、外交政策はそうはいかない。辛亥革命以来、中国では中華民国が成立しながら南北に分裂、対立する構造が続いていた。これに対し、原は第二次西園寺内閣のころから一貫して南北協調を呼びかけて好意的位置を保持する方針を持ち、大隈内閣による積極的な介入を批判していた（『対中借款の政治経済史』）。

寺内内閣は前内閣の外交方針を批判しながらも、その積極的介入政策を転換できずにいた。北、すなわち段祺瑞《だんきずい》政権への資金援助を続け、兵器の輸出も止めなかった（『日本外交と対中国借款問題』）。原たちはこれを強く批判し外交調査会は紛糾するが、審議機関では方針を変えることはできない。

その限界は、一九一七年末に浮かび上がったシベリア出兵問題への対応で露呈する。ロシア革命の抑止を目的とするフランスからの派兵依頼に対し、当初、欧州大戦外交に当たってきた珍田捨巳《ちんだすてみ》駐英大使や、イギリスが反対した。原も、ここでロシアに介入すれば、欧州戦線の講和後も日本だけが戦争状態に取り残されるおそれがあると反対し、犬養もこれに追従した。派兵は沙汰止みになったと思われた。

年が明けて一九一八年、第四〇議会も終わりを迎えようかという三月に至り、再び派兵論が持ち上がる。本野外相が新任のローランド・モリス米国大使の問いに応えてシベリア出兵の可能性に言及したうえに、英仏にも意向を照会していた。本野は自分個人の意見として言及したものと閣議で弁解したが、各国は日本に出兵の意向ありと捉えた。

外相の引責辞任となるべき重大問題である。しかし、原は辞任を迫らず、国家の対面上取り消しを求めなかった。日本には進んで出兵する意思はなく、英仏などから出兵の依頼があったとしても、出兵の時期は日本が決めると通知することで、英仏との関係を維持しながら、米国が日本に疑惑を抱かないよう措置すべきと主張するにとどめた。

政権獲得に向けて

原にはすでに功を焦る必要がなくなっていた。政権を握らずとも、政友会は自己の意思を公表し、実現できる位置にある。党員の統一も取れており、議会では原の支持によって所得税増税に一致して賛成できるまで結束していた。原はことあるごとに党内の一致が国家への貢献につながると説いてきたが、それが実現していた。

もはや次の首相は原以外にないという認識がこの一致を支えていた。寺内には持病があり、前年末からたびたび山県に辞意を伝えるようになっていた。それを聞いた原は、通常議会までは寺内が続けるべきと話していた。予算成立を花道に寺内から禅譲を受け、落ち着いて欧州大戦と翌年度予算に向き合おうという算段である。

人々が多様な政治意思を持ち、それを政党がまとめあげ、実現し、国政を充実したものに導いていく。伊藤博文、西園寺公望が育て上げてきたこの考え方を、原は、調和をもたらす組織が創造的政治を生むと説明していた（『偉人英傑と立志奮闘伝』）。原にとっての政党の意義は、非藩閥という外形ではなく、この調和を生み出す機能にあった。その調和を維持するためには、政権に就くことのできる党首である必要があった（「今日主義の原敬氏」『太陽』一九一三年六月）。

是々非々主義によって寺内内閣を支えてきたことで、貴族院との関係も好転していた。これは政友会にとっての長年の鬼門を乗り越えたことを意味する。

残る問題は、山県がどこまで協力的に原・政友会に政権を託すかであった。このためか、原は外交調査会が設置される前後、元老、すなわち山県を委員長として、戦後体制を構築するための会議を設置する必要があると説いて回り、直接、山県にも依頼している。それは山県の自尊心をくすぐり、原への好意を期待する行動だったとされるが、どうだろうか。

原は、山県を評して、自らのことはよく理解できていない部分があるが、国内外の情勢への分析眼はいまだ鈍っていないと評価している。時流の変化を説き、革命的な状況が訪れる前に改革を果たす。そうした劇的な改革を行うには、改革勢力である政党より保守勢力である山県が行う方が反対が少ない。

いかに官僚が政党を操縦しようとしても、かつて藤原氏が源氏と平氏を操縦しようとしてその地位を奪われたように、結局は政党が勝利するのが時勢だと原は言う。それならば、藤原氏が少しでも自己改革をしてくれた方がいい。参謀として地歩を広げてきた原らしい戦略である。「初の本格的政党内閣」の誕生はすぐそこまで来ていた。

第6章　近代日本の政党政治確立へ――第一次世界大戦後

1　平民宰相の誕生――初の本格的政党内閣

痛恨の不在

風向きは変わった。一九一八（大正七）年三月二八日、原は政友会の組織を強化して政権授受に歩を進める。三名以内としてきた総務委員を五名に増員して高橋是清、元田肇、岡崎邦輔、野田卯太郎、中橋徳五郎を充て、幹事長には横田千之助を留任させて、各方面との交渉をこの六人に委ねた。総務委員・幹事長経験者は相談役として遇し、一致に努めた。

政府では、シベリア出兵問題の責任を取って本野一郎外相が辞任し、後藤新平内相が念願叶って外相に転じた。内相の後任には田健治郎逓相や有松英義《ありまつひでよし》法制局長官など山県系官僚の名前が挙がったが、寺内正毅首相はこれを退けて水野錬太郎次官を昇任させた。政友会との関係を維持するための人事である。

しかし、一度開いてしまった扉は容易には閉じず、中国進出を望む陸軍を中心にシベリア出兵の実現に向けた準備が進む。外交調査会に席を置く原は、牧野伸顕らとともに出兵に猛然と反対する。政府はロシアとドイツが講和した場合、ドイツがシベリアに政治的影響力を及ぼしてくるおそれがあると主張したが、原は軍事には軍事で、政治には政治、すなわち外交で立ち向かうべきという正論で応じた。

外交調査会が紛糾していた六月下旬、長年苦楽をともにしてきた兄・恭が危篤という報せが届いた。松田正久と同じ胃がんであった。国難のさなかであったが、原は無理を押して盛岡に戻った。東京に出て志を得た原と違い、兄は俊才の誉れがありながら家族のために機を失い、苦労を重ねた。そんな兄に原は負い目を感じていたという（伊藤『原敬』上）。世話になった兄の最期の時間を、原は寄り添って過ごした。

頼れる弟に没後の相談を尽くした兄は、七月四日、原が首相となる日を見ずに去った。葬儀を終え、その後の手続きを済ませて東京に戻ったのは一二日のことであった。

このあいだにシベリア出兵に同意する返信がアメリカからもたらされていた。山県有朋は、原も概略は自分と同じ意向であると周辺に話し、出兵を推し進めていた。東京を不在にしていた痛手は大きい。やむなく、共同出兵であれば将来の日米関係に寄与するとして了承した。

世論では慎重論が主流であった。原は党幹部と諮り、ウラジオストクまでの出兵にとどめること、国民の了解がないうちにシベリアに前線を進めることには断固反対する方針を固め、外交調査会に臨む。会議では政友会の主張を容れるかたちでアメリカへの通牒《つうちょう》がまとめられたが、その背後で政府と陸軍は出兵に向けた事実を積み重ねていた。

出兵決定と騒擾の全国化

政府と陸軍には、ひとたび戦端が開かれれば、日清、日露戦争のように挙国一致の世論を生み出せるという見通しがあった。明るい見通しを抱いた寺内正毅首相も、年末からの議会に向けた政略を語り始める。寺内に続投の意向が生まれていた。

原たちはこうした政権側の見通しを楽観的に過ぎると見ていた。日露戦争以後、新聞が普及したことから国民は国際情勢への理解を深めている。欧州大戦の出口は見えず、日本でも厭戦《えんせん》気分が蔓延していた。

しかし、原は外交調査会の一員として政府の方針への責任があり、明確な批判はできない。八月に入り、原は例年通り避暑のため盛岡に帰省した。

八月一〇日、京都と名古屋で米価高騰に端を発する民衆暴動が発生する。いわゆる米騒動である。長引く物価上昇に対し、寺内内閣は暴利取締令を発して生活必需品の価格安定を図っていたが、投機の対象となっていた米価は下がらなかった。生活苦にさらされた国民は、各地で賃上げ要求を始めていた（『米騒動という大正デモクラシーの市民戦線』）。

暴動化の引き金となったのは、シベリア出兵決定の発表だった。大戦の長期化による厭戦気分と物価高騰による生活苦、格差の拡大に苦しむ人々の不満に、この目的のはっきりしない軍事計画が火をつけた。この暴動は直接には米価引き下げを求めていたが、その本質は戦争を拡大し続ける政府への不信任表明だった。より根源的には、近代化のなかで疎外されてきた人々が社会的承認を求める政治行動であった（『都市と暴動の民衆史』）。

暴動は全国に拡大する。警察では手に終えずに軍隊が出動し、日比谷焼き打ち事件や憲政擁護運動を彷彿とさせる状況が起きた。もはや寺内内閣は政権を維持しうる正当性を失った。

山県から原へ

盛岡の原のもとには各地からつぶさに情勢が報告されていた。党幹部はしきりに帰京を求めてくるが、動かなかった。原は落ち着いていた。状況を判断するだけの立場のゆとりがあった。この場合、東京から離れていることは有利に働く。寺内が首相を辞するならそれを支持し、居座るなら憲政擁護運動を起こす。すでに憲政会の加藤高明とも連絡を取っていた。

野田に探らせてみると、寺内の辞意は確実という。九月四日朝、原は寺内の呼び出しに応じて東京に戻った。寺内によれば山県は辞意を受け容れたといい、あとは山県が原を推薦するかどうかとなった。

原に任せれば、政友会が衆議院の過半数を押さえ、他を圧する行動を取るのではないか。山県は多数による力の政治をおそれていた。初期議会での経験や欧州視察の知見を通じて、政党は世論に左右されやすく国家の方針を誤るという彼の持論は固まっていた。

もし政友会と憲政会が結託して隈板内閣のような巨大与党が現れ、憲政擁護運動のような騒乱が再来すれば、官僚も陸軍も発言権を失い、明治憲法の権力分立体制は崩壊する。政党に政権を委ねてよいのだろうか。米騒動を起こした社会の不満を前に、山県は逡巡した。

もっとも山県に手はなかった。頼みの西園寺公望は病身であり、後進に道を譲るべきという美辞を重ねて断ってくる。山県が目をかけてきた平田東助はこの難局を担う気がなく、清浦奎吾にいたっては、この事態を乗り切れるのは、衆議院のみならず、貴族院、枢密院、陸軍にも良好な関係を築いた原しかいないと強く勧めてくる。それは山県もわかっていた。

長年にわたって山県と駆け引きを重ねてきた原は、山県の懸念も、彼が自ら原の名前を挙げられない立場もわかっていた。再三の要請を断った西園寺が山県に原を勧めることで、ようやく山県は首を縦に振った。もちろん、天皇には山県から推薦させ、責任を負わせることも忘れなかった。

こうして山県は原を頼った。こののち、原は没するまでの三年一ヵ月のあいだに、実に三八回にわたって山県を訪ね、意思疎通に努める（『シベリア出兵』）。両者は駆け引きの相手から、国家の安危を担う共同経営者となっていた。

大命降下と閣僚の人事――猟官の抑制、一致の重視

一九一八年九月二七日、原はついに組閣の大命を受けた。大正天皇は騒擾の報告を受けて日光での避暑から東京に戻っていたが、一昨年から体調を崩して言語も不明瞭となっていた。かつての御料車のなかのような歓談は叶わなかった(『大正天皇実録』五)。

親任式の朝、原邸の小さな玄関は記者で溢れた。ちょっと笑ってくださいと言われ、「何も面白くないのに笑えないじゃないか」と言いつつ、微笑んだ。ここまで辿り着いた達成感と、これからを考えた緊張が入り混じっていた(「春めいた原新首相の邸宅」『岩手毎日新聞』一九一八年一〇月一日)。

衆議院議員であり、爵位を持たず、藩閥の出身ではない初めての総理大臣の誕生である。世論は憲政の「進歩」として諸手を挙げて歓迎した。政界のみならず、日本中がどのような内閣になるかを見守っていた。

新聞各紙は、各方面から有力者を集めた人材内閣になると予想していた。焦点となる教育や外交に貴族院や薩派から有識者を得るのが現実的であるという見立てだ。山県が期待していたのもこの形式だった。西園寺内閣、山本権兵衛内閣の経緯もあり、純然たる政党内閣はまだ不可能と見られていた(「原内閣の輪郭」『読売新聞』一九一八年九月二六日)。衆議院で過半数に達していないことから、国民党との連立も当然視されていた。

原は政友会単独の組閣にこだわる。どれだけ各方面に配慮しても、一致して行動できなけ

れば内閣は切り崩され、何もできないままに終わる。これまでの経験を通じて、原は閣内一致の重要性をより強く感じていた。不満や攻撃を受けても太く短く、やるべきことをやる。原はそう決心していた。

そのためには各方面からの自薦他薦を排して人材を精選する必要がある。原は早々に党幹部から組閣人事に関する一任を取り付け、西園寺だけに相談をした。

原案は、内務に床次竹二郎、外務に牧野、司法に検事総長の平沼騏一郎、大蔵に高橋、農商務に山本、文部に元田、逓信に中橋とし、陸海軍は山県の意向を聞くというものだった。政策に長け、大半が原総裁のもとで政友会を支えてきた人材である。海相は寺内の尽力で加《か》藤友三郎《とうともさぶろう》が留任し、陸相は山県の推薦で参謀次長の田中義一が就いた。

実現しなかったものは三つある。まず最重要視された外相である。牧野とは西園寺内閣、山本内閣で同僚であったことに加え、外交調査会でも原と見解が近く、共闘してきた（『帝国日本の外交』）。牧野が入れば薩派の協力も得られる。西園寺も賛成だった。しかし、牧野は目下の状況では荷が重すぎるとして受けなかった。

次善の策として、西園寺は欧州で英仏と交渉してきた珍田捨巳駐英大使を挙げたが、原は駐露大使を辞したばかりの内田康哉を挙げた。珍田であれば駐米経験も長く、欧州関係も間違いがない。しかし、原は内田の登用にこだわった。陸奥のもとで働いて以来の知己である内田の登用は、身内人事と揶揄される。しかし、外交こそ閣内の一致が欠かせない。当面の課題であるシベリア出兵問題に鑑みれば、内田がロシア情勢に通じていることも心強かった。

次は法相である。司法官僚である平沼を法相に迎えようとしたことは意外に映るが、政党内閣の法相人事は難しい。法相になるものには清廉潔白であることが求められる。傷があれば下僚に脅され、操縦されてしまうからだ。

これまでも平沼は事実上の法相として法曹界に君臨していた（『平沼騏一郎と近代日本』）。原はかつて松田法相を通じて平沼を知り、大浦事件への公正な対応を見て信頼を寄せていた。原は司法制度改革を内閣の重要政策に位置づけており、これには平沼の協力が欠かせなかった。しかし、政党色を嫌う平沼はこれを断り、当面、原が兼任することとなった。

もう一つは文相である。文教政策は原内閣にとって最重要課題である。原はこれまで何度も対立してきた元田を「不十分」ではあるが充てようとした。教育政策は議論が百出しやすく、専門家が小田原評定を続けていた。それを打ち破る果断さを期待したのだろう。

ところが、当の元田は内相を望んで文相ポストに不満を述べた。文相は伴食という古い価値観に囚われていたのだろう。しかし、元田は党人派の最有力幹部である。彼のわがままを聞いては党内から一斉に猟官運動が沸き起こる。隈板内閣の歴史から明らかなように、それは政権への評価を決定的に悪化させる。原は元田を外して中橋を文相とし、空いた逓相には党人から野田を起用した。

「初の本格的政党内閣」の意味

出色は法制局長官に横田千之助を充てたことだ。法制局は法令審査を司る内閣の補佐機関である。法案を練り上げ、各省の合議を確認するなかで政治的調整を担うようになった。しかし、高い専門性が求められるため、これまでは次官経験者や帝国大学教授が務めてきた。

原はここに幹事長として実績を挙げた横田を抜擢する。横田は弁護士であり、法律の専門知識はある。しかし、それ以上に法制局長官として政務と事務の高度な政治的調整に当たらせることで、将来の政友会最高幹部としてさらに成長させる意図があった。この人事は政党が官僚を凌駕した象徴と受け止められた（『先人を語る』）。

各省の幹部人事も象徴的である。外務次官こそ欧州大戦への対応のため幣原喜重郎が留任したが、内務、文部、農商務はすでに政友会に所属している官僚が、大蔵、司法、逓信には政友会系と評される官僚が就いた。原内閣は政務の統括者である閣僚だけでなく、事務の統括者である次官まで、政友会員・政友会系を充て、一致した統治機構を作り上げた。

これを可能にしたのが、原が進めてきた官僚の政党参加、政党化であることはいうまでもない。各省の幹部ポストを政党人が奪っていては、与党と行政は対立関係に陥ってしまう。原は、官僚出身者を政党に取り込むことで人材から政党を改良し、さらには彼らを通じて行政の統御を可能とする横断的な統治構造を実現したのである。これが、議院内閣制ではない日本で政党内閣を機能させるために原が出した解であった。

初の政党内閣であった隈板内閣は閣内の一致を欠く寄り合い所帯であり、行政とも敵対関係のまま、わずか四ヵ月で崩壊した。政友会を与党とした第四次伊藤内閣は伊藤系官僚と自由民権運動以来の政党人が馴染む間もなく内閣を任せられ、行政に配慮する官僚系と民意を意識する政党人の対立を政敵に利用され、やはり一年を経ずに倒れた。

第一次西園寺内閣は政党内閣というにはほど遠い藩閥との連立政権であり、自律を期した第二次西園寺内閣は陸軍の抵抗によって葬られた。第一次山本内閣はかつてない改革政権であったが政党を基盤とするとは言い難く、やはり一年あまりで潰えた。続く第二次大隈内閣は外交でこそ主導権を発揮したが、内政は山県系官僚に牛耳られた。なにより、その外交で大きな失敗をした。

与党が一致を保ち、自らの総裁を首相とし、政党出身の閣僚が内政を担う。各省もこの政権を、国民の信任を得た正当性のあるものとして支える。こうした安定性を前に、政党出身者ではない外相、陸相、海相も積極的に首相に協力する。「初の本格的政党内閣」と呼ぶに相応しい政権の誕生だった。

平民宰相と明治維新の達成

いよいよ組閣である。一九一八(大正七)年九月二九日は、日本に「初の本格的政党内閣」が生まれた記念すべき日となった。人々はこの内閣を驚きと称賛の声で迎えた。とりわけ、元老の目論見を押し切って政党内閣としたこととと、党員が自薦他薦に走らず秩序のある組閣を果たした原の統率力に驚嘆した（「原氏調合の力」『読売新聞』一九一八年一〇月二日）。自らの側近ではなく、衆目の一致する人物を用いる原の公平さも高く評価された。

地元の盛岡では市を挙げた祝賀会が行われた。彼らの捉え方は東京の人々とは異なる。奇しくも明治維新から五〇年という節目の年に、ついにこの地から総理大臣が生まれた。それは、われわれはもはや賊軍ではないという解放感をもたらす快事であった（「原敬氏のために市の大祝賀会」『岩手日報』一九一八年一〇月一日）。盛岡の人々は徹夜で飲み明かしたという。

この前年、原は盛岡の報恩寺で行われた戊辰戦争五〇年の慰霊祭に臨んだ。藩の責任者であった楢山佐渡《ならやまさど》が切腹した、盛岡の人々にとって深い意味を持つ場所である。ここで原は「戊辰戦役は政見の異同」によるものであり、勤王、愛国の志はいずれも変わらないとする祭文を読み上げた。原内閣の誕生は、官軍、賊軍という区別だけでなく、あらゆる壁を取り払い、国民が等しく扱われる希望をもたらすものだった。

明治維新の決意表明ともいうべきものに五ヵ条の誓文がある。今日よく知られるのは民主主義の源流ともされる第一項「万機公論に決すべし」であろう。しかし、当時、より人々を惹きつけ、勇気づけたのは第三項にある、すべての人々が夢を持ちそれを実現できる社会を創造するという宣言であった。

原が家老格の家の生まれであることを知りながら、世論が「平民」宰相として迎えた真意はそこにある。原は賊軍の地に生まれながら、ひたむきに学び、働き、苦しみを超えて首相の座に就いた。その成功は、特権を持たない人々を強く勇気づけるものであった。

武士道を世界に広めたことで知られる同郷の友人・新渡戸稲造は、原の首相就任に際して「平民道」と題した記事を雑誌に寄せている。新渡戸はここで、原首相の誕生によって階級的道徳の時代は終わりを告げ、国民的道徳を行う時代が到来したとエールを送った。

「平民」は流行語となった。町の大衆食堂は競うように「平民食堂」を名乗った。新橋駅のホームからその看板を見つけた原は、息子の説明を笑顔で聞いたという（『ふだん着の原敬』）。広大な首相官邸に住まず、芝公園の自宅から通ったのも平民的である。それは彼の心のバランスを保つうえで意味のあることだった。

政党内閣が生まれたことで、立憲政治は大きく前進する。民本主義を唱えた吉野作造《よしのさくぞう》は原内閣の登場は政友会の努力ではなく、国民の信頼と期待が生み出したものだと強調した。憲政会の加藤もこれを憲政の進歩と歓迎しつつ、是々非々の姿勢で臨むと宣言した。

元老の意向を排して政党内閣を実現したことは、原の評価を大きく変え、人々は夢を持ち、実現できる社会の到来を強く期待した。原自身、民意によって実現した内閣である以上、どのように民意を国政に反映させるかを考え、その実現に尻込みして無難に進む気はないと決意を示した。明治維新の目標がようやく実現に近づきつつあった。

世界からの期待

世界もこの民主的な政権の誕生を歓迎した。英『タイムズ』紙（一九一八年一〇月一日）は、この内閣が初めての単独政党と平民出身の首相による内閣であることを伝え、日本はゆっくりではあるが着実に民主主義と議会政治に向けて進んでいると歓迎した。

保守系として知られる英『サン』紙（一九一八年一〇月五日）も、政治家として、新聞記者として、外交官としてさまざまな経験を積んできた原の実力を評価し、民主主義の危険と美点を知る人物であり、国際政治の転換に貢献するだろうと記した。

米『ニューヨークタイムズ』紙（一九一八年一〇月二日）が関心を寄せたのは日米関係だった。同紙は藩閥政治家と政友会の対立の歴史を述べたうえで、政友会は元来、欧州大戦への参戦やシベリア出兵に反対しており、輿論の声を背景に政府の方針を転換すると予測し、日米関係が改善に向かうと期待を寄せた。

米国西海岸でも、日系人が欧州大戦後の日米関係の帰趨を案じていた。彼らにとって原内閣成立は朗報であった。サンフランシスコの日系紙『ザ・ジャパン・アメリカン・ニュース』紙（一九一八年九月三〇日）は、米国が欧州大戦に参戦した目的は官僚や軍閥を退けて平民政治を実現することにあり、軍人内閣が退いて平民政治が実現することは日米親善のために喜ばしいと歓迎した。

中国・上海の『民国日報』（一九一八年一〇月一日）は、軍閥である寺内内閣が輿論と合わずに辞職に追い込まれたことは、法治を重んじる民主的な政変だと評価した。

英米中いずれの報道からもわかるように、日本はこれまで世界から軍国主義的な国家とみなされていた。軍人による政権が続いたことはもちろん、国民に支持された大隈内閣が乱暴な要求を繰り広げ、直近の寺内内閣が中国の南北対立介入とシベリア出兵を進めたことで、各国の疑念は深まっていた。

世界は、民主的と映る原内閣の誕生が、日本の歴史的な転換点となることを望んだ。原内閣の誕生を祝うかのように、原への大命降下を伝える記事と並んでドイツ降伏の報がもたらされた（「原氏大命拝受」「独逸屈服」『東京日日新聞』一九一八年九月二八日）。二ヵ月後には四年の長きにわたった大戦も終わりを告げる。新しい時代への期待は国内外で高まっていた。

精気に溢れ、鋭い切れ味を見せてきた原も六二歳になっていた。伊藤が政友会総裁を退いたときと同じ年齢である。もはや若くはなく、あまり期待しても期待外れになると周囲に漏らすほど、その肩には大きなものが乗っていた。

2　統治構造改革——選挙制度、軍部抑制、パリ講和会議

物価と人心の安定が第一

原内閣は、初めて臨んだ第四一議会で「四大政綱」と称する重要課題を掲げた。教育の改

善、交通インフラの整備、国防の充実、産業貿易の振興として知られている。しかし、原が就任直後に行った演説でまず力説したのは物価の安定だった。

産業貿易の振興はすでに下地が整っていた。大戦景気により日本の名目GNPは一九一四年の四七・三億円から一八年には一一八・三億円とわずか四年で二・五倍に急成長していた。この空前の成長を牽引したのは欧州向けの輸出産業である。

輸出を主体とした急成長は国内の物価高を引き起こし、米騒動に代表される社会不安を生んだ。これに投機と買い占めが拍車をかけ、物価騰貴は物品全般に広がる。消費者物価指数は開戦時の一九一四（大正三）年に比べて一・六六倍まで上昇していた。寺内正毅内閣は暴利取締令によって買い占めを処罰することで流通の回復を図ったが、成果は上がらなかった。

原は寺内内閣のやり方は官僚的であり、時勢を理解していないとみていた。市場経済のもとでは、法による取締りにより供給量を増加させる方が有効であるとして、担当の山本達雄農商務相のもと、緊急勅令で輸入税を撤廃して外米導入を進めた。

経済を担う山本は消極主義論者であり、財政を担う積極主義論者の高橋是清との対立が懸念されていた。しかし、原は政権のスタンスを物流の促進による物価の安定と、積極政策による景気の拡大に定め、両者を統御する（「原内閣の経済閣僚」）。

外米の輸入には、国産米価の下落を危ぶむ政友会の農業系議員が反対する。原は成算があるとして彼らを追い返し、年末には外米一〇〇万石（約一五万トン）の輸入を閣議決定した。

物量はすでに足りており、流通量の増加で人心を安定させれば事態を切り抜けられると見ていた。

人々の安心を重視する姿勢は一貫していた。政府による買い入れを主張する山本に、商社による買い入れと流通が人心にはより効果的であると説き、民間に委ねさせた。それ以外にも日中軍事協約を活用して中国米を五〇万石買い入れ、陸軍の手で流通させた。この年が豊作だった幸運もあって、米価はほどなく落ち着きを見せた。

初の議会と積極政策の展開

一二月二七日、首相として初めてとなる第四一議会が開会する。組閣からわずか三ヵ月だったが、高橋蔵相を中心に予算の再編成が進められ、公共事業を軸とした積極政策をもって臨んだ。

欧州大戦はほぼ終結に近づいている。終戦となれば、これまでヨーロッパ向けの輸出で潤ってきた日本は厳しい戦後不況に襲われる。その前に民間に溢れる戦時経済の利益を公債で集め、これを財源として国内外の公共事業に積極的に投資し、景気を支えて経済を発展させる。これが原・政友会の戦後経営策であった。

政策はもちろんだが、初の本格的政党内閣としてのイメージ形成も重要である。これまで大臣は議会で「本大臣」と称することが通例だったが、これをやめ、「私は」と切り出した。

原は世評に頓着せず、どんな質問にも応答し議論を沸かせ、さすがは平民的と評判を呼んだ。

第一の政策課題は教育基盤の整備である。まず、寺内内閣が設置した臨時教育会議の答申を踏まえ、議会前に大学令と高等学校令を公布する。これにより私立と公立の大学設置が認可され、翌年二月に慶應義塾、早稲田、四月に明治、法政、中央、日本、國學院、同志社と私学が続々と専門学校から大学に昇格し、新潟、松本、山口、松山に高等学校が新設された。

原には私学贔屓《びいき》なところもあった。就任から二ヵ月後、慶應義塾の学生が政党内閣祝賀会を開催すると喜んで出席し、書生時代に聞いた福沢諭吉の演説を披露して見せた（「福沢翁を追憶して」『読売新聞』一九一八年一一月二六日）。平民であり着流しで過ごすのは福沢と自分くらいと語ったという。

議会ではさらなる高等教育機関の拡充を発表し、官立の高等学校一〇校、実業専門学校一七校、専門学校二校の増設などにより、年五万人に進学の道を開くとした。これまで定員の制約によって高等教育を受けたくとも進学できない者が多数いた。この政策は広く歓迎される。とりわけ工業系では大戦後の重化学工業化を見据えた設置が進められ、工業系専門学校の卒業生は年五〇〇〇人単位で増えていった（『近代日本の研究開発体制』）。

教育施設の拡大に際して、原は一案を図る。高橋蔵相を説得して予算措置を取ると同時に、大戦で利益を上げた財閥や富豪から寄付を募った。大戦景気で莫大な利益を上げた財閥は民衆から批判的に見られていることを自覚しており、この申し出を喜んで引き受ける。原は、以前にも足尾銅山鉱毒事件で批判を受けていた古河財閥に東北、北海道、九州の三帝国大学を創設する資金を出させていた。大正時代のCSR（企業の社会的責任）事業である。財閥に加えて、皇室からも下賜金を得るよう働きかけた。皇室も収入が多く浪費していると批判を受けていたためである。ロシア革命の影響による天皇制批判を抑える意味もある。教育への寄付は、そうした批判を恩恵に変える有効な手段であった。

交通インフラ整備の中心となるのは鉄道である。これまで、原内閣の鉄道政策は「我田引鉄」という言葉に代表されるように、政友会による地方利益誘導政策と評価されてきたが、近年の研究では、各地から多くの要望が寄せられていたものの、敷設路線の選定は比較的公正に、事務的に進められていたことが明らかにされている（伊藤『原敬』下）。

鉄道だけではない。港湾や道路を含めた体系的な交通網の整備が進められたことは特筆される。とくに道路の維持管理を初めて体系的に定めた道路法の制定は、トラックの普及とあいまって物流をスムーズにし、各地の発展に大きく寄与していく（『日本の道路政策』）。

このほかにも、耕地増加を目的とした開墾助成法、人口増加に応じた計画的発展を企図した都市計画法、歴史的由緒を残す史蹟名勝天然紀念物保存法、伝染病の研究と予防を進める結核予防法など、就任から三ヵ月で多方面にわたる政策を成立させた。

スペインインフルエンザの襲来

結核予防法が成立したこの議会は、別の伝染病に襲われるなかで進んだ。欧州大戦に端を発するインフルエンザの世界的流行、いわゆるスペイン風邪の第一波である。原は議会前の一〇月下旬、北里研究所の祝宴に招かれた際に罹患していた（『日本を襲ったスペイン・インフルエンザ』）。このときは二日で熱も引いて復帰したが、完治はしていなかった。

原は会期末まで全快しなかったが、無理を通して出席を続けた。政界でも寺内前首相や大隈重信、議会では徳川家達貴族院議長、閣内では内田康哉外相など罹患者は多かった。なかでも高齢の山県有朋は生死の狭間《はざま》をさまよい、原と宮中のあいだでは山県が死亡した際の措置が検討されるほどだった。

もっとも原は日頃からよく風邪を引いた。現存する日記だけでも自身の風邪についての記述は一一七回に及ぶ。身長一六八センチ、体重六五キロという当時では堂々とした体格だったこともあり、原の風邪は大正天皇からも幾度となく心配され、憲政会の加藤高明にも議会で突かれたことがあった（「加藤君の原攻撃」『読売新聞』一九一五年一一月三〇日）。酒は駐朝鮮公使時代に、タバコも首相就任後はやめていたというが、睡眠は毎日五時間ほどと短かった（「原首相語る」『東京朝日新聞』一九二一年八月六日）。

小選挙区制の導入——安定した大政党の創出

インフルエンザに悩まされながらも、原には早々に実現すべき大きな課題があった。衆議院議員選挙法の改正である。一八九〇年に同法が制定された際、人口増加や社会情勢の変化に対応できるよう、選挙区の区割りは一〇年ごとに見直されることが予定されていた（「日本の選挙区はどう作られたのか」）。初回となる一九〇〇年の改正では従来の小選挙区が、市部・郡部の大選挙区制へと変更された。

大選挙区制は、衆議院の設置以来、民党が求めてきたものであった。小選挙区制では議員が地域の利害に引きずられ、器の小さい人物が選ばれてしまうというのが理由だった。他方、時の第二次山県内閣にとってみれば、大選挙区制であれば小党が乱立するため政党を操縦しやすく好都合であった。

実際に大選挙区制が始まってみると政党は混乱した。選挙区が広く票が読み切れない。このため候補者を立てにくくなり、府県内で確実に支持を得られる地域の有力者ばかりが出馬する結果を招いた。これは国民の希望を汲み取って政策を立案できる人物を集めようという、原たちの目指す政党改良とは大きく異なる。

買収が激しく選挙費用がかさんだことも理想的な候補者を出馬しにくくさせていた。補欠選挙の際には、わずか一名を選ぶために府県内郡部全域で選挙戦を行う必要があり、その無駄も指摘されていた。

こうした問題を踏まえて、原は以前から小選挙区制への復帰を主張し、法案も提出していた。しかし、これには大選挙区でなければ議員を当選させられない小政党や支部の影響力を

衆議院本会議場の演壇に立つ原敬

ずにいた。

保持したい地方組織からの反発があり、実現でき

ほかの重要法案と予算案が衆議院を通過したあと、原は満を持して衆議院議員選挙法の改正案を提出する。政府案は原則小選挙区制とし、政治参加要求の拡大を背景に選挙権の納税要件を直接国税一〇円から三円まで大幅に引き下げるというものだった。憲政会と国民党もそれぞれの対案を提出し、論戦が始まった。両党の案はいずれも大選挙区制を維持しつつ、納税要件を直接国税二円とするものだった。

個々の議員にとって、最大の関心事は選挙区の区割りである。第三者委員による審議会が区割りを画定する今日と異なり、戦前は法案審議の過程で変更することができた。個別の区割りが議論の対象となっては、それぞれが自分に有利な区割りを主張してまとまらない。

このため、原は内務省案をもとに床次内相、横田千之助法制局長官らごく限られた担当者のみで区割りを調整し、政友会の事前審査でもこれに手を加えることを許さなかった(『原敬と立憲政友会』)。その方針は委員会審議でも貫徹されて成案に漕ぎつけ、小選挙区を好む無所属議員などの賛成も得て政府案が通過する。貴族院は大選挙区制のままでは社会主義者が当選することを危惧しており、政府案に賛成・成立した。

一九一九年三月二七日、原首相にとって初の議会となった第四一議会は幕を閉じた。数多くの重要政策が成立し、成功と言ってよいだろう。とりわけ高等教育政策や物価対策、増産政策などは国民の側を向いた政策として高い評価を得た(「現内閣の善政」『読売新聞』一九一九年三月九日)。原自身も、ことさら反対する者以外はこの成績を認めるだろうと党員を労った。

軍国イメージの払拭に向けた政策転換と広報外交

ヨーロッパでは欧州大戦が終結を迎えていた。優勢と見られたドイツが敗北を繰り返し、一九一八年一一月に休戦交渉が始まる。四年にわたって戦争状態に置かれていたヨーロッパの人々は平和の回復に歓喜した。

日本でも一一月二一日に日比谷公園で大祝賀会が開かれ、原の音頭で万歳が三唱された。だが原は冷ややかに見ていた。厳しい戦争を戦い抜いたことで力強さを増したヨーロッパの人々に対して、戦場から遠い日本では、多くの経済的利益を得たものの、国民の性質はほとんど成長していないと捉えていたからだ。

大戦景気は終わり、やがて戦後不況がやってくる。これまで足元の戦争に囚われていたヨーロッパの目が再びアジアに向いてくる。アメリカも戦争協力の必要がなくなれば、日本の中国進出への批判を容赦なく強めるだろう。いままで以上に日本の動きへの警戒が強まり、制約が生じる。国民は耐えられるだろうか。戦後経営の課題が原にのしかかってきた。

まず国内では一九一九年度の陸海軍予算から増額要求を削った。欧州大戦では総動員体制が確立され、航空機や戦車、潜水艦といった技術革新も飛躍的に進んだ（『第一次世界大戦と日本の総力戦政策』）。原・政友会もその整備を四大政綱に盛り込んでいたが、世界平和の基調が広がるなかではひとまず抑制が必要だった。

軍部予算を削ることは、政党内閣にとってきわめて困難なことである。この難しい転換を切り回したのは田中義一陸相だった。田中は軍令畑の出身であり、これまでも二個師団増設や中国への介入に熱心に取り組んできた人物である。原と対立してもおかしくない。

しかし、田中には時流を読む力があった。欧州大戦の経験から総力戦の必要を感じ取ると、国民感情を考慮して増額中止に舵を切る。原が田中の柔軟さを称賛すると、推薦者である山県も、彼はバランス感覚に富んでいるからと相好を崩した。

原と田中は共同歩調を取り、軍令に関する事項でも内閣が主体的に決定できるよう改革を進める。それはシベリア出兵への対応によく現れた。西シベリアへのさらなる展開を求めるイギリスの要望を断りながら、ウラジオストクに駐留する部隊は縮小して維持する方針を取った。シベリア鉄道の管理をめぐって、アメリカとの駆け引きが行われていたためである。これらの方針は参謀本部ではなく、内閣で決定し実施された。

この間、原は機会があるごとに海外メディアの取材を受け、自らの考えを世界に発信することに努めている。軍国主義国家のイメージを払拭するため、原は日本が国際平和への責任を果たす用意があること、中国やシベリアへの領土的野心を持っていないことを繰り返し説明した。現地にいる軍人や民間人が住人を見下して不信感を増幅させていることは原の耳にも入っており、現状とイメージの双方を改善する必要があった。

中国には表裏二面の対応が取られた。表では列国と共同して南北両勢力に和解を勧告することを提議し、国際的な信頼醸成に踏み出す（『対中借款の政治経済史』）。原が首相となった翌月、中華民国では徐世昌《じょせいしょう》が大総統に就任していた。徐も、南側の有力者であった唐紹儀《とうしょうぎ》も、原にとっては二〇年来の知己である。原のもとには南北双方の関係者が頻繁に訪れており、彼らにも直接に南北協調の必要性を説いた。

もっとも、長年対立してきた南北が容易に和解に辿り着くはずもない。裏面では、財政が悪化する中華民国政府への支援を続けた。これは英米と連絡を取って相互に牽制と了解を示しつつ、国内では陸軍が単独で北方を支援しないよう留意して進めた（『日本外交と対中国借款問題』)。こうした穏健で現実的な原内閣の姿勢に、中国側も安堵と信頼を示すようになる。

もうひとつ、日本の信用を損なっていた深刻な問題がアヘンの密売であった。インドから日本を経て上海に流れるアヘンの密貿易を日本が進めていたことが各国から強く非難されていた。軍や出先機関などさまざまな勢力がこの利権に絡んでいたが、原は取引禁止の閣議決定に踏み切り、のちに発足する国際連盟にもその決定を通知した（『満州国の阿片専売』)。

パリ講和会議と日本全権団――サイレントパートナーの矜持

一九一九年一月、欧州大戦の終結を受けてパリ講和会議が始まった。世界秩序の転換点ともいえるこの会議に際し、外交調査会は原自ら出席することを求めた。

世論にもそうした期待があった。アメリカのウッドロウ・ウィルソン大統領、フランスのジョルジュ・クレマンソー首相、イギリスのロイド・ジョージ首相と、連合国側はいずれも「平民宰相」である。ここに原が出て行けば、軍国的な日本のイメージは一変すると期待された。イギリスの外相は、かつて原が次官時代に比較されたジョージ・カーズンだった。

講和がもう一年遅ければ、原は受けたのではないだろうか。それだけ大きな転換点であることは原も承知していた。しかし、会議は半年は続くだろう。パリとの往復には二ヵ月はかかる。初の議会を擲《なげう》って向かうわけにはいかなかった。

原に代わってこの役を引き受けたのは意外にも西園寺公望であった。平民ではないが、日本の民主主義を牽引してきた実績があり、外交経験も豊富である。会議の主催者であるクレマンソーとは古くからの友人であり、深い意思疎通が期待できる。西園寺らしい諧謔《かいぎゃく》ぶりで「一遊を試み」てみようと原の依頼を引き受けた。

もちろん、西園寺はいわば看板であり、全権団の実質的な責任者はかつて外相を断った牧野伸顕である。パリ講和会議ではウィルソンが提示した秘密外交の廃止、平等な通商関係の樹立、植民地問題の公正な措置など、いわゆる一四ヵ条を軸とする新外交と、列国による伝統的な勢力圏外交に代表される旧外交の対立が予想された。

牧野は、外交調査会で新外交を支持し、対米協調を重視するなど原と最も意見が近かった。原は西園寺と牧野に加えて、駐英大使として戦時から交渉に当たってきた珍田捨巳らで組織した全権団に交渉を託す。与えられた訓令は、南洋諸島におけるドイツ権益の確保、直接の利害関係がない問題には極力関わらないこと、共通の利害関係がある問題は連合国と歩調を合わせるというのが大枠だった（『東アジア国際環境の変動と日本外交』）。

このため、日本全権団は積極的な主張をせず、「サイレントパートナー」と揶揄されたといわれる。元老、軍部、枢密院、外交調査会、内閣という多元的な構造に加え、本国から離れた地理的な問題を考えるとやむを得ない点もあった。

このため、原は出発時に渡した訓令の範囲内であれば請訓は不要として全権団に一定のフリーハンドを与え、自らの任命責任を盾に牧野の交渉を守った。同時に、外交調査会では完全な利権獲得にこだわる伊東巳代治らの無責任な主張を退け、これまで外交調査会の議論を踏まえて閣議決定を行ってきた順序を逆にして、内閣による決定を押し通した。

新外交への転換を主張するアメリカと協調を保ちながら、中国での利権を確保することは容易ではない。そこに従来からの勢力圏外交を維持したいイギリスやフランスの思惑が加わる。牧野は講和条約脱退に言及してウィルソンを揺さぶることで権益を守る代わりに、勢力圏外交を解体して新外交に応じた（『強いアメリカと弱いアメリカの狭間で』）。国際政治の転換に主体的に関与したのである。

この困難な交渉をよく支えたのは、有能な本省スタッフであった。次官に幣原喜重郎、政務局長に埴原正直《はにはらまさなお》、通商局長に田中都吉《たなかときち》とアメリカ通を揃え、アジア問題を担当する政務局第一課長の小村欣一が牧野の主張を構成する意見書を作成した。いずれも原が創設した外交官試験制度で採用され成長した人材である。次官・局長は四〇代半ば、課長は三〇代半ばの若手であった。かつて蒔《ま》いた種は確実に育っていた。

彼らの努力によって、日本はドイツ領南洋諸島の委任統治権を獲得し、山東半島の権益も確保された。それは国内から一定の評価を得たものの、原がこだわった日中親善には大きな傷を残した。当然、米国の対日不信も拡大する。米国では日米開戦論が囁かれるようになる。

人種差別撤廃条項の提案と新外交

欧州大戦の教訓を踏まえ、新外交の場として国際連盟が新設される。日本政府は国際連盟の規約に人種差別の撤廃を盛り込むという当時としては大胆な提案を行った。

国際連盟が誕生すれば日本は米、英、仏、伊と並んで、欧米以外では唯一の五大国となる。そこでは大国主義に反発する中小国の発言力が大きくなると外務省は見た（帯谷『国際連盟』）。この提案は、日本が新外交の時代を生き抜くうえで大きな意味を持つ。

植民地を多く抱える欧州諸国はこの提案に強く反発する。国内に人種差別を抱えるアメリカも同様だった。当面は英米協調が大方針と捉える原に、人種差別撤廃条項を押し続けて両国との対立を惹起する考えはなく、政府の方針もそれでまとまった。

それでも全権団はこの条項の意義を強調し、会議最終日に再提議して賛成多数に持ち込んだ。しかし、追加には全会一致を要するというウィルソン議長の主張によって、提案は半ば強引に葬られる（篠原『国際連盟』）。その後、原がこの問題を取り上げることはなかった。

しかし、この提案を通じて、日本外交は原内閣のもとで大きく転換したことが欧米にも理解された（「イギリスから見た原敬内閣期の日本外交」）。

講和会議から帰国した外交官たちは、新外交の時代に合わせた外務省の機構改革を要求する（『外務省革新派』）。原はすでに組織的な対外広報を担う情報部を新設していた。これに加え、従来の政務・通商局による二局体制を、亜細亜局、欧米局、条約局、通商局という四局体制に拡充して、新外交の時代に向けた整備を行った。国際連盟の事務局には原と同郷の新渡戸稲造が次長として入り、国際協調に貢献することになる。

外地政策の転換――内地延長主義の導入

人種差別撤廃条項の取り下げには、英米協調だけでなく、日本国内に同様の差別があったことも影響していた。その象徴的なものは外地統治である。

一九一〇年の韓国併合以後、朝鮮では武官総督による統治が行われていたが、民族運動の弾圧など、日本の軍国主義を象徴する強圧的な支配への批判があった。パリ講和会議のさなか、日本の統治に反対する三・一独立運動が起こったことで、国際的な注目が集まる。

原には、第一次西園寺内閣の際、南樺太の統治にあたる樺太庁長官を武官から文官に転換した実績があった（『日本の近代とは何であったか』）。これを成功体験として、原は文官総督と民政への移行によって外地に政治的安定を生み出すことを目指した。

まず、租借地の関東州で改革が始まる。日露戦争後、ポーツマス講和条約で獲得した遼東半島の先端に位置する同地には関東都督府が置かれ、都督には現役の陸軍中・大将が任命されていた。寺内内閣では同地の開発を担う南満洲鉄道の総裁を都督の兼任として軍事、行政、開発の統一を図ろうとしたが、武官ではうまく機能しなかった。ここなら改革しやすい。

原は寺内、山県の内諾を取り付けて関東都督府を関東庁と改め、一九一九年二月に民政への移行を決定した。初代長官には対中関係を重視して前駐中公使の林権助《はやしごんすけ》が、事務総長には政友会系内務官僚の杉山四五郎が充てられた。

朝鮮で文官総督による民政移行を強く主張していたのは、山県の嗣子・伊三郎であった。韓国副統監を経て朝鮮総督府の文官トップである政務総監を一〇年近く務めていた伊三郎は、自らの昇任の希望を持って各方面に運動していた。原とは第一次西園寺内閣以来の知己である。折よく長谷川好道《はせがわよしみち》総督が辞意を漏らしていたことから、原は田中陸相に検討を指示し、伊三郎を昇任させることで山県の了解も得た。

そのタイミングで三・一独立運動が起こる。直接にはパリ講和会議で沸きあがった民族自決の動きに触発されたものだったが、従前から朝鮮半島では軍政に反対する動きが広がっていた。韓国併合前は朝鮮政治の積弊が克服されることへの期待があったが、併合後は差別的待遇が続き、人々は不満を募らせていた。朝鮮貴族からは早急に参政権を施行するべきという意見も寄せられていた。陸軍からは時期尚早論が噴出し、改革の行方は危ぶまれていた。

原は、民主化の時流が朝鮮半島にも及んでいること、それに対応するには統治方針を変え、内地と同様の状態に近づけていくことが必要であると繰り返し説いた。ヨーロッパ型の植民地政策とは一線を画する内地延長主義の導入である。

独立運動が起こったという現実は、改正を強く後押しした。この結果、五ヵ月後の八月には官制改革が実現し、外地総督の任用資格から武官であることが削除された。しかし、原は山県に伊三郎の昇任を打診したが拒絶される。三・一独立運動が起きた直後であり、すぐに文官を任用することは叶わなかった。

次善の策は、開明的な軍人として知られ、西園寺内閣を長く支えてきた斎藤実海軍大将の起用だった。斎藤はシーメンス事件によって海相を辞職して予備役となっており、現役以外からの登用ともなる。行政経験が乏しいと躊躇する斎藤に対し、原は能吏として高く評価する水野錬太郎前内相を政務総監として補佐させることを約束して、引き受けさせた。

水野は国内での再起を目指しており、この人事には不満だった。原は武断統治の一掃を行えるのは水野しかいないと説得する。水野は承諾し、原の内地延長主義を踏まえて、朝鮮人官僚の登用など文治政治への転換を進めていく（『植民地官僚の政治史』）。

台湾では、一九一九年一〇月、三ヵ月前に総督に就任したばかりの明石《あかし》元《もと》二郎《じろう》陸軍大将が急逝し、後任を文官とする機運が生まれていた。大陸経営に力点を置く陸軍は、朝鮮ほど強く主張をしない。原は寺内内閣で逓相を務めた田健治郎を台湾総督に任命した。

田は原が逓相であったときの総務長官であり、航路や通信に通じている。海上交通の要衝にある台湾総督としては適任だった。田には政友会に所属しながら桂に切り崩され、党を追放された経歴があり、その後は山県系に属して議会工作を担っていた。一方で寺内内閣期を通じて原との往来も復活し、兄・恭の葬儀に弔電を打つほど関係は修復されていた。原にとっては田を厚遇しつつ国内政治から離脱させる、政治的にも意味のある人事だった。

こうして関東州、朝鮮、台湾と、外地の統治は軍政から民政へと改革され、国内外からデモクラシーの勝利として歓迎された。この後、朝鮮、台湾では地方制度が整備され、順次開発が始まっていく。

一九二一年には、外地総督と司令官、外交官を集め、内閣のもとで中国政策の統一的運用が図られていく。第一次東方会議である。

こうした内閣の動きは陸軍、とりわけ参謀本部の領分に踏み込むものだった。しかし、参謀本部は柔軟に対応した。大正デモクラシーの潮流を見て、軍令に手を出されない限りは譲歩するのが賢明というのがこの時点での彼らの考えだった（『寺内正毅関係文書』二）。軍政と軍令が未分割だった関東州と台湾で、軍司令官が総督から分離独立したのはその意向をよく示している。外地改革はまだ緒に就いたところだった。

ねじれ議会の解消——両院縦断政策

原内閣の誕生、世界的な秩序転換に刺激され、国内政治にも変化が現れてきた。なかでも顕著に変わったのは貴族院である。貴族院は第四次伊藤内閣以来、山県系と目される藩閥官僚出身の勅選議員が跋扈し、政党内閣を牽制する役割を果たしてきた。一九〇六年に原が郡制廃止を争点としてその後進性を世に訴えたが、その後も貴族院は政党に敵対し、衆議院と貴族院でねじれ議会の状態が頻発していた。

それから一〇年、変化は貴族院のなかから現れた。山県らは勅選議員を大量に送り込むだけでなく、既存の華族議員を買収することで貴族院を政党政治への防壁としていた。しかし、そうした動きは、皇室の藩屏を自負する侯爵、伯爵、子爵ら公家・大名華族のプライドを著しく傷つけていた。原内閣の登場は彼らを勢いづける（『貴族院議員水野直とその時代』）。

彼らは子爵議員を中心とする最大会派・研究会を拠点に、山県系議員との対決に臨む。かつて第一次西園寺内閣と組んだ同会の領袖はいずれも江戸時代生まれであったが、この改革を主導した水野直《みずのなおし》、青木信光、酒井忠亮《さかいただあき》、小笠原長幹《おがさわらながよし》らはいずれも明治生まれで若く、東京帝国大学などで学識を積んだ新進だった。

この動きには徳川頼倫《よりみち》（紀州家）や徳川達孝《さとたか》（田安家）が積極的に関わっていた。二人は貴族院議長徳川家達の実弟であり、家達は従来から政友会との懇親に努めていた。研究会の若手幹部たちが青木を除いて譜代藩主家の出身であることも偶然ではないだろう。彼ら徳川系にとって、藩閥専制を乗り越え、議会政治によって公議輿論を実現することには、政治的な理由はもちろん、歴史的な意義がある。

原はこうした貴族院側の動きを歓迎し、水野を宮内省御用掛、青木を日本銀行監事、酒井を横浜正金銀行監査役として彼らの活動を支援した（『原敬と立憲政友会』）。

彼ら研究会に政友会系会派である交友倶楽部を合わせれば、貴族院で過半数を押さえられる。そうなれば衆議院と貴族院のあいだにあったねじれ議会の問題は解消され、国政運営は円滑となる。政友会の鬼門はこうして克服された。

この提携は「両院縦断」と称されたが、世論が必ずしも歓迎しなかったことには留意したい。議会の開設以来三〇年にわたる歴史のなかで貴族院と衆議院は相互にチェック機能を果たすものと捉えてきた国民は、両院縦断によって権力の乱用が起こることをおそれ、政府の権力が肥大化するのではないかと危惧した。

過熱した好景気と社会不安

国際政治、外地政策、貴族院対策と、政策は順調に進んでいるように見えた。しかし、原内閣が力を入れたはずの物価対策がうまくいかなかった。一度は落ち着いていた物価は再び上昇に転じ、消費者物価指数は一九一四年比で二・二倍まで上昇した。ここまで激しい物価変動は誰も経験したことがない。

なぜ物価は再び上昇に転じたのか。おそれていた戦後不況はわずか三ヵ月で終息し、一度は下落した物価は五月には再び上昇に転じた。背景には公債主導の積極政策のために金利を抑制したことと、アメリカの金解禁断行による通貨発行高の膨張があった。

日本銀行では一九一九年三月に横浜正金銀行の頭取であった井上準之助《いのうえじゅんのすけ》が総裁に起用された。国際金融に通じた井上は利上げの必要性を理解していたが、公債を重視して金利を抑制したい高橋蔵相に抑え込まれていた。

市場に溢れた資金は、戦争景気の成功体験と結びついて事業熱と投機熱を呼ぶ。世論もこれを煽り、会社や銀行の新設は一九一四年の一三二社に対して一九年には一七〇九社、二〇年には三五七七社と飛躍し、空前の起業ラッシュとなった。日本経済は熱狂的な好景気に沸いていた（『金融政策とバブル』）。

もちろん賃金は上昇している。日雇い労働者の場合、一九一四年と比べておよそ三倍、物価変動を考慮した実質賃金指数でみても一・二八倍と伸びている。他方で好況を背景に社会政策はなおざりにされていた。七月末には新聞製版工のストライキが多発していたが、従前と同様に穏健な調停策を取るにとどまっている（川田『原敬』）。原は財界に厚く、大衆に冷たいという批判が浴びせられる。

いまだ衆議院では過半数を制しておらず、政権運営は政友会の思い通りにはいかない。しかし、世間はそう見なかった。機智に富んだ有能な首相が両院縦断を果たし、陸海軍を統制しうる強大な権力を摑《つか》んだと捉えていた。

保守論者は原が進歩的な改革を推し進め国体を傷つけようとしていると批判し、改革論者は、既得権益に切り込まない不徹底な政権とその怠慢をなじる。憲政会などの野党は、原・政友会は党勢拡張にばかり熱心で、民権には弾圧的だと攻撃する。挟み撃ちである。

一九一九年九月から一〇月にかけて行われた府県会議員選挙で政友会が勝利を収めたころから、原の周りに不穏な動きが現れ始める。一〇月には自宅からほど近い政友会本部が放火によって全焼し、外相官邸で開かれた夜会では爆発騒ぎがあった。前者は資本主義と学歴主義という二つの競争原理のなかで煩悶した青年が起こした示威行動だった（「一九一九年立憲政友会本部放火事件」）。

原の身を狙う者があるという噂も出始める。山県が案じ、三党党首会談以来、原の後見人を自任する三浦梧楼が秘蔵の身代わり仏の御守を贈るほど、噂は広まっていた。原は、伊藤博文も念持仏を肌身離さずにいたが暗殺されたと笑って意に介さず、これまでと変わらずあらゆる来客と会い続けた。

原が自身の安危《あんき》よりも案じたのは大正天皇の容態だった。天皇の体調には波があり、臨御が叶うこともまだ多かったが、文書を読むことは難しくなっていた。幼少期に罹った脳膜炎の影響だという。それでも開院式の勅語を無事に読み上げられるよう練習を重ねたが、最後まで不安はぬぐえなかった。一二月二六日、勅語は二年続けて原が代読することとなった。

国防改革と増税予算

明けて一九二〇年一月二二日、第四二議会の論戦が始まった。予算の中核は先年に国際事情と世論への配慮から取り下げていた国防の改良費である。それは新規計画分だけで陸軍が一四年計画で四億八〇〇〇万円、海軍が八年計画の八億六〇〇〇万円という、国家予算の一割を長期にわたって占める膨大なものだった。

それに見合う財源が要る。これまでの政党内閣は間接税の増税、事業の繰り延べなどで一時しのぎをすることが多かった。しかし、原・政友会は所得税（現在の法人税も含む）と酒税の増税、所得税の総合課税制度の導入を提示した。必要な政策のためには国民に増税を求めるという、従来の政党内閣は取れなかった態度である。これだけをもって初の「本格的」政党内閣と称することもできるだろう。

欧州大戦は終結し、国民からすれば国防を充実させる必要はわかりにくい。直前にはアメリカがシベリアからの撤兵を通告してきたのに対して、日本は駐留を続けていた。兵站《へいたん》があまりに長くなり容易に撤兵できなかったためである。原は大規模撤兵と小規模増派を組み合わせる策を用いるが、それは出兵を長期化させた（『シベリア出兵』）。世論は内閣が軍部に引きずられていると懸念を示した。

他方、大戦を目の当たりにした欧州からの帰国者たちは、口を揃えて軍備の刷新と国民動員の方法を検討するよう進言してきた。欧州大戦で初めて戦場に現れた戦車と航空機が大きな脅威となっていた。硫黄島に空港を建設されれば東京が空襲にさらされると聞かされた原は、官民共同で航空部隊を整備することを発案し、陸軍、海軍から独立した空軍の創設まで視野に入れていた。

全体としてもバランスを欠いた予算ではない。民間には鉄道の建設改良費として八億円、電信電話の整備に二億九〇〇〇万円、道路改良に三〇年計画で二億八〇〇〇万円が充てられた。ただ、世論が求める労働政策、社会政策はない。インフラ中心の開発主義であり、個人には目が向いていないという批判は的を射ていた。

解散総選挙という選択

この予算への反応は芳しくなく、与党からも修正を要望する声が強く寄せられた。政府与党の動揺を見て、野党は大きな一手を打つ。男子普通選挙法案の提出である。

納税条件を撤廃する男子普通選挙法案は一九〇二年に初めて衆議院に上程されて以来幾度となく帝国議会に提出され、政友会の有志が出したこともあった。もっとも、それは成立しないことを前提としたポーズであり、長い道のりを覚悟したひたむきな歩みだった。

今回は違う。野党の憲政会、国民党、新政会がこぞって提出したのである。三党合わせれば衆議院で一七二名となり、政友会の一六五名を超える。議会の争点とならざるを得ない。憲政会は中選挙区制の導入を、国民党は選挙権年齢を二〇歳に引き下げることを合わせて提案した。

すでに昨年の改正で納税要件は一〇円から三円と大幅に緩和されている。憲政会、国民党ともに昨年の審議では二円の要件を主張していた。改正してから一度も選挙をせずに再改正とあっては立法権の濫用ともなる。原は解散して世論に問うことを決めた。

政友会と中立議員を合わせれば否決することもできた。原はなぜ解散を選んだのだろうか。

原自身は普通選挙を否定する者ではなかった。野党の提案は男子普通選挙であったが、原は婦人参政権を求める運動家とも会い、その活動の意義を認めて資金援助も行っている。

原が危ぶんだのは時流との関係である。欧州大戦後に広まった民族自決運動は、ロシア革命と呼応して階級の打破と格差の是正を掲げた。男子普通選挙法案の上程は、この流れに乗ろうとするものであった。学界でも森《もり》戸《と》辰《たつ》男《お》がピョートル・クロポトキンの無政府主義を紹介するなど変化が生まれていた。この段階での普選実行は国家の基礎を危うくするおそれがあった（『普通選挙制度成立史の研究』）。

他方、これを否決すれば政府は民主主義を抑圧していると批判され、普通選挙を求める運動は過熱する。そうなれば政権運営は覚束ない。前回の総選挙は一九一七年四月であるから、翌二一年四月には任期満了を迎える。普通選挙を材料に追い込まれての選挙戦では苦戦は必至となる。そこで負ければ国内の階級闘争はかつてなく激しさを増すだろう。それは天皇制のみならず、あらゆる秩序を揺るがす大変動を引き起こしかねない。

いま解散すれば勝てることは、前年の府県会議員選挙の結果からほぼ間違いない。そうすれば次の選挙まで四年の猶予が得られる。四年のうちに社会政策を進め、物価を安定させれば、いまより落ち着いた状況のもとで普通選挙の是非を論じられるだろう。選挙で不利となる増税案は緩和の方向で修正、可決した。ぬかりはない。

紀元節にあたる一九二〇年二月一一日、普通選挙の実現を主張する団体百余りが上野公園と芝公園に集まり示威行進を行った。原は自宅に押し寄せた代表団と面会し、運動はそれほどの熱を帯びていないと見た。

法案審議が行われた二月一四日、今度は帝国議会が群衆に囲まれた。憲政擁護運動やシーメンス事件のような状況を再現しようという野党の意図は明らかである。原は当時のような熱狂はないとしながら、加藤海相と田中陸相に解散への了解を求めた。解散されれば国防予算は再び延期となるためである。彼らは騒擾が広がっては責任上済まないと解散を了承した。

二月二三日、原は自ら壇上に立ち、野党の普通選挙案を徹底的に論駁する。新聞はその論理整然さを称賛したが、あまりに巧妙な討論は時に反感を生み、議論で勝利しても民衆は心服しないだろうとも警告した。

その三日後、野党案に対する賛成、反対の演説が一名ずつ行われたところで原は衆議院の解散に踏み切る。解散に当たって、原は普通選挙法案の是非が焦点であることを明示して国民の公正な判断に訴えると声明した。解散の理由が具体的に示されたのはこれが憲政史上初めてのことだった。この直前、一月三〇日には現在の国会議事堂の地鎮祭が行われていた。

普通選挙の是非を制限選挙に諮る不可思議さ

解散は、閣僚と政友会幹部以外には知らされていなかった。抜き打ち解散である。野党は狼狽する。昨年の選挙法改正でこれまでの市部・郡部大選挙区制は廃止され、小選挙区制へと移行したばかりである。野党共闘はおろか、自党の候補者調整さえ整っていない。衆議院議員選挙法の規程では選挙日は三〇日以上前に公示となっていたから、最短であれば三月末に選挙を行うことができる。

しかし、いざ手続きに入ると、新選挙法の施行に必要となる選挙人名簿の作成を命じる勅令が発布されていないことがわかった。これでは選挙は実施できない。原らしからぬ失態である。枢密院は大急ぎでこの勅令を公布し、総選挙は五月一〇日に実施となった。

争点は男子普通選挙の是非である。政友会は与党としての優位のもと、争点に反対の立場を取る選挙である。原は幹部会を官邸ではなく芝の三縁亭で行うなど、公務と政務の切り分けにも注意した。大隈内閣が始めた各大臣の応援演説も、政務軽視と批判されることに留意して、天皇に許可を得たうえでごく短く済ませた。

小選挙区制に移行した理由のひとつには人物の精選があった。地元の利益ばかりを重視する候補ではなく、能力のある政治家を選んでいきたい。区割りの改正はその大きな契機となる。一九一五年三月の第一二回総選挙と同様に、原は官僚出身者や地方実業家の出馬を支援した。その数は官僚出身者だけで五七名に及ぶ。なかには小橋一太《こばしいちた》内務次官ら一三名もの現職官僚があり、これには賛否両論があった。

選挙期間中、新聞各紙は一斉に原内閣を攻撃する。男子普通選挙を時期尚早とする原に対して、外国の新聞から批判的な記事を引いて、内閣の不明が論じられた（「英紙原首相攻撃」

『東京朝日新聞』一九二〇年三月一七日)。「平民宰相」でありながら、地主や資本家、枢密院、貴族院、軍部に拘泥《こうでい》しているのは羊頭狗肉《ようとうくにく》であるとの批判も激しかった。

なかでも民本主義の提唱者である吉野作造の批判は厳しく、彼は選挙権拡大の是非を現在の制限された有権者に問う不自然さを突いた(「総選挙に際して(二)」『東京朝日新聞』一九二〇年五月五日)。これでは与党が議席を増やすことは疑いもないと、この選挙の意義そのものに疑問を呈するものだった。

3 巨大与党への期待と不満――「西にレーニン、東に原」の批判

大勝利は政権運営を難しくする

一九二〇(大正九)年五月一〇日の総選挙の結果、全四六四議席に対して政友会が二七八名と絶対安定多数を確保した。第二党の憲政会は一〇九名で差は開いた。選挙法改正によって議席は八三増えたが、それを上回る数を政友会が獲得し、憲政会と国民党は議席を減らした。大勝利といってよいだろう。男子普通選挙否決も、国防強化も、増税策も肯定されたことになる。

しかし、これは必ずしも政友会への支持を意味していなかったようだ。普通選挙運動は都市部でこそ熱を帯びていたが、地方ではほとんど関心を持たれていなかった。ある大学講師

は、政友会が秀でているわけでも、原が国民の信頼を得ているわけでもなく、憲政会や国民党が無力なために政友会が選ばれたと分析する（『有馬頼寧日記』二）。

一党優位では健全な政党政治は立ち行かない。原はこれまでも加藤高明に対して第二党の存在意義を説き、第三党の国民党の存在意義も認めていた。総選挙で反対派幹部への選挙干渉を求める党員に対して、彼らは憲政を向上させるために必要な人物だとしてこれを退けた。選挙期間中も反対勢力を侮蔑しないことを党員に厳命していた。そうした行為は、長期的には政党政治そのものを貶《おとし》めるからだ。

だが、これだけの大勝利は党員を増長させる。一方、国民が政府与党を見る目は厳しくなる。ある新聞は、この大政党に支えられた原は日本最有力の政治家となったのであるから、権謀術数に専念する政治屋《ポリティシャン》ではなく、高遠の理想に立って国家の大計を画する政治家《ステイツマン》たれと注文を付けた（「更に抱負を遠大にせよ　成功の人原氏」『読売新聞』一九二〇年五月二〇日）。政権運営は、この大勝利を機にむしろ困難さを増していく。

政官関係の強化

一九二〇年五月の総選挙での勝利を受けて、原内閣は二人の新しい閣僚を迎えた。首相が兼任していた法相に貴族院研究会から大木遠吉《おおきえんきち》を入れ、同会との提携を明らかにした。鉄道院から昇格した鉄道省には、組閣時に選から漏れた党総務の元田肇を起用した。

これは純粋な増員であり、更迭による改造ではない。原は四度にわたる閣僚としての経験から、内閣の統一を保って政策の一貫性を実現するには多少の問題で閣僚を入れ替えてはならないと考えていた。その考えは政党内閣を組閣して、より強固なものとなっていた。

国勢調査を担うべく新設された国勢院総裁には、かつて幹事長に起用した小川平吉を党総務から充てた。徹底した政党人事である。ただしそれは、隈板内閣で吹き荒れたような猟官運動の結果ではなく、原の統制のもとで整然と行われた。党運営に貢献して実力を積めば、それに見合ったポストに就くことができる。このルートを確立することが、政治家を鼓舞し、政党政治を定着させるために必要だった。

政党出身の大臣が責任を取り、官僚が着実に行政を進める。そのためには官僚との良好な関係が欠かせない。そのカギとなるのが次官の資格制限撤廃である。これは山本権兵衛内閣時に実現したはずであったが、続く大隈重信内閣が山県系と妥協し、政党人向けのポストとして参政官、副参政官を新設するかわりに、次官を資格任用に戻していた。

原は再び文官任用令の改正に挑む。もちろん、次官にとどまらず、局長の資格制限撤廃までを確保することを目指した。

審議の場は前回と同じく枢密院であり、再改正は難航する。もっとも、この改正は藩閥対政党の構図を想起させ、世論の政府支持を集める好材料となる。原内閣は一年にわたって粘り強く審議を続けて再改正に漕ぎつけた。しかし、次官は資格制限の対象外となったが、局長は資格任用のままとなり、多様な専門性を持つ人材を政策立案に関わらせたい原の希望はまたも叶わなかった。

多様な専門性を行政に取り込むことはできなかったが、政党政治の実現を考えるうえで意味のある改正も実現した。各省参事官の資格制限緩和である。参事官は政策の企画立案を担当する省庁の頭脳であり、各省の政策決定は実質的に参事官会議が担っていた。これを資格制限の対象外とすることで政党人を入れ、省内の政策決定ラインに関与させる考えである。枢密院の反対は強かったが、勅任の一名に限って資格制限の対象外とした。

大隈内閣が設置した参政官、副参政官は大臣を補佐するスタッフであり、政策決定のラインには入っていない。二〇〇一年に廃止された政務次官と同じモデルである。原の構想は現在の副大臣・政務官制とも異なる、より積極的な行政への介入、一体化の構想だった。

このポストは第一次山本内閣でも置かれたが、そのときはごく消極的に、二名しか任命しなかった。しかし、政党人が勅任参事官となって行政への理解を深めれば、大臣候補となるルートも確立できる。それだけに原は今度は人選にこだわった。秘書官を昇任させようとする各大臣を戒《いまし》め、将来のある人材を充てるよう強く指示した。

その結果、内務に松田源治《まつだげんじ》（のち拓務相）、大蔵に三土忠造《みつちちゅうぞう》（のち蔵相）、農商務に望月圭介《もちづきけいすけ》（のち内相）といった有為の人材が配された。なかでも党幹事長であった望月が勅任参事官となったことは、このポストを大臣への重要なルートと位置づけるものとなった。

陸軍省、海軍省には政党から大臣を出せない以上、関与を限定した方がよい。原はこれを貴族院研究会に割り当て、同会の推薦により陸軍省には小笠原長幹、海軍省には大河内正敏《おおこうちまさとし》を任命した。候補に挙がった者を含めて、いずれも研究会で原・政友会との提携を進めていた旧親藩・譜代藩主家の出身であった。

西にレーニン、東に原敬

行き過ぎた投機は総選挙のあいだにさらに膨らみ、金融市場は逼迫していた。そして、一九二〇年三月一五日から株式暴落が始まる。しかし、これが熱狂的な好景気の崩壊であると理解されるまでにはさらに一月を要した。過熱した短い好景気のあとの戦後恐慌が始まっていた(『金融政策とバブル』)。

原が気づかなかったことを責めるのはたやすい。しかし、このときは日本中が戦後不況の不安から解き放たれ、成長面だけを見ていた。かつて、原は蔵相を経験しなかったことは失敗だったと述べたことがある。西園寺内閣で断ったことを回想したのだろう。たしかに、財政の責任を負う経験がなかったことが、この見過ごしを招いたのかもしれない。

投票日まで一ヵ月を切った重要な時期での株価暴落である。政府は早急に財界の救済にあたる。基幹産業である紡績業を中心に資金繰りを進める支援策を打ち出し、破綻のおそれのある銀行には積極的に融資を行って支えた。

総選挙後の一九二〇年七月一日、第四三議会が召集される。解散により先送りとなった国防予算を始めとする重要案件が並ぶが、戦後恐慌の襲来によって人々の不安は広がっていた。召集日には衆議院の正門で爆発事件が起こり、議会の先行きを暗示するかのように、爆風は議事堂玄関のガラスを粉砕した。

審議では野党の激しい攻勢が予想される。政友会は絶対安定多数を背景に議長と副議長をともに自派で押さえた。これまで按分比例としていた常任委員長のポストも、慣例を破ってすべて政友会員で占める臨戦態勢が取られた。

憲政会から質問に立った大蔵省出身の浜口雄幸は、この二年間に及ぶ政府の財政金融政策は放任に過ぎ、失敗に帰したと徹底的に糾弾した。世論や野党の意見を聞かずに通貨膨張を野放しにし、金融引き締めも行わなかった。この経済の動揺を予見できなかったというのであれば、政権の座にあるべきではないとの痛烈な批判である。議場は騒然となった。

沸きあがった議会に、憲政会の永井柳太郎による「西にレーニン、東に原敬」演説が油を注ぐ。レーニンは労働階級による、原は資本家階級による専制を主張し、いずれも民本主義の精神を失しているとする、原への弾劾である。憲政会、国民党は勢いに乗って内閣不信任案、普通選挙法案を立て続けに出すが、政友会は多数を背景にいずれも即座に否決した。

攻撃は続く。高橋是清蔵相ら三閣僚の株式売買をめぐる瀆職《とくしょく》疑惑が議会で取り上げられる。政友会の頑なな放任主義は、彼らの私欲を満たすためだったという糾弾である。政府は証拠を付した答弁書で即座に疑惑を打ち消し、根拠不十分な疑惑を取り上げた島田三郎《しまださぶろう》は懲罰委員会によって処分されたが、特権階級にあり甘い汁を吸う政府というイメージは浸透した。

原内閣の政策が富裕層に厚いことは事実だった。成功と評価される教育政策でも、義務教育より高等教育が優先された。義務教育は市町村の管轄であるが、教育費の負担が過重になり、国庫補助が求められていた。原は抜本的な改革の必要を見出し、教育改革によって全体の費用を合理化する準備を重ねていたが、それはまだ国民の知るところではなかった。原は教育費の国庫補助に否定的であるという言説だけが広まった。批判はやまない。

一方、攻勢をかける野党にも問題があった。官吏の待遇改善に合わせて議員の歳費増額が提案されると、年二〇〇〇円から三〇〇〇円という大幅増額にもかかわらず字句修正だけで成立させた。戦後不況で国民が苦しむなか、自分たちの大幅増俸はすんなりと可決する。世論が野党を信用するわけもなかった。政府・与野党の激しい攻防はあったものの、七月二八日、予算は成立し、議会は閉会した。

引き際はいつか

原の四大政綱はいずれも相応の成績を上げていた。産業政策こそ過熱した景気の崩壊で先行きに不安が生じていたが、教育政策と交通政策は相当の進捗《しんちょく》があり、なにより大正初期からの懸案であった国防予算が成立した。デモクラシーの潮流が広がるなか、国防予算の確保は超然内閣であれば激しい批判にさらされる、政党内閣でなければできない課題であった。シベリア出兵も、七月三日にシベリア中部のザバイカル州からの撤兵宣言がなされ、出口が見えてきた。この決着を見て、原は退くのではないかという観測が囁かれる。政界からも、原が持ち前の明晰さを発揮すれば退き、強情さが出れば続投して悲劇に遭うだろうと言われた（「大観小観」『読売新聞』一九二〇年九月七日）。

原もここが引き際と考えていた。原以前の首相の平均在任期間は一年半である。原内閣はすでにそれを超えていた。年末からの議会ではさらなる攻勢にさらされるだろう。政友会も中央では原の統制が効いていたが、地方では汚職の噂も絶えなかった。不安は尽きない。

そうしたとき、三月に起きたロシア人パルチザンによる邦人襲撃、いわゆる尼港《にこう》事件を防げなかった責任を取るとして田中義一陸相が辞意を伝えてきた。議会閉会後の八月五日のことである。原はこれを好機と捉え、総辞職することを考えた。

ところが、田中の辞表は軍令（参謀本部）による軍政（陸軍省）への圧迫を断ち切るために、山県有朋を揺さぶることを目的としていると田中から明かされる。軍令を押さえ、内閣で決定ができなければ、日本外交、とりわけ対中政策は安定しえない。原は田中の策に乗り、山県から軍政支持の言質を引き出すことに成功した。軍部をも含めた責任内閣制への移行が漸進した（『政党内閣の崩壊と満洲事変』）。

山県にとって、すでに原はかけがえのない存在となっていた。いま辞められても、適切な後任はいない。原も憲政会の加藤高明に政権が渡れば、行き掛り上、普通選挙を断行するだろうと山県に説いていた。原はこの段階では山県系官僚の清浦奎吾に政権を譲り、研究会と政友会で支えることが妥当と考えていた。だが、清浦を枢密院議長の後任に考える山県は首を縦に振らなかった。

西園寺公望も、国家のため党のためにやれるところまではやるべきと原を慰留していた。ともに積み上げてきた政党改良の実現を持ち出されては辞意を翻すしかなかった。

原には、議員は二度の議会を経験してようやく一人前になるという持論があった。前回の総選挙では多数の新人議員が当選している。彼らはまず右も左もわからないまま、さまざまな意見を述べる。議場に臨んで政策を学ぶなかで、与党議員として国政に臨む責任を自覚して行動するようになる。もう一回は欲しい。

政策も新局面に着手していた。複雑化した法令の整理を進めるため法規整理委員会を発足させ、税制を整理すべく財政経済調査会に諮問した。法制審議会に託した陪審法もある。あと一回。原は自らに言い聞かせるように閣僚に伝えた。

社会問題への着手

一九二〇年一二月二七日、第四四議会が開会された。原は続けるからには積極方針で臨むと高橋蔵相に伝え、前年度からさらに一六%増となる一五億六二〇〇万円余の予算を組んだ。

議長、副議長、常任委員長は前回に続いてすべて政友会が押さえた。

ここに至り、原は社会問題と思想問題への対応に本格的に乗り出す。そのためには国民にメッセージを伝えなければならない。原は総選挙後から積極的に内外事情についての所感を語り、新聞雑誌に寄稿した。新聞人から政治家となった彼の本領がようやく発揮される。

欧州大戦を経て国際秩序は大きく変化した。そのなかで日本は好戦的で軍国主義的と見られている（「第一次世界大戦と原敬の外交指導」）。この誤解を解くためには国民が意識を変えなければならない。これが原から国民へのメッセージの核となる。

明けて一九二一年一月五日、原は「国民に望む」と題した一文を『東京朝日新聞』に寄稿した。これは大正一〇年という節目の初めに、原が国民に向けて送った所信表明だった。この年は干支では革命が起こるとされる辛酉《しんゆう》にもあたり、動揺を予想する者もいた。

ここで原は明治維新以来五〇年にわたる国民の努力を称賛したうえで、責任ある大国の国民として、日本の伝統を斟酌《しんしゃく》して新しい文明を創造することを説いた。欧州大戦後の思想流入を前提に、それだけに踊らされない日本のあり方を求めるものだった。

もっとも、原は西洋に学ぶことは奨励している。彼が懸念したのは、長い戦争のなかで苦しみ、再起をかけて立ち上がる欧州と、ほとんど努力をせずにその利益だけを享受した日本の差だった。戦争を経て強い社会を確立した欧州に対して、日本人は自己利益に走って本来の美徳であった責任感や利他心を失っている。原は欧州大戦後の日本人の驕慢《きょうまん》を案じた。

思想は容易には変わらないものであり、漸進的に手を打つしかない。まず、地方から普通選挙の訓練を積めるよう、市制・町村制を改正して男性の納税者全体に市町村会選挙の選挙権を付した。貧富の差による分断を避けるため、町村では階級選挙が廃止された。懸案であった郡制廃止も、この年に発足した全国町村長会の後押しもあり、ついに成立した。町村に権限と財源を移譲することで、自治意識を高めていくことが期待された。

先延ばしになっていた社会政策も緒に就く。前年五月には内務省に社会局、農商務省に工務局労働課と社会政策の担当部署が発足した。第四四議会では新進の内務官僚によって借地法、借家法、住宅組合法、職業紹介所法などが提案、成立を見ていた。懸案であった物価もようやく低下に向かい、米穀法によって需給調整を行う目途もついた。社会の安定に向けた手が打たれ始めた。

思想形成を考えるうえで核となる教育政策では、教員の能力を向上させるために師範大学の設置が検討された。高等教育整備のなか、東京高等師範学校の嘉納治五郎《かのうじごろう》校長などはさかんに昇格運動を行っていた。

原は、ほかの政策と同様にこの課題を専門委員会に諮っていた。委員会の審議は秘密だったが、前年末に東京高等工業学校、神戸高等商業学校などと合わせた五校が昇格予定と報道される。情報漏洩《ろうえい》の出所は、あろうことか中橋徳五郎文相とその関係者であり、文相はいくつかの学校に言質を与えているともされた。この事態に委員は不信感を募らせ、諮問が見送られる（「『五校昇格』問題と東京高等工業学校」）。

懸案である高等教育の実現が担当者である文相の発言によって停滞する事態である。政治問題化は避けられない。野党はもちろん、東京高等工業学校と深い関係のあった貴族院研究会も批判に回った。貴衆両院で中橋文相の不信任案が提出される。

深刻化する政治不信

この不信任案を始め、第四四議会では実に一三の政府反対建議案が提出された。原内閣の成立以来、衆議院の議事は紛糾を続け、懲罰動議もたびたび出されていた。そのため、開会直後、衆議院議長から各派に対して議会の正常化を求める交渉が行われていた。

しかし、状況は変わらず議場はヤジに満ちていた。議会は論戦の場ではなく、相手を引きずりおろす場となり、暴露合戦が繰り広げられる。政友会では南満洲鉄道からの選挙資金提供疑惑があり、政府では関東庁をめぐり禁止したはずのアヘン取引がよりによって内閣拓殖務局長の差配で行われている疑惑が浮上した。局長の古賀廉造は原が重用してきた旧友である。古賀は無罪を主張して辞職したが、政権への打撃は大きい。

与党も反撃する。憲政会の加藤高明総裁が実業家の内田信也《うちだのぶや》に選挙資金の提供を求めた際に、普通選挙に反対すること、尾崎行雄ら普選推進派の幹部の選挙は援助しないと約束したことが暴露された。内田から書簡の提供を受けた政友会の広岡宇一郎《ひろおかういちろう》幹事長がこれを公開し、加藤の側も応戦する泥仕合となった。

政府与党のみならず、野党も信用できない。議会では生産的な議論は行われず、足の引っ張り合いが続く。平民宰相、政党政治のみならず、議会政治への期待が急速にしぼんでいった（「平民宰相　看板に偽あり（上）」『読売新聞』一九二一年五月二〇日）。それを論じる新聞も例外ではなく、東京市のガス料金値上げをめぐる贈収賄事件では多くの新聞人が検挙された。閉塞感は深まる。

不満は原個人に対する誹謗《ひぼう》中傷として現れた。皇太子妃候補に色覚異常があることが問題となり、その帰趨《きすう》が注目を集めていたが、原は宮中府中の別を理由にこの議論から距離を取った。世論はこれを無責任と非難し、野党も攻撃した。この問題が行き悩むと、原は責任を逃れるため政権を投げ出すのではないかと揶揄された。

攻撃は私生活にも及ぶ。原が私淑する女性書家に家を用意して住まわせ、通っていたことが新聞で暴露された（「原の大臣の隠れた趣味」『東京朝日新聞』一九二一年四月二九日）。妻の浅が病臥中だったこともあり、愛妻家で知られる原には大きな打撃になった。方々に批判されて自信を失い、「穏田の行者」こと飯野吉三郎の占いにすがっているという無責任な記事も現れた。

よほど疲れたのであろう。予算が通過したあとの三月二七日の日記に、原は珍しく提出法案一三四件、成立九九件と本数を示し、これまでにない規模であったと書き記して自らを労った。彼の日記は、日々手元にメモをしたため、週末に鎌倉・腰越に建てた別荘に籠もってまとめ、翌週の戦略を立てる場であった。そこに自分で成果を書かなければ気持ちを整理できないほど追い込まれていた。この前月には遺書も準備している。

首相官邸の新聞記者園遊会を伝える記事（『読売新聞』1921年4月6日）

新聞にも冷たくし過ぎたと反省したのだろう。四月五日、原は新聞記者三〇〇名余を首相官邸に招待して園遊会を行った。これだけの記者を官邸に集めたのは初めてのことと評判を呼んだ。

政治家のご多分に漏れず、親近した者はみな原を好きになったというが、この日のサービスは格別だった。原はうまそうにお汁粉をすすり、野田卯太郎逓相は巨体を揺らして蕎麦を五杯、元田鉄相はおでんを四串平らげて記者を沸かせた（「前例を破って如才ない首相」『東京朝日新聞』一九二一年四月六日）。平民宰相の苦労は尽きない。もっとも、嗣子の貢や書生たちを銀座出雲町の名店「十二ヵ月」に連れていくほど、お汁粉は好物だったようだ。

4　突然の終焉――東京駅での凶刃

皇太子への期待

もうひとつ、原の気持ちを重くしていたのは大正天皇の病状だった。言葉も覚束なくなり、もはや国民の前に出ることはできなくなっていた。天皇はかつて全国を行幸して国民に敬意を抱かれていたが（『可視化された帝国』）、もはやそれも叶わない。国民の気持ちが天皇から離れていくことが危惧された。

大正天皇の体調が悪化したのは即位後である。宮中儀式は以前の通りでも、政治行為は年を追って増加し、明治時代の比ではない。欧州大戦の論功行賞だけでも署名が三〇〇〇を超えるという。原はこれまで負担軽減を行ってこなかったことを悔やんだ。

そうしたなかで光明となったのは皇太子裕仁親王の訪欧だった。皇太子は学習院を離れ、御学問所で国学を中心とした教育を受けていた。体も細く、これからの時代に対応できるか不安が囁かれていた。これを払拭するには欧州大戦後の世界を自ら見聞してもらうのがよい。原は山県や西園寺と相談し、訪欧を危ぶむ貞明皇后には直接、間接にその必要性を説いた。

原自身は、皇太子との陪食を重ねるなかで強い期待を抱き始めていた。二〇歳になったばかりだが人物としての修養が深く、訪欧で経験を積めば立派な君主となる。奇しくも皇太子と原の嗣子・貢は一歳違いであり、わが子を見るような思いもしたのだろう。テーブルマナーを教えておくように側近に伝えるなど、細やかな配慮を欠かしていない。

大正天皇の病状が公表されると、病中に皇太子を訪欧させることは孝行の道に反する、若い皇太子を国外の思想に触れさせることは好ましくない、暗殺の危険があると反対運動が喧《かしま》しくなる。

原の決心は固かった。皇太子が訪欧すれば、自然と国民の目は世界に向き、日本の責任を感じることができるだろう。各国からも日本への関心が高まり、誤解を解き、親近感を持たせることにつながる。皇太子妃候補の色覚問題では宮中と距離を取った原も、皇太子の訪欧には自ら積極的に関わった。貞明皇后はついに了承した。

一九二一（大正一〇）年三月三日、皇太子は横浜港を出発し、欧州に向かった。東京から横浜までの沿道は出発を見送る国民で埋め尽くされ、同港は停泊する船の満艦飾で華やいだ。国民はもちろん、皇太子自身が出発を喜び、活動写真を自ら撮るのだと原に話した。このときの写真に映る原の表情は決意に溢れている。

イギリス、スコットランド、フランス、ベルギー、イタリアといたるところで歓迎を受け、堂々たる態度で臨む皇太子の姿は、天皇皇后を喜ばせ、国民を沸かせた。原の目論見は当たった。皇太子が撮影した活動写真は新聞社による上映会で公開され、日比谷公園での上映には一〇万を超える観衆が集まるほど人気を博した（『裕仁皇太子ヨーロッパ外遊記』）。

皇太子の洋行を見送り，横浜埠頭を闊歩する原敬（左手前），1921 年 3 月 3 日

九月三日、原は閣僚とともに、半年ほどの訪欧を終えて帰国した皇太子を横浜港に迎えた。皇太子はすっかり打ち解け、徒歩で御料車に乗り込んだ。東京までの帰路は帰国を喜ぶ国民で埋め尽くされた。宮中が国民に開かれていく。陪食の際、欧州で戦争の惨状を見てますます平和を熱望する思いを持ったと聞いた原は涙を流した。

摂政問題と政権継続への意欲

訪欧のあいだ、国内では皇太子が帰国し次第、摂政に就任できるよう手続きが進められていた。いや、実際には滞る手続きを原が推し進めていた。

宮中は混乱していた。皇太子妃候補問題の責任を取って中村雄次郎《なかむらゆうじろう》宮相が辞職し、色覚問題を理由に皇太子妃候補の変更を求めた山県、松方正義の両元老も辞表を提出していた。皇太子妃候補が島津家の血を引いていたことからこの問題は薩長対立の様相を呈しており、両者とも動きが取れなくなっていた。

後任の宮相には牧野伸顕が就いたが、彼は薩摩出身の自分でよいか逡巡し、原に相談していた。原はこの問題への不介入を徹底しており意見を述べなかったが、牧野が決断できない人物であることは知っている。摂政問題も自分が動かなければ進まない。原はことあるごとに手続きを進めるよう牧野や元老に促し続けた。九月二七日、ようやく手続きが始まった。

宮中には次の手を打っていた。検事総長を務める平沼騏一郎がいずれ宮中入りしたい意向を持っていることを知り、彼を現在の最高裁判所長官にあたる大審院長に就けた。平沼とは組閣以来、老朽裁判官への定年設定、裁判所の増設、陪審制度の導入などの司法改革を協力して進め、信頼関係を深めていた。大審院長となれば将来の宮中入りもよりスムーズになる。薩長いずれにも関係がない平沼であれば、宮中も十分に管理できるだろう。

山県は八三歳、松方は八六歳であり、先は長くない。これまでも原は元老たちに死んだあとのことを考えないのは無責任だと詰め寄っていたが、元老後を見据えて自ら動き始めた。

政権継続への意欲も持ち直していた。議会後、高橋と野田が中橋文相の更迭を求めたのに対して、原はあらためて閣内一致の重要性を説き、皇太子が訪欧から帰国し、摂政が設置されるまでは責任があると続投の決意を述べていた。ほかの政治家にも「断固踏みとどまる」と腹を括ったことを伝えていた。原のなかに活力が戻ってきた。

ワシントン会議という幸運

幸運は微笑んだ。一九二一年七月、アメリカから太平洋問題をテーマに国際会議を開きたいとの打診が届いた。アメリカではシベリア出兵問題に加え、日英同盟を危険視する論調が強く、かつての軍国主義のイメージに捉われていた。このため対米協調を重視する原への転換は理解されず(『ウィルソン外交と日本』)、日米戦争論さえ唱えられる状況だった。

前年末にウィルソン大統領が脳梗塞を発症してから、アメリカの対日外交の主体は日本の中国進出を強く警戒する国務省に移り、日米間は意思疎通も難しくなっていた。皇太子の外遊は関係改善のチャンスだったが、アメリカから招待があったものの旅程の都合がつかず、訪米は実現しなかった。

そうしたなか、大統領選挙で共和党のウォレン・ハーディングが民主党候補を破って当選する。政権交代を受けたアメリカからの国際会議開催の申し出は日本政府にとって救いだった。日本側は中国問題など既存の事案と軍縮を分けるべきと慎重に応答しつつも、これに応じた。原は「神がハーディングの頭に宿って、このことを企《くわだ》てしめた」と語り、ぜひともこの会議を成功させたいと語ったという(『増補　日本政党政治の形成』)。

国内では尾崎行雄らがさかんに軍縮を主張していたが、それは弱腰と見られ不人気だった(『帝国日本の外交』)。それだけに、原は、軍縮は英米から言ってくるのを待つのが上策と語っていた。その機会が訪れた。

すでに前年夏の議会で装備の近代化を軸とする国防力の再編に着手していたが、新外交とデモクラシーが進展すればさらなる軍事予算の削減は避けられない。他方、陸軍参謀本部や海軍軍令部は、他国の軍事力とのバランスを重視し、統帥権を振りかざして軍縮に抵抗する。そうなれば、国民の批判は、統帥権者である天皇に及びかねない。こうした構造を持つ日本にとって、アメリカからの呼びかけはまさに天佑だった。

この事情からすれば全権には軍の責任者が就く必要がある。主席全権にはまず加藤友三郎海相を任命し、駐米大使の幣原喜重郎、軍人以外を挙げるべきとの声に応じて貴族院議長の徳川家達が就いた。

徳川の起用にあたり、原は米国との交渉は会議の場だけではなく社交が重要とアドバイスした。それを受けて徳川はよく各国外交団と交わった。貴族院、つまり上院の議長が全権となり社交に尽くしたことは、軍国主義という日本のイメージを大きく修正するものとなった。

加藤海相が不在のあいだ、海軍の要望もあって原が海相の事務管理を務めることとなった。陸軍に事務管理を取られず、加藤の帰国後の復職を可能とするために取られた臨時の措置であったが、それだけ原の影響力が海軍に浸透していることの証左でもあった。ある評論家はそうした原の巧妙な浸透ぶりを徳川家康のようだと評した。軍部大臣文官制の実現に向けてひとつの実績を作るものとなった（『日本海軍と政治』）。

新外交の大舞台である。アメリカのハーディング、イギリスのロイド・ジョージ、フランスのアリスティード・ブリアンと渡り合うには原が自ら赴くべきという声も聞かれた。原は憲政会の策謀と一笑に付したが、議会の前に摂政問題がある以上、出席の余裕はない。

ここで渡航していたら、果たしてどんな未来があったのだろう。原は横田千之助法制局長官を全権の随員として渡米させることとし、彼に、これからの日本に必要なものをしっかり見てくるように訓諭した。

国内にとどまりながらも、原はこの機会を存分に活用した。アメリカの通信社に対しては、この会議への参加は、日本が世界の新しい秩序に共鳴することを示す機会と捉えていると話し、日米戦争の恐怖が囁かれるアメリカを安堵させた。ハーディング政権が新たに派遣したチャールズ・ウォーレン駐日大使も、今後は自分に相談してくれれば本国が日本の要求を理解できるように十分尽くすと、関係改善への努力を明言した。

政府を代表する全権団とは別に、民間の交流も進めた。日米協会の渋沢栄一や三井の団琢《だんたく》磨《ま》と諮り、実業界の有力者による米英視察団も送り出した。渋沢は国際連盟協会の設立にも尽力し、公益活動から政府を支えた。原は彼を推薦して子爵にまで陞爵《しょうしゃく》させている。

運命の一一月四日

このとき、もうひとり、原が海外に送り出した人物がいた。嗣子の貢である。一〇年前、兄・恭の跡取りであった達が不治の病となったため、嗣子としていた彬は本家に戻っていた。そのあとを受けて貢が嗣子となった。彬の離籍は、成績が伸びない彬が原の名誉を汚してはいけないという恭の配慮でもあったが、原の跡取りというプレッシャーは誰にとっても同様だった。原が首相となればなおさらである。

嗣子・貢の洋行を見送る原敬夫妻，1921年10月19日

　そのことを理解したのだろう。原は貢にイギリスで学ぶことを勧めた。本人がこれを受けると、到着してから困らないようにと、原は同船して英語を教えてくれる人物を探しあてた。一〇月一九日、貢は原と浅に見送られ、横浜からイギリスに旅立った。原の遺書には「貢の学問はその好む処にて妨げなし」と書かれていた。貢はのちに作家・原奎一郎《けいいちろう》となる。父を慕うペンネームで活躍した。

　皇太子が摂政に就任し、ワシントン会議が成就するまでは断固として政権を維持する。そう決心した原は北海道、長野、甲府、岐阜と各地の党大会を飛び回り、政権党の心構えを説いて回った。

　一一月四日、金曜日、よく晴れた日だった。まもなく立冬という時期であったが、昼間は一八度と暖かく、原は浅が勧めるコートを着ずに出発した。閣議を終えたのちに参内して天皇皇后に政務報告を行うと、菊の鉢植えを下賜された。

この日の日記はメモしか残されておらず、原の気持ちを知ることはできない。以前、山丹《さんたん》花《か》の鉢植えを下賜されたとき、原は自分が植木を好むことを知っての配慮と涙した。天皇から下賜された菊の鉢植えは、勤王を学び育った原には格別のことだっただろう。

午後七時、原は翌日に京都で開かれる政友会関西大会に夜行で向かうため、東京駅に着いた。駅長室から乗車口に向かって歩き出したところ、群衆のなかから現れた青年に右胸を刺され、倒れた。維新の志士に憧れ、多数派で倒しようのない政権を潰すために一身を賭すと考え、前月から原の予定を新聞で確認しては機会を窺《うかが》っていたという。ほぼ即死だった。

およそ一ヵ月前の九月二八日には安田財閥の創設者の安田善次郎《やすだぜんじろう》が凶刃に斃《たお》れていた。資本家に厚く、国民に薄い政友会の経済政策への批判が、安田、ついで原に刃を向けたと考えられた。原を刺した青年は国鉄大塚駅の転轍手《てんてつしゅ》だった。末端の公務員、給与所得者である。不況の影響を直に受けていたことも事実だろう。

突然の訃報に街は静まり返った。山県は原を殺したのは自分だと後悔を口にし続け、西園寺は茫然とその棺《ひつぎ》を見送った。新聞は強い指導力を持つ宰相の死を惜しみ、筆を極めて青年の暴挙を咎めた。ある識者は、命を懸けて政治に当たる者に国賊として暴言を浴びせ続けた世論の猛省を促した（「凶変から何を見る（三）」『東京朝日新聞』一九二一年一一月一〇日）。

尾崎行雄は、多数の力によって不合理を通すと、多数の暴力に対する弱者の暴力を生むと論じた（「三大事件の一つ」『太陽』一九二一年一二月）。しかし、その多数を生んだのも世論だった。後藤新平は、原がまさに変化を始めたときに訪れた凶変だったとその死を惜しんだ。引き際を延ばしたことは間違っていなかったのかもしれない（「原君と自分の関係」同）。

ただひとり落ち着き払っていたのは浅夫人だった。凶報を聞いて東京駅に駆け付けると、遺体を政友会本部に運ぶという党幹部に、原はもう総理大臣ではない一個人だと伝え、夫の着衣を整えて芝公園の自宅に連れ帰った。原の服装は世界一周の際にパリで買い求めたネクタイと銀座で仕立てたピンクの縦縞のシャツだった（「原敬遭難時着用の衣服と新聞報道」）。ネクタイは擦り切れていたという。

週末を過ごした腰越では、原は夫人を人力車に乗せて、自分はそれを押して歩く仲睦まじさが評判だった（「隣家の孫」『東京朝日新聞』一九六四年一月二二日）。原の遺言通りに盛岡の大慈寺で葬式を終えた浅は、一周忌から四ヵ月後、役目を終えたように亡くなった。原の埋葬に立ち会った人たちに、墓のなかで「あなた」と呼びかけるのに困らないよう、穴の深さを覚えておいてほしいと伝えたという。

二人の墓石には、「原敬」「原浅」とだけ記されている。

おわりに――原敬が遺したもの

皇太子の摂政就任、ワシントン会議の成功。原はこの二つが成就するまでは政権を維持しようと考えた。しかし、それを見ずに原は生涯を終えた。国内のみならず、世界が彼の死を悼《いた》み、日本の行く末を案じた（「世界に及ぼしたる首相凶変の反応」『読売新聞』一九二一年一一月八日）。

原が没した三週間後の一九二一年一一月二五日、皇太子裕仁親王が摂政に就任した。原が進めた皇室の安定はひとまず決着を見た。二年後、皇太子は無事成婚し、さらに二年を経て昭和天皇として即位する。

国際協調路線も維持された。ワシントン会議の日本全権団はチャールズ・ヒューズ米国務長官の弔問《ちょうもん》で暗殺を知ったという。日本全権団が会議を放棄して帰国する噂も流れたが、加藤友三郎が押しとどめた。随行していた横田千之助も「この会議が失敗すれば世界は再び鉄火の洗礼を受ける」という原の言葉を伝えて加藤を後押しした（「加藤全権の涙」『読売新聞』一九二一年一二月一三日）。翌年二月に会議は結了し、日本はワシントン体制の一角を担うことになる。

原を失った政友会はその存在の大きさを思い知らされる。内閣は高橋是清蔵相が首相と兼任し引き継がれたが、高橋は政友会総裁への就任をためらった（「原が刺さるる朝」『東京朝日新聞』一九三四年八月一五日）。財政規律に忠実な高橋はこれまで原の庇護のもとで多くの党幹部と対立しており、党をまとめる自信はなかった。政権は閣内対立によって七ヵ月で総辞職となり、そのあとは加藤友三郎、山本権兵衛と、非政党内閣が続くこととなる。

二年後の一九二四年一月、衆議院の任期満了を受けた総選挙を前にして再び憲政擁護運動が起こり、政友会は分裂する。一方は高橋を担ぐ横田千之助や野田卯太郎ら党人派、もう一方は床次竹二郎を担ぐ山本達雄や中橋徳五郎ら官僚派だった。彼らは競って原の墓参りをし、自分たちこそが正当な原の継承者と主張しあった。原の故地である岩手県第一区からは高橋が爵位を辞して出馬、当選した（「立憲政友会の分裂と政党支持構造の変化」）。

一蓮托生、一致団結を誇った政友会は、あくまで原の政友会だった。分裂の一因は、原が明確な後継者を定めていなかったことにある。だが、後継者を決めればたちどころに結束は揺らいだだろう。

幸いにしてこの政変で政党政治は息を吹き返した。活路を開いたのは西園寺公望だった。原の死で最も重荷を負うことになった彼は、第一党となった憲政会の加藤高明に政権を託し、第一党による組閣という立憲政治の常道を切り拓く。

憲政会は政友会や犬養毅を擁する革新倶楽部との連立によって男子普通選挙を実現し、貴族院改革も進めた。しかし、枢密院との抗争に破れる。続く政友会内閣を率いたのは、原と共闘した田中義一だった。田中内閣は行財政改革と積極政策に邁進したが、軍部を統制できずに昭和天皇の信頼を失い、倒れた。

一九二九年七月に誕生した浜口雄幸・立憲民政党内閣は、八年ぶりの「平民宰相」による政党内閣として期待を集めた。党の一致は十分であり、軍部を抑えてロンドン海軍軍縮条約を締結し、官吏減俸など難しい施策も実現した。しかし、彼も原と同じように凶刃に斃れる。第二次若槻礼次郎内閣を経て、そのあとを受けた犬養・政友会内閣は一九三二年、五・一五事件で命を奪われた。西園寺の苦心は惨憺《さんたん》たるものがあった。

原が生きていればという想いが、人々のあいだに募った。その想いは原を大宰相に祭り上げた。たしかに彼が生きていれば、西園寺に次ぐ政界の長老として事態の打開に当たっただろう。一九三七年に大きな期待を背に首相に就任した近衛《このえ》文麿《ふみまろ》が迷走を始めると、原ありせばの声はさらに高まり、彼を礼賛する伝記が相次いで刊行された。今日、原敬研究の古典とされる前田《まえだ》蓮山《れんざん》『原敬伝』（上・下）もこのときの作品である。

そうした期待は、原がかつて自ら語ったように買い被りであろう。原は制度を得意とした。外務省の官制を改めて人材を精選し、政友会の組織を改良して国民と政治の距離を近づけた。しかし、原は自ら制度を創造する人ではなく、それを改良すること、とりわけその際に起きる紛争の調整に能力を発揮する人だった。

光明は、原がよく人を用いたことにある。政党でも行政でも、原はよく下僚に任せ、山のような要求を突き付けながら、でき上がってきたものは責任をもって通した。このことは多くの証言から知られる。官界にあっても、経営者としても、政党人としても、後進に道を譲り、若い世代に十分な責任を持たせることを大切にしていた。皇太子の訪欧を進めたのも、若い次世代の元首に経験と責任を持たせるためだった。

原は、当時の政治家では珍しくほとんど揮毫《きごう》をしなかった。だが、まれに求めに応じると、当初は「無私」、後年は「宝積《ほうしゃく》」という言葉を記した（伊藤『原敬』下）。宝積とは、元来は「素晴らしいものを積み上げていく」という意味の仏教用語だが、原はそれを「人に尽くして見返りを求めない」と伝えたという。積み上げるべきはそうした生き方と考えていたのだろう。

郷里の盛岡市内にある二つの小学校はこれを校訓とし、生家からほど近い本宮小学校では、大きな原敬の肖像画とともにこの言葉が掲げられている。同校では「宝積活動」と称して、児童たちの発案で近隣の雪かきなど人のためになる活動が行われている。児童に尋ねてみると、その活動の面白さとやりがいをにこやかに話してくれた。

この言葉は原敬記念館前の石碑にも刻まれ、訪客を迎えている。その原版となる原の墨蹟は、政友会の系譜を引く自由民主党本部の幹事長室に掲げられている。

こうした積み上げる生き方ができたのは、原自身の努力もさることながら、彼が生まれた時代と、彼の置かれた立場によることも見逃すことはできない。

長じるにつれて、原は自らの幸福な出自をかみしめたことだろう。武家という有利なスタートラインに立ちながら、賊軍という重荷を負った。そのなかから努力すれば評価される時代を生き、国家とともに成長することができた世代だった。わずかでも時代がずれていれば、そうはならなかった。

激しく変化する時代のなかで生きることは容易ではない。しかし、原は自ら選んだ「敬」という字が意味するように、たしかな自己をもって生き抜いた。人々がそれぞれの夢を描き、実現できる社会を作るという日本の近代の理想は、たしかに実現できる。その人生の成功は、原が日本の政治社会に刻印した第一の点であろう。

第二に、藩閥政治の時代に終止符を打ち、政党政治の幕を開けたのは、国民一人ひとりの努力に加えて、原の大きな功績である。薩摩と長州という藩閥対立の構図は五〇年にわたって続いたものであり、出自を変えることができない以上、取り払うことはできない。それに代わって日本政治を包み、感情の対立ではなく議論によって物事を決める。そのための方法は政党政治以外になかった。

だからこそ原は、伊藤博文が築き、西園寺が育てた政友会を率い、奔放な党人たちの振る舞いに苦労を重ねながら政権政党へと育て、自らも政党の総裁として相応しい人物となるよう習練を重ねた。政党政治の実現という大きな目標を前に、その過程で原が見せた行動は戦略的であり、多数を重視し、「政治技術の巨匠」と呼ばれるほど周到であった（ナジタ『原敬』）。それは日本人が好んできた方法ではない。

しかし、原は多数による権力より、多数による責任を重視し、責任を持つことで代議士が、政党が成長するという考えを貫いていた。それだけに党利党略によって主張を変えることはしなかった。原の政治的行動を嫌うなら、誰も責任を持った政治は行うことはできない。原への無責任な批判が日本政治にどのような結末をもたらしたか。そのことは、政治との向き合い方を考える必要を教えてくれる。

第三に、原が日本を軍国主義から救った存在であることは忘れてはならない。世界から見れば、日本は日清、日露、第一次世界大戦と一〇年に一度のペースで戦争を続け、それにより発展した。首相は黒田清隆、山県有朋、桂太郎、山本権兵衛、寺内正毅と半数が軍人だった。国内では議会政治が伸張してきていても、国外からみれば紛れもない軍事国家だった。

公議輿論を掲げ、自由民権運動が広がり、憲法が制定されて議会政治が生まれたとしても、軍事は議会の手の届かないところにあり、なにより戦争が起きれば国民は熱狂し、反対を許さない空気が社会を支配した。

その意味では、欧州大戦末期という、世界で、国内で軍国主義が終焉を迎えたときに原内閣が誕生したことは必然だったともいえる。明治維新から五〇年を経て、伊藤、陸奥宗光、星亨、西園寺と受け継がれてきた政党政治が、原の指導によって日本を軍国主義から立憲主義の国家へと衣替えさせた。立憲政治のシステムは日本に定着するように思われた。

もちろん、原は全能の政治家ではない。憲政擁護運動を利用しながら捨てた、普通選挙運動に冷淡だった、社会政策を後回しにして財界を優遇した。批判はいくらでも可能だろう。

藩閥の走狗《そうく》、敗者の希望、権力の亡者、平民宰相、憲政の仇敵、大宰相、民衆の抑圧者、政治技術の巨匠と、その後も原の評価は時代を映す鏡のように変化してきた。現代を生きる私たちは、原をどう捉えるだろうか。新しい近代とも言われるこの変化の時代に、原敬はひとりではないことを願う。

あとがき

原敬は、一般の人には人気がないというか、意外と知られていないのですよね。本書を書きたいと話したときに言われた言葉だ。がっかりする私に、その方は言葉を継いで、でも、研究者の評価が高いのはなぜでしょうねと尋ねてくれた。答えが見えてきた瞬間だった。

日本に政党政治をもたらした原の功績は大きく、研究者の評価は高い。しかし、一般の評価も、認知度も低い。そこに「政治を嫌う」日本人の国民性が表れているのではないか。「決めること」を避け「きれいごと」を好んできた私たちの積み重ねが見えるように感じられた。これまで評価されてきたのは原の政治的手腕や政治技術の高さであった。これが「政治を嫌う」日本人の国民性に受け容れられないのではないか。

原は青年時から日記を書き始め、外交の現場に立った二八歳からは死去する日まではほぼ毎日続けた。四八年間、和綴じで八三冊という膨大な記録である。

若いころの日記は精気に溢れて小気味よいが、大臣に就くころからは日記そのものが原にとっての政治の場となっていく。彼は日々メモをつけ、週末になるとそれらをまとめて翌週に向けた戦略を練っていた。日々の記録は政治家たちの言動とそれに対する原の分析、批評、そして時に悪口に溢れている。

この詳細な政治の記録は、政治に関心を持つ者にとってきわめて魅力的に映る。同時にそれは研究者をして「原敬史観」、つまり原の主観に強い影響を受ける罠《わな》に陥るおそれがあると、研究者のあいだで警鐘が鳴らされるほどであった。

しかし、あまりに生々しい政治の記録を残したことが、原という「決めること」を厭わずに、批判と称賛を浴びてきた政治家の歩みから、「政治嫌い」の人を遠ざける原因になったように思えてならない。「決めること」を避けようとする私たちには、あまりにその政治性は強すぎる。

それは同時代に生きた人たちも同様であった。順境には原の決断を称賛し、逆境にはその生々しさに罵声《ばせい》を浴びせてきた。政治との距離はいまも一〇〇年前も大きくは変わらないのかもしれない。かつてはそれでよかったのだろう。

しかし、私たちはもはや「政治嫌い」と言ってはいられない時代に生きている。人口は減少の一途を辿り、経済は長く低迷したままだ。そこに度重なる災害が襲い、世界のシステムも急速に変化している。まさに政治との関わり方を考えるときに来ている。その際、政治に生きた原ほど適切な教材はない。人々がどのように原と向き合ったのかを通じて、私たちと政治のあり方を考える。それが本書のテーマとなった。

こうした問題意識から、本書では三つの視点から原敬という人物を描いてきた。

第一に、激しく変化する近代日本のなかで、原がどのように自分の人生を切り拓いてきたのかをつぶさに描いた。明治という明るさと苦しさが共存する時代に、賊軍の地に生まれ、幾多の困難を乗り越えた原の生涯をみることは、現代を生きる私たちにも多くの示唆と希望を与えてくれるだろう。

第二に日清戦争、日露戦争により日本の位置が大きく変わり、欧州大戦によって世界の秩序が大きく変化する不安定な時代のなか、初の「平民総裁」「平民宰相」がどのような舵りをしたのか重点的に論じた。多元的な時代の政治のあり方を考える入口として、変化の時代における「決めること」がどう作用したのかを考えるためだ。

第三に、そうした原の人生を、原の政治を、社会はどう見ていたのかを明らかにするよう努めた。原自身がどう考えたかはもちろんであるが、原がどう見られていたのかということが、本書の問題意識からはより重要であるからだ。

先述した、あまりに充実した一次史料があるため、かえって世論が、国民が原をどう捉え、向きあってきたかは十分に論じられてこなかった。このため、多くの新聞、雑誌記事、原とかかわった政治家の日記、書簡から、同時代における原の評価を再構築した。私たちと政治のあり方を捉えなおすときの鏡になればと願う。

*

本書も多くの方にお世話になり、刊行まで辿り着くことができた。まず指を折るべきは、

「原敬日記をよむ」会を長年続けた御厨塾のみなさんだろう。『原敬日記』を毎回二ヵ月分ずつ読み進めるという地道な会は、常に鋭いやり取りに溢れていた。会が終わって一〇年を超えてしまったが、本書はこの会の事務局を担当したことの成果である。

原との本格的な出会いは、二二年前、指導教授である玉井清先生の『原敬と立憲政友会』の最終確認作業を手伝わせていただいたことだった。専門家の研究に初めて関わり、研究の面白さに引き込まれた入口も原であった。それだけに、書きたいと思いながら長い時間がかかってしまった。

原敬記念館のみなさんと、原の遺族である大慈会の岩谷ご夫妻にも心から御礼申し上げたい。盛岡に、京都に頻繁に現れる筆者を迷惑がらず、いつもあたたかく迎えてくださったのは励みになった。「宝積」を校訓とする本宮小学校のみなさんや、盛岡の歴史を広める地元の漫画家・あねがわさんとの出会いにも元気をいただいた。

隣接する分野の研究者にもたくさんのことを教えていただいた。儒学については辻本雅史先生、台湾史については楊素霞さん、統計学については安中進さん、日本経済史についてはアンドレア・レヴァラントさん、文化史についてはヒロム・ナガハラさん、フランス政治史については宮下雄一郎さんからご教示をいただいた。記して感謝申し上げたい。もちろん、至らない部分の責任は私にある。

書くという意欲と未来への希望を与えてくれるのは、世の中を少しでもよくしようと奮闘する慶應義塾大学ＳＦＣの元気な学生、卒業生たちだ。前著『近代日本の官僚』はまさに彼らを応援する想いで書いたが、本書は、彼らが奮闘する社会を少しでもよくするための、私自身の実践として書いた。彼らから本書にどんな成績評価が与えられるかには戦々恐々とするが、座して感想を待ちたい。

編集は、前著に続いて白戸直人さんにお願いした。あとがき冒頭のことばは白戸さんのものだ。またも五年をかけてしまったが、助手のころからお世話になっている白戸さんと仕事をできると、本当にほっとする。

家族には今回もずいぶん迷惑をかけてしまった。本来であれば四月からドイツで生活するはずがパンデミックのために中止となり、それだけでも戸惑いや不安が多かったことと思う。その後、私自身は本書の仕上げにかかりきりになり、夕食の時間に遅れることもしばしばだった。本書の原稿が手を離れたら、わが家の民主主義にもう少し貢献したいと思う。ここでも、多忙のなかで家族を大切にした原に学ぶ必要がありそうだ。ありがとう。

二〇二一年六月二五日　コロナ禍の終息を祈って

清水唯一朗

主要参考文献

本文中で言及したもののみ記す。

原敬基礎史料

原奎一郎編『原敬日記』一—六、福村出版、一九八一年
原敬関係文書研究会編『原敬関係文書』一—八、別巻、日本放送出版協会、一九八九年
原敬全集刊行会編刊『原敬全集』上・下、一九二九年
以上の三点は頻出するため本文中の出典表記を省略した

未公刊史料

国立公文書館
「官吏進退」「公文録」「公文類聚」「任免裁可書」
東京大学総合図書館
「東京帝国大学五十年史料」「法学生徒規則」「新生徒試験書類」
原敬記念館
「法学生徒初年第二期考科表」「法学予科第三年前期生徒試験点数票」（池野藤兵衛氏寄託）
港区立みなと図書館
「火災保険特殊地図　芝区（上）」

公刊史料

アーネスト・サトウ（長岡祥三訳）『アーネスト・サトウ公使日記』I、新人物往来社、二〇〇八年
伊藤幸治ほか編『寺内正毅と帝国日本』勉誠出版、二〇一五年
伊藤隆・酒田正敏『岡崎邦輔関係文書』自由民主党和歌山県支部連合会、一九八五年
宇都宮太郎関係資料研究会編『陸軍大将宇都宮太郎日記』一・二、岩波書店、二〇〇七年
榎本隆充編『榎本武揚未公開書簡集』新人物往来社、二〇〇三年
海軍兵学校編刊『海軍兵学校沿革』一、一九二〇年
学海日録研究会『学海日録』一〇、岩波書店、一九九一年
宮内省図書寮編『大正天皇実録』五・六、ゆまに書房、二〇二〇—二〇二一年
黒沢文貴ほか編『陸軍大将奈良武次日記』上、原書房、二〇二〇年
憲政会史編纂所編刊『憲政会史』上・下、一九二六年
小林雄吾編『立憲政友会史』一—四、立憲政友会史出版局、一九二四—一九二六年
尚友倶楽部編『品川弥二郎関係文書』三、山川出版社、一九九五年
尚友倶楽部編刊『水野錬太郎回想録・関係文書』一九九八年
尚友倶楽部編刊『有馬頼寧日記』二、一九九九年

尚友倶楽部編刊『田健治郎日記』四、二〇一四年
寺内正毅関係文書研究会編『寺内正毅関係文書』一、東京大学出版会、二〇一九年
内務大臣官房文書課『大日本帝国内務省統計報告』第一三回、内務省、一八九九年
農商務省『現行条約意見』一八九一年
原奎一郎『ふだん着の原敬』中央公論新社、二〇一一年
原敬『埃及混合裁判』金港堂、一八八九年
原敬『懇親会席上演説』羽田浪之紹、一九〇二年
原敬遺徳顕彰会編刊『原敬　歿後五十年その生涯　写真集』一九七〇年
原敬先生三十年記念行事委員会編刊『原敬先生三十年祭記念誌』一九五二年
坂野潤治ほか編『財部彪日記』下、山川出版社、一九八三年
佛教大学近代書簡研究会編『元勲・近代諸家書簡集成』思文閣出版、二〇〇四年
松本三之介ほか編『中江兆民全集』一七、岩波書店、一九八六年
村野廉一、色川大吉『村野常右衛門伝　政友会時代』中央公論事業出版、一九七一年
山崎有恒・西園寺公望関係文書研究会編『西園寺公望関係文書』松香堂書店、二〇一二年
早稲田大学大学史資料センター編『大隈重信関係文書』六、みすず書房、二〇一〇年
立命館大学西園寺公望伝編纂委員会編『西園寺公望伝』別巻一、岩波書店、一九九六年

同時代文献

浅野七之助『在米四十年』有紀書房、一九六二年
荒木武行編『日本新聞人群像』新聞時代社、一九三七年
石井良一『微光八十年』石井良一、一九三一年
井上雅二『平民宰相原敬』三松堂出版部、一九二一年
近江匡男編『府県制五十年を語る』中央報徳会、一九四一年
岡田大将記録編纂会編刊『岡田啓介』一九五六年
尾崎行雄『民権闘争七十年』講談社、二〇一六年
河東碧梧桐編『子規言行録』政教社、一九三六年
菊池寛「原敬」『戯曲篇（現代物）』改造社、一九三〇年
小池竜佶編『晩香岡崎邦輔』松雲荘文庫、一九三七年
小山定明『新聞記者腕競べ』須原啓興社、一九一七年
久保田辰彦編『二十一大先覚記者伝』大阪毎日新聞社、一九三〇年
小林花眠『新しきことばの泉』博進館、一九二一年
小林寅四郎『名家談叢』いはらき新聞、一九二八年
近藤保雄『偉人英傑と立志奮闘伝』日本精神社、一九四〇年
齋藤修一郎『懐旧談』青木大成堂、一九〇八年
佐藤亮太朗・桑原冊次郎『平民大宰相原敬』現代公論社出版部、一九二二年
篠田鉱造『明治新聞綺談』明正堂、一九四三年
受験と就職社編輯局編『現代受験就職大宝鑑』受験と就職社、一九二八年
末広鉄腸『落葉のはき寄せ　附新聞経歴談』青木嵩山堂、一九〇〇年
鈴木利貞編『原敬全伝』天・地、日本評論社、一九二二年
宿利重一『巨人握手』国民書院、一九一七年
千種達夫『裁判閑話』巌松堂書店、一九四八年
露崎弥編刊『吉原三郎追懐録』一九三七年
鶴見祐輔『鶴見祐輔人物論選集』ダイヤモンド社、一九六八年
中川重『努力の人々』日本社、一九三五年

南海洋八郎編『工学博士白石直治伝』工学博士白石直治伝編纂会、一九四三年
沼田日東『原宰相を助けたる児玉亮太郎』登竜商店出版部、一九二三年
長谷川虎次郎『思ふがまま』東奥日報社印刷部、一九三五年
波多野承五郎『古渓遺稿』北山米吉、一九二九年
弘田晴江編『弘田直衛』弘田花喜、一九二九年
福地源一郎『懐往事談』民友社、一八九七年
福本日南『日南集』東亜堂書房、一九一〇年
福良虎雄編刊『桐原捨三翁追懐録』一九三〇年
本多熊太郎『先人を語る』千倉書房、一九三九年
前田蓮山『原敬伝』上・下、高山書院、一九四三年
前田蓮山編『床次竹二郎伝』床次竹二郎伝記刊行会、一九三九年
正木直彦『回顧七十年』学校美術協会、一九三七年
三浦梧楼『観樹将軍回顧録』政教社、一九二五年
水野錬太郎『論策と随筆』水野錬太郎先生古稀祝賀会事務所、一九三七年
森岡常蔵『美談日本史』五、雄山閣、一九三九年
湯朝観明『記者生活硬派軟派』鈴木書店、一九一三年
The Legation of Japan in Paris, Diplomatic Guide, UK: Edinburgh and London, 1874

新聞・雑誌

『岩手日報』「原敬氏のために市の大祝賀会」
『岩手毎日新聞』「原敬氏」「総選挙の盛岡市」「本県逐鹿状況」「国家を賊ふ者は誰ぞ」「(承前) 国家を賊ふ者は誰ぞ」「春めいた原新首相の邸宅」
『大阪朝日新聞』「兼て噂の大東日報は」「大東日報の編輯員草野宣隆、原敬……」
『大阪毎日新聞』「わが海外通信」「日本新内閣評(上海一日発)」
『峡中新報』「読甲府日々新聞」「新聞解話会ヲ論ス」「開拓使官有物払下ノ取消及ビ国会開設ニ就テノ勅諭」
『時事新報』「政界の進歩」「唯この一事断行せざるべからず」
『東京朝日新聞』「大阪だより」「外務総務長官に原敬説」「総選挙雑感」「蝙蝠大臣と楽大臣」「町村合併の必要」「西園寺党如何」「政党を売らんとする政友会幹部」「是非共ハラ癒せ」「原白頭の弾劾振り」「原総裁大命を拝せん」「人材本位の内閣」「原氏と其郷里(二)(三)(四)」「原首相の演説」「米紙原内閣賞賛」「政党内閣の実を挙げよ」「原首相語る」「原内閣と制度改革」「英紙原首相攻撃」「総選挙に際して(二)」「召集日当夜衆議院の正門を砕ける爆弾の轟」「原大臣の隠れた趣味」「前例を破って如才ない首相」「原首相の声明」「凶変から何を見る(三)」「原が刺さる朝」「隣家の孫」
『東京日日新聞』「原氏大命拝受」「独逸屈服」
『郵便報知新聞』「官民相対するの途を論ず」「政体変更論」「再び農商務省の創置を論ず」「改進主義の誤用」「地方分権論」「読太政官第八十八、九号布達」「大勢を知るは官民の急務」「勤王の説」
『読売新聞』「大阪府書籍館が閲覧させる新聞を三紙に限定」「新政党組織彙報」「新政党彙聞」「地方長官意見提供」「隣の噂」「松田と原敬(二)」「代議士人物評三一　原敬(下)」「隣の噂」「松田と原」「隣の噂」「原氏のハラの底」「原内相要撃さる」「原新総裁批評」「原氏総裁当然　秋元子爵談話」「政友賀表捧呈」「隣の噂」「原内閣の輪郭」「原氏調合の力」「加藤君の原攻撃」「現内閣の善政」「旗の街、光の都」「原首

相を中心に（八）」「東洋モンロウ主義」「原首相の普選反対論」「更に抱負を遠大にせよ　成功の人原氏」「大観小観」「後継内閣心配無用」「原首相を中心に（一〇）」「平民宰相看板に偽あり（上）」「原は知らぬと言ふが法律書を繰て見ろ」「世界に及ぼしたる首相凶変の反応」「加藤全権の涙」
New York Times, "THE NEW JAPANESE CABINET"
The Japanese American News, 「日米親善の為に慶す」
The Times, "MR. T. HARA ON JAPAN", "NEW JAPANESE CABINET"
『時事評論』「原敬君と二大臣」
『実業之日本』「平民道」
『週刊朝日』「自由党を叱る」
『自由党党報』「原敬氏」
『主張』「身を君国の為に殉ず」
『春秋』「原敬氏に望む」
『新岩手人』「原先生の一二」「原敬追想（三〇）」
『政友』「本会記事」「総務委員会記事」「支部創立委員嘱託」「総選挙の結果」「伊藤総裁の演説」「本会記事」「第八回臨時総選挙の結果」「本会記事」「協議員規則案」「本会記事」「原敬氏の演説」「臨時政務調査会」「議員総会記事」「臨時政務調査会設置」「政務調査会記事」「第三十八議会報告書」「選挙中の党務概要」「原総裁の演示」
『世界之日本』「原敬を政界より葬るべし」「原敬は明智光秀なり」
『大正公論』「後藤男と原敬君」
『太陽』「カルゾンと原敬」「松田正久と原敬氏」「原君の長所と白紙主義」「三大事件の一つ」「原君と自分の関係」
『中央公論』「今日主義の原敬氏」「原敬論」「原敬の人物性格」「松田正久氏退隠後の原敬氏」「政界の中心人物たらんとする原敬氏と加藤男」
『東京経済雑誌』「原敬氏の答弁を読む」「原敬と後藤男」
『東西事報』「犬養は狼、原は犬」「原敬と犬養毅」
『日本及日本人』「政友会の将来と原敬」「政友会新総裁原敬」
『雄弁』「家康のような原」

研究書

麻田雅文『シベリア出兵』中央公論新社、二〇一六年
朝日新聞百年史編修委員会編『朝日新聞社史 明治編』朝日新聞社、一九九五年
跡見学園一三〇年年史編集委員会編『跡見学園』跡見学園、二〇〇五年
有泉貞夫『明治政治史の基礎過程』吉川弘文館、一九八〇年
有山輝雄『陸羯南』吉川弘文館、二〇〇七年
飯塚一幸『明治期の地方制度と名望家』吉川弘文館、二〇一七年
五百旗頭薫『条約改正史』有斐閣、二〇一〇年
五百旗頭薫『〈嘘〉の政治史』中央公論新社、二〇二〇年
伊藤之雄『大正デモクラシーと政党政治』山川出版社、一九九八年
伊藤之雄編『原敬と政党政治の確立』千倉書房、二〇一四年
伊藤之雄『原敬』上・下、講談社、二〇一四年
伊東久智『「院外青年」運動の研究』晃洋書房、二〇一九年
犬塚孝明『明治外交官物語』吉川弘文館、二〇〇九年
井本三夫『米騒動という大正デモクラシーの市民戦線』現代思潮新社、二〇一八年
大蔵省印刷局編刊『官報百年のあゆみ』一九八三年
太田和博『日本の道路政策』東京大学出版会、二〇二〇年
岡本真希子『植民地官僚の政治史』三元社、二〇〇八年

主要参考文献

岡義武『近代日本の政治家』文芸春秋新社、一九六〇年
小関素明『日本近代主権と立憲政体構想』日本評論社、二〇一四年
帯谷俊輔『国際連盟』東京大学出版会、二〇一九年
外務省百年史編纂委員会編『外務省の百年』原書房、一九六九年
鹿島茂『パリの日本人』中央公論新社、二〇一五年
唐沢富太郎『貢進生』ぎょうせい、一九七四年
川田稔『原敬　転換期の構想』未來社、一九九五年
北岡伸一『日本陸軍と大陸政策』東京大学出版会、一九七八年
木村幹『高宗・閔妃』ミネルヴァ書房、二〇〇七年
木村幸治『本懐・宰相原敬』熊谷印刷出版部、二〇〇八年
久保田裕次『対中借款の政治経済史』名古屋大学出版会、二〇一六年
黒木勇吉『秋月左都夫』講談社、一九七二年
五代友厚七十五周年追悼記念刊行会編刊『五代友厚秘史』一九六〇年
小林道彦『桂太郎』ミネルヴァ書房、二〇〇六年
小林道彦『政党内閣の崩壊と満洲事変』ミネルヴァ書房、二〇一〇年
小山俊樹『憲政常道と政党政治』思文閣出版、二〇一二年
櫻井良樹『加藤高明』ミネルヴァ書房、二〇一三年
佐々木隆『伊藤博文の情報戦略』中央公論新社、一九九九年
佐々木雄一『帝国日本の外交』東京大学出版会、二〇一七年
佐々木雄一『陸奥宗光』中央公論新社、二〇一八年
佐藤信『近代日本の統治と空間』東京大学出版会、二〇二〇年
佐藤昌彦ほか編『佐藤昌介とその時代　増補』北海道大学出版会、二〇一一年
佐藤竜一『原敬と新渡戸稲造』現代書館、二〇一六年
沢井実『近代日本の研究開発体制』名古屋大学出版会、二〇一二年
塩出浩之『越境者の政治史』名古屋大学出版会、二〇一五年
篠原初枝『国際連盟』中央公論新社、二〇一〇年
清水唯一朗『政党と官僚の近代』藤原書店、二〇〇七年
清水唯一朗『近代日本の官僚』中央公論新社、二〇一三年
衆議院・参議院編『議会制度百年史　院内会派衆議院の部』大蔵省印刷局、一九九〇年
衆議院・参議院編『議会制度百年史　帝国議会史』上・下、大蔵省印刷局、一九九〇年
季武嘉也『大正期の政治構造』吉川弘文館、一九九八年
季武嘉也『原敬』山川出版社、二〇一〇年
季武嘉也・武田知己編『日本政党史』吉川弘文館、二〇一一年
鈴木啓孝『原敬と陸羯南』東北大学出版会、二〇一五年
住友陽文『皇国日本のデモクラシー』有志舎、二〇一一年
関口哲矢『強い内閣と近代日本』吉川弘文館、二〇二〇年
祖田修『前田正名』吉川弘文館、一九七三年
大霞会編『内務省史』一―四、地方財務協会、一九七〇―一九七一年
高橋秀直『日清戦争への道』東京創元社、一九九五年
高原秀介『ウィルソン外交と日本』創文社、二〇〇六年
瀧井一博『伊藤博文』中央公論新社、二〇一〇年
瀧井一博『渡邉洪基』ミネルヴァ書房、二〇一六年
玉井清『原敬と立憲政友会』慶應義塾大学出版会、一九九九年
千葉功『旧外交の形成』勁草書房、二〇〇八年
千葉功『桂太郎』中央公論新社、二〇一二年
塚本英樹『日本外交と対中国借款問題』法政大学出版局、二〇二〇年
坪井善明『近代ヴェトナム政治社会史』東京大学出版会、一九

九一年
手嶋泰伸『日本海軍と政治』講談社、二〇一五年
手塚豊『明治法学教育史の研究』慶應通信、一九八八年
東京大学百年史編集委員会編『東京大学百年史』通史編一、東京大学出版会、一九八四年
戸部良一『外務省革新派』中央公論新社、二〇一〇年
内藤一成『貴族院と立憲政治』思文閣出版、二〇〇五年
永田泰嶺『平民宰相　原敬と黄檗』萬福寺、一九八六年
中谷直司『強いアメリカと弱いアメリカの狭間で』千倉書房、二〇一六年
ナジタ・テツオ『原敬』読売新聞社、一九七四年
奈良岡聰智『加藤高明と政党政治』山川出版社、二〇〇六年
奈良岡聰智『対華二十一ヵ条要求とは何だったのか』名古屋大学出版会、二〇一五年
西尾林太郎『貴族院議員水野直とその時代』芙蓉書房出版、二〇二一年
西山由理花『松田正久と政党政治』ミネルヴァ書房、二〇一七年
農林水産省百年史編纂委員会編『農林水産省百年史』上、農林水産省百年史刊行会、一九七九年
野邊地えりざ『紅葉館館主野邊地尚義の生涯』桜出版、二〇一八年
萩原淳『平沼騏一郎と近代日本』京都大学学術出版会、二〇一六年
波多野勝『裕仁皇太子ヨーロッパ外遊記』草思社、一九九八年
服部龍二『東アジア国際環境の変動と日本外交』有斐閣、二〇〇一年
速水融『日本を襲ったスペイン・インフルエンザ』藤原書店、二〇〇六年
原口大輔『貴族院議長・徳川家達と明治立憲制』吉田書店、二〇一八年
原武史『可視化された帝国　増補版』みすず書房、二〇一一年
平野岑一『世界第六位の新聞』六月社、一九六一年
藤野裕子『都市と暴動の民衆史』有志舎、二〇一五年
伏見岳人『近代日本の予算政治』東京大学出版会、二〇一三年
古川隆久『大正天皇』吉川弘文館、二〇〇七年
毎日新聞社編刊『毎日新聞七十年史』一九五二年
毎日新聞社盛岡支局編刊『岩手の明治百年』一九六八年
前田連望『政治記者前田蓮山物語』前田連望、二〇一八年
前田亮介『全国政治の始動』東京大学出版会、二〇一六年
牧原憲夫『客分と国民のあいだ』吉川弘文館、一九九八年
升味準之輔『日本政党史論』二―四、東京大学出版会、一九六八年
真辺将之『大隈重信』中央公論新社、二〇一七年
松尾尊兊『普通選挙制度成立史の研究』岩波書店、一九八九年
松田英里『近代日本の戦傷病者と戦争体験』日本経済評論社、二〇一九年
松田十刻『原敬の１８０日間世界一周』盛岡出版コミュニティー、二〇一四年
松永昌三『中江兆民評伝』岩波書店、一九九三年
御厨貴『明治国家をつくる』藤原書店、二〇〇七年
三谷太一郎『増補　日本政党政治の形成』東京大学出版会、一九九五年
三谷太一郎『日本の近代とは何であったか』岩波書店、二〇一七年
宮村治雄『理学者兆民』みすず書房、一九八八年
三輪良一、原朗編『近現代日本経済史要覧』東京大学出版会、

二〇〇七年
村井良太『政党内閣制の成立』有斐閣、二〇〇五年
村瀬信一『明治立憲制と内閣』吉川弘文館、二〇一一年
望月和彦『金融政策とバブル』芦書房、二〇二〇年
森靖夫『日本陸軍と日中戦争への道』ミネルヴァ書房、二〇一〇年
諸橋英一『第一次世界大戦と日本の総力戦政策』慶應義塾大学出版会、二〇二一年
山田豪一『満州国の阿片専売』汲古書院、二〇〇二年
山室信一『法制官僚の時代』木鐸社、一九八四年
山本四郎『初期政友会の研究』清文堂、一九七五年
山本四郎『評伝原敬』上・下、東京創元社、一九九七年
山本達雄先生伝記編纂会編刊『山本達雄』一九五一年
楊素霞『帝国日本の属領統治をめぐる実態と論理』政大出版社、二〇一九年
吉田春雄『メートル法と日本の近代化』現代書館、二〇一九年

研究論文

飯塚一幸「原敬社長時代の『大阪新報』」伊藤編『原敬と政党政治の確立』千倉書房、二〇一四年
池田哲郎「南部の英学」『福島大学学芸学部論集』一七、九六五年
伊藤孝夫「原内閣の経済閣僚」伊藤編『原敬と政党政治の確立』千倉書房、二〇一四年
岡田昭夫「『官報』の創刊と人民の法令理解」『法制史研究』五六、二〇〇六年
木下恵太「日露戦後恐慌期の第一次西園寺内閣と憲政本党」安在邦夫ほか編『近代日本の政党と社会』日本経済評論社、二〇〇九年
邱帆「李鴻章と伊藤博文との個人関係の成立」『文学研究論集』四一、二〇一四年
小林篤正「『五校昇格』問題と東京高等工業学校」『九州史学』一八八、二〇二一年
小山俊樹「解説　第二次西園寺内閣機密費史料について」同編『近代機密費史料集成』Ⅱ、ゆまに書房、二〇二一年
佐藤健太郎「大正期の東北振興運動」國家學會雑誌一一八—三・四、二〇〇五年
清水唯一朗「立憲政友会の分裂と政党支持構造の変化」坂本一登ほか編『日本政治史の新地平』吉田書店、二〇一三年
清水唯一朗「日本の選挙区はどう作られたのか」『年報政治学』六七—二、二〇一六年
菅原健志「イギリスから見た原敬内閣期の日本外交　1914—1921」『愛媛大学法文学部論集』四九、二〇二〇年
谷口裕信「明治中後期における郡制廃止論の形成」『史学雑誌』一一三—一、二〇〇四年
土屋礼子「大阪の小新聞」『人文研究』五二—五、二〇〇〇年
中澤俊輔「日清・日露戦間期の警察改革」『本郷法政紀要』一三号、二〇〇四年
中西淳朗、樋口輝雄「共慣義塾の研究」『日本医史学雑誌』五五巻三号、二〇〇九年
奈良岡聰智「近代日本政治と『別荘』」筒井清忠編『政治的リーダーと文化』千倉書房、二〇一一年
奈良岡聰智「第一次世界大戦と原敬の外交指導」伊藤編『原敬と政党政治の確立』千倉書房、二〇一四年
奈良岡聰智「原敬をめぐる『政治空間』」伊藤編『原敬と政党政治の確立』千倉書房、二〇一四年
原敬記念館「原敬生家一四五年展」一九九三年
原敬記念館「原敬と妻」一九九三年

原敬記念館「花の安政三年組」二〇一六年
原敬記念館「近代南部家と原敬」二〇一七年
原敬記念館「平民宰相を生んだ本宮村」二〇一七年
原敬記念館「恭と敬」二〇一九年
藤野裕子「一九一九年立憲政友会本部放火事件」『史論』六七、二〇一四年
藤原彰浩「原敬と『峡中新報』」『駒澤大学史学論集』三四、二〇〇四年
伏見岳人「初期立憲政友会の選挙戦術（一）」『法学』七七―五、二〇一三年
三好千春「カトリック伝道士・細渕重教とその時代」『南山神学』四一、二〇一八年
山梨淳「ジョルジュ・ビゴーと明治中期のカトリック教会」『日本研究』四二、二〇一〇年
山室信一「太政官日誌と官報」岩波書店編集部編刊『近代史料解説・総目次』一九九二年
Jan Schmidt, "JUST FOR THE RECORD：ŌKUMA SHIGENOBU AND THE MEDIATISATION OF JAPANESE POLITIC（IAN）S", Media History, Vol.27, Issue 3, 2021.
劉一辰、藤川昌樹「中国天津における原英租界の開発」『日本建築学会計画系論文集』七一二号、二〇一五年

その他
原敬事典（柴田禮司氏）
http://harakeijiten.la.coocan.jp/

原敬　略年譜

西暦（年号）	年齢	事績	関連事項
一八五六 安政三	0	二月九日（新暦三月一一日）、陸奥盛岡城外本宮村（現、岩手県盛岡市本宮）に父・直治、母・リツの次男として生まれる。幼名、健次郎	八月、ハリス米総領事、下田に着任
一八五八 五	2	祖父・直記、隠居。直治、家督相続	九月、安政の大獄始まる
一八六〇 万延一	4	直記・没。弟・六四郎（のち誠）誕生	
一八六三 三	7	直治・隠居。兄・平太郎（のち恭）、家督相続	
一八六五 慶応一	9	小山田佐七郎に漢学を学ぶ。直治・没	五月、第二次長州征伐
一八六七 三	11	仙北町の寺田直助塾で学ぶ	一〇月、大政奉還
一八六八 明治一	12	九月、南部藩降伏。平太郎、南部英麿付として上京。一二月、南部藩、白石へ減転封（翌七月、盛岡復帰）	三月、五ヵ条の誓文、布告
一八七〇 三	14	一月、藩校作人館修文所に入学。七月から入寮。南部藩廃藩となる。一〇月、給費生となる	七月、太政官、各藩に貢進生の選抜・送出を通知
一八七一 四	15	一二月、上京。那珂梧楼宅に寄寓	七月、廃藩置県。一一月、岩倉遣外使節団、出発
一八七二 五	16	一月、共慣義塾で学ぶ。岸俊雄塾に転籍。七月、帰郷	八月、学制領布

			し兄弟とともに改名。敬（たかし）と名乗る。九月、海軍兵学寮に不合格。冬、麹町のラテン学校に寄寓	
一八七三	六	17	四月、受洗（洗礼名ダビデ）。横浜のエヴラール神父のもとに移転。フランス語を学び始める	一月、徴兵令発布。一〇月、征韓論争
一八七四	七	18	四月、エヴラールの新潟布教に同行	一月、民撰議院設立建白書提出
一八七五	八	19	藤井介石塾で学ぶ。四月、エヴラールの東北布教に同行。日記を付け始める。六月、分家独立して平民となる。一〇月、上京。三叉学舎に入塾	二月、大阪会議。四月、漸次立憲政体樹立の詔発布。九月、江華島事件
一八七六	九	20	九月、司法省法学校正則科に入学。第二期生	一〇月、神風連の乱
一八七九	一二	23	二月、法学校賄征伐に関与して退校処分。中江兆民の仏学塾に入る。七月、『露西亜国勢論』刊行。八月、『峡中新報』に寄稿を始める。一一月、『郵便報知新聞』に入社。月給七円（のち一五円）	四月、沖縄県設置
一八八一	一四	25	五～一〇月、渡辺洪基、花房直三郎と東北・北海道視察『郵便報知新聞』に「海内周遊日記」を連載	七月、開拓使官有物払下事件。一〇月、明治十四年の政変。自由党結成
一八八二	一五	26	一月、『郵便報知新聞』を退社。三月、井上馨の知遇を得る。四月、『大東日報』に入社（月給八〇円）。一〇月、退社、帰郷。一一月、外務省御用掛となる（月給八〇円）	三月、伊藤博文、憲政調査に出発。立憲改進党結成
一八八三	一六	27	二月、甥・達誕生。七月、太政官御用掛。一〇月、中国地方視察。一一月、天津領事任命（年俸二八〇〇円）。一二月、中井貞子と結婚	四月、新聞紙条例改正。七月、『官報』創刊。八月、仏、安南・トンキンを保護領化。一一月、鹿鳴館落成
一八八四	一七	28	一月、天津着任。李鴻章と交流を深める	八月、清仏戦争始まる。一二月、甲申政変起こる

一八八五	一八	29	四月、伊藤博文、天津条約調印。五月、パリ公使館書記官に任命（年俸約三六〇〇円）。七月、帰朝。京橋区三十間堀に自宅を購入	一月、漢城条約締結。六月、清仏講和。一二月、内閣制度創設
一八八六	一九	30	一月、パリ着任。七月、パリ公使臨時代理	
一八八七	二〇	31	二月、貞子、パリ着。ガリレー通りに転居。六月、パリ公使臨時代理解任	一月、エッフェル塔の建設が始まる。九月、井上馨、外相を辞任
一八八八	二一	32	一二月、帰国を命じられる	二月、大隈重信、外相となる。七月、井上、農商務相となる
一八八九	二二	33	四月、帰国。農商務省参事官（年俸一四〇〇円）。八月、『埃及混合裁判』刊行	二月一一日、大日本帝国憲法発布。一〇月、大隈外相遭難。一二月、第一次山県内閣成立
一八九〇	二三	34	一月、農商務相秘書官。五月、陸奥宗光、農商務相秘書官兼参事官	七月、第一回衆議院議員総選挙。一一月、第一議会開会
一八九一	二四	35	八月、大臣官房秘書課長（年俸二〇〇〇円）	五月、第一次松方内閣成立。八月、内閣政務部設置（陸奥部長）
一八九二	二五	36	三月、陸奥に従い辞職。五月、甥 彬誕生。八月、外務省通商局長（年俸二五〇〇円）。九月、取調局長兼務。芝公園に転居。一〇月、防穀令事件処理のため渡鮮。『現行条約論』刊行	一月、米、ハワイ占領。二月、第二回衆議院総選挙に政府が大規模干渉。八月、第二次伊藤内閣成立
一八九三	二六	37	三月、臨時行政事務取調委員に任命。一〇月、行財政改革発表。外交官及領事官試験制度を定める	一〇月、文官任用令制定
一八九四	二七	38	八月、『陸戦公法』刊行。一〇月、岳父中井弘、没	七月、日英通商航海条約締結（領事裁判権の撤廃）。日清戦争開戦
一八九五	二八	39	五月、外務次官（年俸四〇〇〇円）。六月、西園寺公	四月、下関条約締結。四月、三国干渉。一

			望が外相臨時兼任。六月、台湾事務局委員	〇月、乙未事変
一八九六	二九	40	五月、陸奥外相辞任。六月、駐朝鮮特命全権公使。一〇月、帰朝。一一月、貞子と別居。一二月、浅が原家入り	六月、山県ロバノフ協定、調印。九月、第二次松方内閣成立
一八九七	三〇	41	二月、待命。八月、陸奥没。九月、免官。『大阪毎日新聞』編集総理として入社（年俸五〇〇〇円）	一〇月、金本位制実施
一八九八	三一	42	五月、『新条約実施準備補遺』刊行。九月、『大阪毎日新聞』社長。一二月、貞子、原家に戻る	一月、第三次伊藤内閣成立。六月、第一次大隈内閣成立。一一月、第二次山県内閣成立
一八九九	三二	43	四月、姪・栄、上田常記と結婚。六月、『外交官領事官制度』刊行。八月、『でたらめ』刊行	三月、文官任用令改正。四月、伊藤、政党内閣樹立の意向を表明
一九〇〇	三三	44	五月、『漢字減少論』刊行。七月、立憲政友会組織に参画。九月、政友会創立式。一一月、『大阪毎日新聞』退社、政友会に正式入党。一二月、政友会総務委員兼幹事長。第四次伊藤内閣に逓相として初入閣	五月、軍部大臣現役武官制導入。六月、北清事変おこる。一〇月、第四次伊藤内閣成立
一九〇一	三四	45	五月、内閣総辞職。政友会常務員。一一月、北浜銀行頭取。甥・彬を養子に迎える	六月、第一次桂内閣成立。星亨暗殺される。九月、伊藤総裁、洋行
一九〇二	三五	46	八月、第七回衆議院議員総選挙で初当選。以後、七回連続無競争で当選。衆議院予算委員長	二月、伊藤総裁帰国。日英同盟締結
一九〇三	三六	47	二月、『大阪新報』社長。五月、政友会組織改革。常務員。原・松田正久・尾崎行雄、院内総務。一二月、原・松田、総務委員・院内総務	七月、伊藤、枢密院議長。政友会総裁を辞任。西園寺、新総裁に就任
一九〇四	三七	48	三月、原・松田、総務委員を辞任。協議員長。九月、姪・栄没。子の貢を引き取る	二月、日露戦争開戦

一九〇五	三八	49	三月、政友会組織改編（総務委員廃止）。協議員長兼政務調査会長。四月、古河鉱業会社副社長。一二月、院内総務。貞子を離縁	九月、ポーツマス条約締結。日比谷焼き打ち事件。一二月、伊藤、韓国統監に就任
一九〇六	三九	50	一月、第一次西園寺内閣成立。内相。三月、郡制廃止法案で貴族院と対立	日本社会党の結成認可。三月、鉄道国有法成立
一九〇七	四〇	51	一月、郡制廃止法案を再提出。貴族院で否決される	二月、『中央公論』が原敬特集を組む。七月、第一次桂内閣成立
一九〇八	四一	52	一月、浅と結婚。三月、貴族院領袖を入閣させる。七月、内閣総辞職。八月、米欧周遊に出発	
一九〇九	四二	53	二月、帰国。八月、盛岡に介寿荘新築。一二月、原・松田、院内総務	一〇月、伊藤、ハルビンで暗殺される
一九一〇	四三	54	一二月、原・松田、院内総務。衆議院予算委員長	五月、大逆事件。八月、韓国併合
一九一一	四四	55	一月、「情意投合」を発表。五月、満韓周遊。八月、第二次西園寺内閣成立。内相兼鉄道院総裁。九月、彬を離縁。『南部史要』刊行。一二月、貢を養子とする	一〇月、辛亥革命おこる
一九一二	大正一	56	一月、甥・達没。一二月、内閣総辞職。憲政擁護運動おこる	七月、明治天皇没。一二月、第三次桂内閣成立
一九一三	二	57	二月、第一次山本内閣成立。内相。松田とともに党総務。六月、行財政改革発表。八月、文官任用令改正。一一月、大礼使長官（翌年四月廃止）	二月、立憲同志会宣言発表。六月、軍部大臣現役武官制撤廃。一〇月、桂太郎没
一九一四	三	58	三月、内閣総辞職。五月、母・リツ没。六月、政友会総裁。一一月、腰越別荘新築	三月、松田正久没。四月、第二次大隈内閣成立。七月、欧州大戦始まる
一九一五	四	59	三月、第一二回衆議院総選挙で政友会大敗。五月、党人事改革。若手を積極登用	一月、対華二十一ヵ条要求提出。五月、大浦事件発覚。九月、井上馨没
一九一六	五	60	五月、三党首会談。一〇月、寺内内閣に対して是々	一〇月、寺内内閣成立

		非々主義を表明	
一九一七　六	61	四月、第一三回衆議院議員総選挙で第一党に復帰。六月、臨時外交調査委員会委員。九月、戊辰戦争殉難者五十年祭で祭文を読む	三月、ロシア三月革命おこる。四月、米参戦。一一月、石井・ランシング協定。ロシア一一月革命おこる
一九一八　七	62	七月、兄・恭没。九月二九日、原内閣成立。首相兼法相。一〇月、四大政綱発表。一二月、大学令、高等学校令公布	八月、シベリア出兵宣言。米騒動おこる。九月、スペインインフルエンザ第一波襲来。一一月、欧州大戦終結
一九一九　八	63	三月、貞子没。四月、関東庁設置。八月、外地総督を文武官併用に改正。五月、衆議院議員選挙法改正	三月、三・一独立運動おこる。五月、パリ講和条約締結。五・四運動おこる。一〇月、政友会本部放火事件
一九二〇　九	64	一月、『米麦混食の奨励』刊行。二月、普通選挙法案をめぐり衆議院を解散。五月、第一四回衆議院議員総選挙で絶対安定多数を獲得。閣員増強。文官任用令再改正。内務省に社会局を設置し、社会政策を進める	一月、森戸事件。三月、戦後恐慌はじまる。尼港事件おこる
一九二一　一〇	65	二月、遺書を書く。一〇月、臨時海相事務管理。貢、英国留学。一一月四日、東京駅頭で暗殺される。七日、政友会本部で告別式。九日、盛岡・大慈寺で葬儀。一三日、高橋内閣成立	三月、皇太子訪欧。九月、皇太子帰国。一一月、皇太子、摂政就任
一九二二　一一		六月、高橋内閣総辞職。政友会下野	二月、ワシントン海軍軍縮条約締結
一九二四　一三		一月、政友会分裂。五月、岩手県第一区から高橋是清当選	一月、憲政擁護運動おこる。六月、護憲三派内閣成立。翌年五月、男子普通選挙公布
一九五〇　昭和二五		一〇月、『原敬日記』（乾元社）の出版が始まる	
一九五八　三三		一〇月、原敬記念館、開館	
二〇二一　令和三		一一月、没後一〇〇年	

清水唯一朗（しみず・ゆいちろう）

1974年長野県生まれ．99年慶應義塾大学法学部政治学科卒．2003年慶應義塾大学大学院法学研究科単位取得，退学．05年博士（法学）．東京大学先端科学技術センター特任助手などを経て，07年慶應義塾大学総合政策学部専任講師，准教授を経て，17年より同教授．専攻／日本政治外交史．オーラル・ヒストリー．

著書『政党と官僚の近代』（藤原書店，2007年）
『近代日本の官僚』（中公新書，2013年．日本公共政策学会賞）
The Origins of Modern Japanese Bureaucracy (Bloomsburg, 2019年)
共編著『憲法判例からみる日本』（日本評論社，2016年）
『日本政治史』（有斐閣，2020年）
共著『歴史の桎梏を越えて』（千倉書房，2010年）
『近現代日本を史料で読む』（中公新書，2011年）
『日本政治史の新地平』（吉田書店，2013年）
『日本史の論点』（中公新書，2018年）
『オーラル・ヒストリーに何ができるか』（岩波書店，2019年）
『「明治」という遺産』（ミネルヴァ書房，2020年）

原《はら》 敬《たかし》
中公新書 *2660*

2021年9月25日発行

著　者　清水唯一朗
発行者　松田陽三

本文印刷　暁印刷
カバー印刷　大熊整美堂
製　本　小泉製本

発行所　中央公論新社
〒100-8152
東京都千代田区大手町1-7-1
電話　販売 03-5299-1730
　　　編集 03-5299-1830
URL http://www.chuko.co.jp/

Published by CHUOKORON-SHINSHA, INC.
Printed in Japan　ISBN978-4-12-102660-6 C1221

中公新書

日本史

d4

- 2107 近現代日本を史料で読む　御厨　貴編
- 2554 日本近現代史講義　山内昌之・細谷雄一編著
- 2011 皇　族　小田部雄次
- 1836 華　族　小田部雄次
- 2379 元老―近代日本の真の指導者たち　伊藤之雄
- 2492 帝国議会―西洋の衝撃から誕生までの格闘　久保田　哲
- 2528 三条実美《さんじょうさねとみ》　内藤一成
- 840 江藤新平（増訂版）　毛利敏彦
- 2051 伊藤博文　瀧井一博
- 2618 板垣退助　中元崇智
- 2550・2551 大隈重信（上下）　伊藤之雄
- 2103 谷　干城　小林和幸
- 2212 近代日本の官僚　清水唯一朗
- 2294 明治維新と幕臣　門松秀樹
- 2483 明治の技術官僚　柏原宏紀
- 561 明治六年政変　毛利敏彦
- 1927 西南戦争　小川原正道
- 1584 東北―つくられた異境　河西英通
- 2320 沖縄の殿様　高橋義夫
- 252 ある明治人の記録（改版）　石光真人編著
- 161 秩父事件　井上幸治
- 2270 日清戦争　大谷　正
- 1792 日露戦争史　横手慎二
- 2605 民衆暴力―一揆・暴動・虐殺の日本近代　藤野裕子
- 2509 陸奥宗光　佐々木雄一
- 2141 小村寿太郎　片山慶隆
- 881 後藤新平　北岡伸一
- 2393 シベリア出兵　麻田雅文
- 2269 日本鉄道史　幕末・明治篇　老川慶喜
- 2358 日本鉄道史　大正・昭和戦前篇　老川慶喜
- 2530 日本鉄道史　昭和戦後・平成篇　老川慶喜
- 2640 鉄道と政治　佐藤信之
- 2660 原　敬　清水唯一朗